D1725748

Interniert

Marie-Isabelle Bill

Interniert

Polnisch-schweizerische Familiengeschichten

Herausgegeben von der
Interessengemeinschaft der Nachkommen
internierter Polen in der Schweiz

Die Interessengemeinschaft der Nachkommen internierter Polen in der Schweiz dankt herzlich für die finanzielle Unterstützung:

Fondation Jan Michalski
Kanton Schwyz Kulturförderung Swisslos
Ernst Göhner Stiftung
Däster-Schild Stiftung
Kanton Glarus Kulturfonds Swisslos
KulturZürichseeLinth
Edmund Chrobot im Andenken an Bogumił Chrobot und
    Ursula Chrobot-Doll
Christian, René, Paul und Alexander Dalucas im Andenken
    an Władisław Łukasiewicz und Yvonne Vallotton
Trauergemeinde im Andenken an Mietek Przewrocki
Einzelpersonen sowie Mitglieder der Interessengemeinschaft
    der Nachkommen internierter Polen in der Schweiz

Informationen zum Verlagsprogramm:
www.chronos-verlag.ch

Umschlagabbildung: siehe Nachweis zu S. 21 und zu S. 142 auf
    S. 272.

Inhalt

Geschichte und Geschichten

Die Kriegsjahre sind für mich Geschichte, keine persönliche Erinnerung. Allerdings sind es ganz besondere Jahre, die mir durch Begegnungen mit Zeitzeugen immer nahe und lebendig waren – eine Vergangenheit, die nicht vergangen ist, weil sie in so vielen eindrücklichen Schicksalen fortlebt.

Zu den ganz besonderen, oft aufwühlenden Begegnungen gehören diejenigen mit Veteranen aus Polen, die während des Zweiten Weltkriegs in der Schweiz interniert waren. Da schaute ich Menschen in die Augen, die Unbeschreibliches durchgemacht hatten; da hatte ich Menschen vor mir, die als junge Soldaten den Kampf an der Front erlebt hatten; da sprach ich mit Menschen, die damals Angehörige, Freunde, Kameraden und ihre Heimat verloren hatten.

Nun halten wir einen berührenden Band in den Händen, der einen faszinierend ungewohnten und ganz besonderen Blickwinkel wählt. Er erzählt uns von den Folgen der Kriegszeit, fernab historischer Schlaglichter: Vor uns taucht Persönliches aus dem Leben und aus der Liebe damals internierter polnischer Soldaten, ihrer Schweizer Partnerinnen und der gemeinsamen Kinder auf. Wir erfahren von menschlichen Verbindungen, die durch so harte und unglaublich schwierige Zeitumstände geformt wurden, dass sie auch das Leben der Nachkommen in verschiedener Hinsicht geprägt haben – bis zum heutigen Tag.

Dieses eindrückliche Buch zeigt uns mit seiner Sammlung von ergreifenden Schicksalen, dass Geschichte nicht nur aus nackten Daten und Zahlen besteht, sondern dass Geschichte die Summe vieler einzelner Lebensgeschichten ist, die es wert sind, für die Nachwelt festgehalten zu werden.

Ueli Maurer, Bundesrat

Vorwort

Dieses Jahr jährt sich zum fünfundsiebzigsten Mal die Aufhebung der Internierung und zum achtzigsten Mal der Übertritt der von General Bronisław Prugar-Ketling kommandierten 2. polnischen Schützendivision vom französischen in den Schweizer Jura. Einer der rund 12 500 polnischen Soldaten, die in der Schweiz interniert wurden, war mein Vater, Marian Ignacy Janiak. Wie viele andere verliebte er sich in eine Schweizerin und gründete eine Familie. Wir sind eine Polenfamilie. Alle Kinder wurden hier in der Schweiz geboren, als Polen.

Es ist verdankenswert, dass sich ein ehemaliger Internierter und zwanzig Angehörige dieser Familien bereitgefunden haben, ihre Familiengeschichte zu erzählen oder niederzuschreiben und publizieren zu lassen; Geschichten nicht nur der Internierten, sondern auch ihrer Nachkommen. Wie es den Internierten zumute war, kann man ebenso nur erahnen, wie man darüber mutmassen mag, was der Verlust der Heimat und Unsicherheiten bei ihnen ausgelöst und welche Ängste und Hoffnungen sie begleitet haben. In Gesprächen bestätigen viele Nachkommen, dass sie wenig darüber wissen, was die Väter vor dem Übertritt in die Schweiz und während der Internierung wirklich durchgemacht und erlebt haben.

Den Autorinnen und Autoren gelingt es, aufzuzeigen, wie ungleich die Schicksale ihrer Familien waren. Die Geschichten dieser Polenfamilien könnten unterschiedlicher nicht sein. Die Internierten gehörten verschiedenen Generationen und sozialen Schichten an. Unser Vater hatte als Kind die Wiederentstehung Polens nach dem Ersten Weltkrieg erlebt. Er war elf Jahre alt, als die Schweiz Polen am 10. März 1919 anerkannte. Andere Internierte waren damals noch nicht einmal geboren. Nach der Internierung haben viele Polen die Schweiz wieder verlassen. Über deren Schicksale wissen wir wenig.

Die Geschichten der Polenfamilien zeigen trotz der Unterschiede manche Berührungspunkte und Erfahrungen, die den meisten gemein sind. Ich denke vor allem an Probleme von Schweizer Müttern mit den Behörden ihres Landes. Nur weil sie sich in einen Polen verliebt hatten, riskierten sie Strafen und bei einer Heirat gar den Verlust ihres Bürgerrechts.

Die Lektüre der Geschichten ist ein Gewinn für Schweizerinnen und Schweizer mit und ohne persönlichen Bezug zu Polenfamilien, denn der Umgang mit den Internierten ist ein wesentlicher Bestandteil der Geschichte der Schweiz im Zweiten Weltkrieg.

Claude Janiak, Altständerat (BL) und Nationalratspräsident 2006

Das ganz normale Leben eines Schweizers

Edward Zbigniew Królak und Ida Kräutli

«Ob Tadek, mein jüngerer Bruder, ordentlich begraben wurde? Vermutlich nicht – wir haben es nie erfahren. Er wurde einfach erschossen – da war er gerade mal sechzehn. Das Grab meines Vaters Bronisław hingegen wird wohl nie aufgehoben werden. Auch er wurde erschossen, aber er ruht zusammen mit vielen Gefallenen des zweiten Warschauer Aufstands im militärischen Teil des Powązki-Friedhofs. Meine Mutter hat das Konzentrationslager Buchenwald überlebt. Und ich? Ich bin erst nach sechzig Jahren zusammen mit meinem Sohn nach Warschau zurückgekehrt, als Besucher. Dazwischen habe ich fast ein halbes Jahrhundert das ganz normale Leben eines Schweizers geführt.»

Edward Zbigniew Królak wird am 7. Mai 1920 in Lemberg (Lwów) geboren, mitten in den polnisch-sowjetischen Krieg hinein. Am selben Tag erobert Polen die Stadt Kiew. Seit April finden in Antwerpen, im durch den Ersten Weltkrieg zerstörten Belgien, die Olympischen Sommerspiele statt. Die polnische Armee erringt bei der Schlacht um Warschau Mitte August einen Sieg, der als «das Wunder von Warschau» in die Geschichtsbücher Eingang findet. Für die junge Republik Polen endet dieser Krieg erfolgreich am 18. März 1921 mit dem Friedensvertrag von Riga. Der Ausgang dieses Krieges hat aber nicht nur Bedeutung für Polen, sondern auch für das politische Klima in ganz Europa. Die Niederlage der Roten Armee bei Warschau kann das Vordringen des Kommunismus nach Westen stoppen. Die Sowjets müssen ihre Hoffnungen, die Weltrevolution über die «Leiche Polens» nach Westeuropa exportieren zu können, vorerst begraben. Sie beklagen zudem den Verlust von Teilen Galiziens mit Lemberg, Teilen der Westukraine und Weissrusslands – diese Schmach sollten die Russen so schnell nicht vergessen.

Das Glück der Familie von Bronisław und Anna Królak ist komplett, als 1924 der zweite Sohn Tadeusz geboren wird. Vater Bronisław findet 1927 bei einer polnisch-französischen Öl- und Brennstoff-Firma in Warschau eine Anstellung als Vizedirektor. Die Królaks beziehen eine grosszügige Wohnung in einem Aussenquartier Warschaus, nahe dem Hauptbahnhof, an der Grojecka 20c. Edward besucht das Gymnasium und absolviert die damit verbundene militärische Grundausbildung, damit er später die Offizierslaufbahn antreten kann. Im Frühling 1939 besteht er die Maturitätsprüfung, im Oktober soll er seinen ordentlichen Militärdienst antreten. Allerdings: Mit dem Überfall Deutschlands auf Polen beginnt am 1. September 1939 der Zweite Weltkrieg. Edward meldet sich umgehend bei der Militärbehörde in Warschau. Diese ist mit der Mobilisierung der Armee völlig überlastet und weist ihn an, «einfach mal direkt Richtung Osten, am besten Richtung Brest (Brześć)» zu gehen, dort würden sich Teile der Armee reorganisieren. Es sind Schulferien, Mutter Anna und der fünfzehnjährige Tadeusz fahren vorübergehend zu einem Onkel aufs Land nahe Warschau, während Edward und sein Vater Richtung Osten aufbrechen.

Bereits am 17. September marschiert die Rote Armee im Zuge des Hitler-Stalin-Pakts ebenfalls in Polen ein. Von Anfang an ist klar, dass sich die Russen die 1921 verlorenen Gebiete zurückholen wollen. Sie stossen kaum auf Gegenwehr und besetzen rasch grosse Teile Ostpolens und schliesslich mehr als die Hälfte des polnischen Staatsgebiets. Gleichentags zerschlägt die Wehrmacht den polnischen Widerstand, der Staat bricht zusammen. In der darauffolgenden Nacht verlässt die Regierung Polen und wird im neutralen Rumänien interniert. Acht Tage später wird in Paris eine Exilregierung gegründet und Władysław Sikorski zum Ministerpräsidenten und Oberkommandierenden der Exilstreitkräfte ernannt. Die letzten polnischen Truppen kapitulieren am 6. Oktober 1939.

Die beiden Männer wollen nicht in sowjetische Hände fallen und müssen umkehren – wieder ein mehrtägiger Fussmarsch, diesmal zurück Richtung Warschau. Die Mutter ist inzwischen bei Bekannten in der Altstadt untergekommen, während der Bruder sicherheitshalber noch beim Onkel bleibt. Doch auch Warschau ist bereits in fremden Händen: Innerhalb von zwei Wochen ist die Stadt bombardiert und von der deutschen Wehrmacht besetzt worden.

«Bei der Rückkehr nach Warschau wurde meinem Vater und mir der Zutritt zur Stadt verwehrt. Es war der 5. Oktober 1939. Die Wehrmacht organisierte an diesem Tag eine Siegesparade für Adolf Hitler. Und so mussten viele Menschen innerhalb kürzester Zeit die Stadt erst einmal vorübergehend verlassen. Innerhalb einer halben Stunde verliessen Hunderte von Menschen die Innenstadt Warschaus. Uns hiess man im Praga-Viertel auf der rechten Seite der Weichsel (Wisła) mit direktem Blick auf die Altstadt warten. Wir hatten bereits gehört, dass die Altstadt stark zerstört worden war. Aber was wir an Verwüstungen sehen konnten, bereitete uns wirklich Angst und wir sorgten uns sehr um meine Mutter. Weil ich unbedingt wissen wollte, wie es ihr geht, wandte ich mich auf gut Glück an einen der vielen Männer, die aus der Stadt herausmarschierten. Ich fragte ihn, woher er komme, und er meinte müde: ‹Aus der Altstadt.› Ich fragte weiter nach der Strasse,

an der die Freunde meiner Mutter wohnten. Es stellte sich heraus, dass er aus derselben Strasse kam, und seufzend meinte er, dass diese Strasse noch recht gut erhalten sei. Ich hakte nach und fragte nach dem Haus. Was für ein unglaubliches Glück, er wohnte ausgerechnet in diesem Haus, kannte meine Mutter und hatte sie noch kurz vorher gesehen. Sechs, sieben Stunden später durften wir dann endlich in die Altstadt hinein und waren bald mit meiner Mutter vereint. Zu dritt kehrten wir in unsere Wohnung an der Grojecka zurück. Das Haus stand zwar noch, aber der Balkon war einfach weggeschossen und in der ganzen Wohnung sämtliche Fensterscheiben zerstört worden. Diese Nacht verbrachten wir damit, im Dunkeln mit Tüchern und Kartons erst einmal alles behelfsmässig zu flicken. Einige Tage später stiess dann auch mein Bruder wieder zu uns. Leider blieben uns nur noch knapp vier gemeinsame Monate in diesem Haus.»

Im Osten hat Edward einige Schulfreunde und Unteroffiziere getroffen. Die jungen Männer sind sich einig: Sie müssen so rasch als möglich nach Frankreich gelangen und sich der polnischen Exilarmee anschliessen. Edward will keineswegs fliehen, aber auf jeden Fall für Polens Freiheit kämpfen. Für den Neunzehnjährigen ist es unvorstellbar, ohne Waffe in Polen zu bleiben. Insbesondere auch weil die Nazis die Bewohner Warschaus terrorisieren: Menschen werden willkürlich misshandelt, verprügelt, festgenommen oder erschossen. Oder sie werden von Strasse weg in deutsche Arbeitslager deportiert. Jeden Morgen sieht man Leichen an den Laternenpfählen hängen. Und immer öfter vernimmt man in Warschau von russischen Gräueltaten im Osten Polens.

Ende Januar 1940 schliesslich bricht Edward zu dieser Reise Richtung Frankreich auf, zusammen mit drei anderen Männern: seinem Instruktor aus dem militärischen Vorunterricht am Gymnasium und dessen Brüdern, der eine Fähnrich, der andere Leutnant. Sein Bruder Tadeusz will mit nach Frankreich. Aber Edward weigert sich, ihn mitzunehmen, zumal die Reise für den Jungen zu gefährlich sein könnte und sich die Mutter deswegen sehr grosse Sorgen macht. Gemeinsam entscheidet die Familie, dass er bei den Eltern bleibt. Mit wenig Geld und viel Hoffnung setzt sich Edward zusammen mit den drei Männern in den Zug Richtung Krakau. Weder Fotos noch irgendwelche Andenken darf er mitnehmen, sie könnten den jungen Warschauer als Flüchtigen enttarnen. Nur seine Longines-Uhr, ein Geschenk der Eltern zur Matura, nimmt er mit.

«Die Reise von Warschau nach Krakau war umständlich, eine Eisenbahnbrücke war zerstört. Der Zug fuhr nur bis zur Brücke, dann mussten wir zu Fuss über eine provisorische Brücke zum nächsten Bahnhof marschieren. Und da hiess man die polnischen Fahrgäste warten. Der Wartesaal war für die

*Deutschen reserviert. Ich hatte am Gymnasium Deutsch gelernt – so habe ich
mich in eine Ecke verdrückt, wo's warm war. Wenn ich angesprochen wurde,
nuschelte ich etwas in Deutsch und wurde in Ruhe gelassen.»*

Mit einem der nächsten Züge gelangen die vier endlich nach Krakau,
wo sie bei einer Bekannten übernachten dürfen. Dann geht es weiter in die
westlichen Karpaten, nach Zakopane, dem bekannten Wintersportort, in
dem noch ein Jahr zuvor die alpinen Skiweltmeisterschaften durchgeführt
worden sind. Das Wetter ist so schlecht, dass es kein Weiterkommen über
die Berge gibt. Während einer quälend langen Woche sind die Männer ge-
zwungen, besseres Wetter abzuwarten. Ein Schmuggler soll sie durch die
Hohe Tatra und über die ungarische Grenze führen. Edward muss sich ein
paar Ski kaufen, sonst kann er sich dem Trupp nicht anschliessen. In der
achten Nacht dann geht es los, denn sie werden sich nur während der Dämmerung und im Schutze der Nacht fortbewegen dürfen. Die anstrengende
Tour führt die Männer hoch über tief verschneite Berge und die polnisch-
ungarische Grenze wieder hinunter in die rund 180 Kilometer entfernte
Stadt Košice (dt. Kaschau, ung. Kassa) in der heutigen Slowakei.

Košice gehört 1940 zu Ungarn und ist ein wichtiger Eisenbahnkno-
tenpunkt. Von da wollen die Männer mit dem Zug weiter nach Budapest.
Der nächste Zug fährt aber erst in zwei Tagen und so übernachten sie in
der Nähe des Bahnhofs, wo sie prompt von einem Polizisten aufgegriffen
werden. Seine Frage, was sie hier wollen, beantworten sie ganz ehrlich und
offen: «Unser Ziel ist Budapest, wir warten auf den nächsten Zug.» Der Polizist macht den Vorschlag, auf dem warmen Polizeiposten zu übernachten. Sie willigen etwas gutgläubig ein und verbringen die Nacht in einer
unverschlossenen Zelle. Am frühen Morgen jedoch erscheint ein Mann des
ungarisch-polnischen Hilfskomitees und erklärt ihnen, dass die Deutschen
verlangten, jeden Flüchtigen zurück an die Grenze zu bringen. Er weist
sie an, auf den Militärtransport zu warten, der sie in eine Kaserne und anschliessend zurück zur Grenze bringen werde. Aber sie sollten keine Angst
haben, man werde sie ganz bestimmt nicht den Deutschen ausliefern.

*«Tatsächlich hat man uns zurück an die rund 90 Kilometer entfernte
polnisch-ungarische Grenze gebracht. Sie liessen uns aussteigen, drückten
uns einen Zettel in die Hand, drehten ab und fuhren davon. Wir warteten
eine Viertelstunde im Wald und marschierten anschliessend wieder zurück
nach Košice. Auf dem Zettel stand eine Adresse. In diesem Haus versteckten
wir uns, bis wir mit dem nächstmöglichen Zug die Nacht hindurch Richtung Budapest fahren konnten. Das ungarisch-polnische Hilfskomitee be-
schaffte uns sogar die Fahrkarten. Es war sehr früh am Morgen, als wir nach
rund sechs Stunden Fahrt am Hauptbahnhof in Budapest ausstiegen. Bis wir
uns bei der polnischen Gesandtschaft melden konnten, mussten wir noch*

irgendwie die Zeit totschlagen, vor allem aber möglichst unauffällig bleiben.
Auf der Suche nach einer für einige Stunden geeigneten Bleibe spazierten
wir, sozusagen geradewegs aber nichtsahnend, in eine Kneipe mit einigen
leichten Damen. Prompt gab es eine Polizeikontrolle – wir taten alle vier so,
als wären wir mit den Damen hier und diese spielten mit. Selbstverständlich
zeigte sich die Polizei sehr verständnisvoll und liess uns in Ruhe.»

Und endlich können sie sich bei der polnischen Gesandtschaft melden. Dazu aber müssen sie erst einmal an der Wache, die von älteren ungarischen Pfeilkreuzlern gestellt wird, vorbeikommen. Wiederum warten. Während die Wache auf einen Kontrollgang geht, können die vier die wenigen Minuten nutzen, um unbemerkt in das Gebäude zu gelangen. Edward darf vorläufig bleiben. Die Gesandtschaft besitzt im Stadtteil Pest eine Villa, in der polnische Flüchtlinge untergebracht sind. Hier können die vier «Flüchtlinge» bis zur Weiterreise unterkommen. Der Winter 1940 ist sehr streng und hart. In ganz Ungarn fahren weder Züge noch Busse und so muss Edward fast zwei Wochen auf seine Weiterreise warten. Es ist so kalt, dass nach und nach ein Teil des Mobiliars der Villa und die Gartenzäune verbrannt werden, um kochen und die Räume ein wenig warm halten zu können. Das Essen ist knapp, kaum ausreichend für alle. Bald hat Edward kein Geld mehr. Er hat bereits in Košice nicht nur seine Skis, sondern auch seine geliebte Longines-Uhr gegen ein Frühstück eintauschen müssen. Die polnische Gesandtschaft unterstützt den jungen Mann und zukünftigen Soldaten der Exilarmee mit Lebensmittelgutscheinen und übernimmt auch die Ticketkosten von Budapest bis zur französischen Grenze. Als sich die Wetterverhältnisse endlich bessern, muss er für die Weiterreise auf dem ungarischen Polizeiposten eine Ausreisebewilligung abholen. Für jüngere Männer wie Edward eine Formsache. Er ist mit neuen Papieren ausgestattet und als Student registriert. Flüchtlinge und über Dreissigjährige dürfen keinen Zug besteigen und werden zurückgewiesen. Deshalb trennen sich in Budapest die Wege der vier Männer; die drei anderen werden interniert – man verliert sich aus den Augen. Edward wird zeitlebens nie erfahren, was aus seinen Kameraden geworden ist.

Da Italien zu diesem Zeitpunkt noch nicht im Krieg ist, kann Edward riskieren, mit dem Zug über Jugoslawien und Italien nach Frankreich zu fahren. Die Fahrt verläuft einigermassen problemlos. An der italienisch-französischen Grenze bei Menton meldet sich Edward bei einem Militärposten und erhält ein neues Ticket bis nach Bressuire bei Parthenay, wo die 2. polnische Schützendivision stationiert ist. Dort wird er ins 202. schwere Artillerieregiment eingeteilt, bewaffnet und ausgebildet. Nach einer weiteren Ausbildung wird er zum Unteroffizier befördert. Die polnische Division ist mehr schlecht als recht ausgerüstet: veraltete Waffen, nicht genügend Munition. Nach dem deutschen Angriff auf Belgien und Holland wird versucht, die Ausrüstung zu vervollständigen und zu verbessern. Und fast von einem Tag auf den anderen wird die Division unter dem Kommando von General Bronisław Prugar-Ketling zur Kampfeinheit.

Am 1. Juni erreicht die Division Colombey-les-Belles südöstlich von Nancy und gehört ab sofort zur Reserve der III. französischen Armee, welche für die Verteidigung der Maginot-Linie verantwortlich ist. Zehn Tage später wird sie zur Verstärkung der VIII. Armee in die Region von Belfort befohlen und wird zu einem Teil des 45. französischen Armeekorps. Am 16. Juni wird der Weg Richtung Süden bei Héricourt durch die schnell vorstossenden und übermächtigen deutschen Truppen versperrt. Die feindlichen Panzereinheiten bilden einen Halbkreis, der sich von Montbéliard im Norden bis Pontarlier im Süden ausdehnt. Das 45. französische Armeekorps samt der 2. polnischen Schützendivision ist eingekesselt und befindet sich in einer dramatischen Lage.

Drei Tage später, am 19. Juni, melden sich im Morgengrauen am Grenzposten Goumois im Schweizer Jura zwei Offiziere mit der Bitte, dem französischen und dem polnischen Gesandten in Bern je eine Botschaft zu übermitteln. Darin wird auf die hoffnungslose Lage aufmerksam gemacht und darum gebeten, die Schweizer Regierung zu ersuchen, die Grenze überschreiten und sich in eine Internierung nach dem Haager Abkommen begeben zu dürfen. Dem Gesuch wird umgehend entsprochen, denn General Henri Guisan hat das Kampfgeschehen an der westlichen Landesgrenze aufmerksam verfolgt und in weiser Voraussicht zusammen mit dem Bundesrat bereits am Vortag vorbereitende Massnahmen für den Fall einer französischen Internierungsanfrage getroffen.

So überschreiten bereits zwischen dem 19. und 21. Juni 12 500 Angehörige der 2. polnischen Schützendivision und 30 000 Franzosen unter General Marius Daille im Jura die Schweizer Grenze. Sie werden unmittelbar nach dem Einmarsch entwaffnet. Teilweise erfolgt die Entwaffnung im Marsch. Die einmarschierenden Kolonnen der Soldaten sind dicht und man will mit dieser Massnahme den Bewegungsfluss nicht unterbrechen. Edwards Einheit, am Nachmittag noch in Ferrières-le-Lac stationiert, überschreitet die Grenze in der Nacht vom 19. Juni 1940 über die Doubs-Brücke bei Goumois.

«Viele der Franzosen mochten uns Polen nicht sonderlich. Sie gaben uns oft zu verstehen, dass sie nicht gewillt seien, ‹für Danzig zu sterben›. Einige von ihnen warfen auch bald schon, noch auf französischem Boden, ihre Gewehre in den Strassengraben. Wir Polen fackelten nicht lange und sam-

melten die weggeworfenen Waffen ein, wir wollten doch kämpfen! Dann jedoch kam der Befehl zum Rückzug an die Schweizer Grenze. Wir hatten die Befehle zu befolgen, also taten wir, wie uns befohlen – und das hat uns schlussendlich das Leben gerettet. Wir kamen nachts bei Goumois im Jura über die Brücke. Nach der Grenze mussten wir sofort unsere Gewehre und die Munition abgeben. Und erst dann durften wir uns geordnet Richtung Saignelégier verschieben und im Wald um das Dorf einen Schlafplatz suchen. Obwohl wir die Schweiz kaum kannten, waren wir unendlich froh, hierher kommen zu dürfen. Wenige Stunden später brach der neue Tag an. Dieser erste Tag in der Schweiz war ein prächtiger, sonniger Tag und der Empfang durch die Schweizer war schlicht wunderbar. Da standen Frauen und Pfadfinder, die uns Milch, Kaffee, Brot und Schokolade reichten. Andere winkten uns zu, als wären wir eine heimkehrende siegreiche Truppe. Ich glaubte damals, dass das ein gutes Omen sei, und ich war überzeugt, dass alles gut gehen würde. Für mich ist das noch immer einer der schönsten Tage meines Lebens. Mit dem Zug wurde unsere Einheit dann für einige Monate nach Wasen im Emmental verlegt. Ich kam in das Haus einer Grossfamilie. Der Vater, von Beruf Korbmacher, war der Leiter einer religiösen Gemeinschaft, der die ganze Familie angehörte. Wir wurden sehr gut behandelt, bekamen genügend zu essen, meist sogar ein Znünibrot mit Butter, und ich teilte mit vier Kameraden ein Zimmer. Tagsüber arbeiteten wir für die Familie. Ich half beim Ausklopfen der Körbe und brachte sie damit in Form. Ende der Woche gab es jeweils fünf Franken Lohn, das war für die damaligen Verhältnisse sehr grosszügig.»

Die internierten Franzosen werden mit der Genehmigung Berlins und der Vichy-Regierung ab Ende Januar 1941 nach Frankreich repatriiert. Für die Polen hingegen gibt es keine Heimkehr – Polen ist besetzt und existiert nicht mehr. Und so folgen lange Jahre in der Schweiz.

Seit Beginn der Besetzung deportieren und eliminieren die Deutschen und Russen in grossem Stil, systematisch und mit Akribie die zivile Intelligenzia und die Offiziere Polens. So kommt es unter anderem bereits im Frühling 1940 zum russischen Massaker an 4400 polnischen Offizieren in Katyń. Die polnische Exilregierung flieht noch vor der Besetzung von Paris nach London. Im Kontakt mit den Schweizer Behörden wird bestimmt, dass man die jungen internierten Männer aus- und weiterbilden will, und es entsteht in Wetzikon (ZH) ein Gymnasiallager, wo die Schüler nach dem Lehrplan des polnischen Kultusministeriums vom Sommer 1939 unterrichtet werden. Im darauffolgenden Winter werden in Freiburg, Winterthur und Herisau Hochschullager eingerichtet. Während eines einjährigen Provisoriums werden die jungen Männer von polnischen Professoren und Lehrern auf ein Studium an der ETH oder der Universität vorbereitet. Edward hat am Gymnasium Deutsch gelernt und so ist diese Vorschulung für ihn nicht weiter schwierig. Auch der Übertritt ins Studium ist einfach. Er will Bauingenieur werden und wird deshalb ins Hochschullager nach Winterthur verlegt. Für die Ausbildung werden die älteren Gebäude des Technikums benutzt. Im Kirchgemeindehaus an der Liebestrasse, ganz in der Nähe der Radfahrerrekrutenschule, werden die Studenten verpflegt. Wer in Zürich eine Vorlesung besuchen muss, erhält einen Gutschein, um im Restaurant des Frauenvereins zu Mittag essen zu dürfen.

«Als Student wurde ich im November 1940 ins Hochschullager in Winterthur verlegt. Es hiess, wir sollten keine wertvolle Zeit verlieren. Denn man würde in Polen nach dem Krieg in sämtlichen Zweigen der Wirtschaft und Wissenschaft und auf allen Gebieten viele Fachleute brauchen. So gelte es, diese Internierungsperiode vielseitig zu nutzen.

Ach, wir hatten es sehr schön: Es hiess zwar ‹Lager›, ‹Hochschullager›, aber im Gegensatz zu unseren Kameraden in den Barackenlagern wurde jeder von uns in einem Privatzimmer bei einer Schweizer Familie untergebracht. In Winterthur gab es eher weniger zu essen, deshalb ging ich ab und zu zum örtlichen Frauenverein. Da bekam ich für fünfzig Rappen eine feine Rösti. Anfangs hatte ich ein Zimmer in der Winterthurer Altstadt. Die Dame des Hauses war eine Berner Köchin, die es wirklich sehr gut mit uns meinte. Manchmal, wenn ich nach dem Mittagessen ins Zimmer kam, stand auf meinem Tisch ein Teller Suppe. Und zum Geburtstag bekam ich einen Cervelatsalat mit Brot. Das war einfach himmlisch. Überhaupt waren uns die meisten Schweizer wohlgesinnt. Ein Coiffeur verlangte von uns Polen nur fünfzig Rappen für den Haarschnitt, auch ein Kinobesuch oder eine Rösti beim Frauenverein kostete uns nur fünfzig Rappen. Der Frauenverein Winterthur spendete sogar den Truthahn für das Weihnachtsessen. Später wurde ich bei einem älteren Ehepaar an der Wasserfurristrasse untergebracht. Das Zimmer kostete dreissig Franken pro Monat. Für Kost und Logis war also gesorgt und wir erhielten ein Taschengeld von drei Franken pro Monat.»

Im November 1941 erlässt Oberstleutnant Victor Henry, Kommissar des EKIH, den «Befehl über die Beziehung der Zivilbevölkerung zu den Internierten», der sowohl der Zivilbevölkerung wie den Internierten strikte Repressionen aufzuerlegen versucht. Zum einen wird die Bewegungsfreiheit der Internierten stark eingeschränkt – sie dürfen nur noch mit Sonderbewilligungen Privatwohnungen betreten, Wirtshäuser, kulturelle oder sportliche Veranstaltungen besuchen und Fahrräder benutzen. Zum anderen ist es der Zivilbevölkerung verboten, Kleider oder Geld an Internierte abzugeben oder ihnen zur Flucht zu verhelfen. Ebenso ist es verboten, Handarbeiten, kunstgewerbliche Gegenstände, welche von den Internier-

Befehl
über die Beziehungen der Zivilbevölkerung zu den Internierten.

Der Eidg. Kommissär für Internierung und Hospitalisierung gibt der Zivilbevölkerung folgendes bekannt:

I. Es ist verboten:

a) den Internierten Geld zu geben, solches in Verwahrung zu nehmen, oder auszuwechseln;

b) den Internierten Zivilkleider abzugeben;

c) den Internierten in irgendeiner Form bei der Flucht oder bei den Vorbereitungen zur Flucht behilflich zu sein;

d) Gegenstände, welche zur Ausrüstung der Internierten gehören, zu erwerben oder ohne Entgelt entgegenzunehmen;

e) Handarbeiten, kunstgewerbliche Gegenstände usw., welche von den Internierten verfertigt werden, von diesen direkt zu erwerben;

f) den Internierten rationierte Lebensmittel oder Rationierungsmarken zu schicken;

g) für Internierte Fahrkarten für die Eisenbahn zu kaufen;

h) die Post der Internierten zu vermitteln oder sonstwie behilflich zu sein bei der Umgehung der Vorschrift, dass die gesamte Korrespondenz der Internierten durch die Feldpost gehen muss;

i) den Internierten die Benützung des Privattelephons zu gestatten.

II. Die Internierten dürfen nur mit spezieller Bewilligung des Eidg. Kommissariates für Internierung und Hospitalisierung:

a) Privatwohnungen betreten;

b) Wirtshäuser, Kinos, sportliche Veranstaltungen, Theater und andere öffentliche Veranstaltungen besuchen;

c) Fahrräder benützen.

Infolgedessen haben sich die Zivilpersonen, speziell die Arbeitgeber der Internierten zu vergewissern, dass ein Internierter im Besitze einer solchen Bewilligung ist, bevor sie ihm Zutritt in die Wohnung, in die Wirtschaft oder zu einer öffentlichen Veranstaltung gestatten oder bevor sie ihm ein Velo zur Benützung überlassen.

III. Für Besuche bei Internierten ist die Erlaubnis des Eidg. Kommissärs für Internierung und Hospitalisierung einzuholen.

IV. Den Internierten ist die Eingehung einer Ehe nicht gestattet. Es sind daher auch alle auf eine solche hinzielenden Beziehungen mit Internierten untersagt.

V. Die Heerespolizei und die zivilen Polizeiorgane sind beauftragt, für die Einhaltung der obigen Vorschriften zu sorgen. Ihre Uebertretung wird in Anwendung des Art. 107 des Militärstrafgesetzes bestraft.

Der eidg. Kommissär für Internierung und Hospitalisierung:
Oberstlt. HENRY.

A. H. Q., den 1. November 1941

«Oranger Befehl».

ten angefertigt werden, von diesen direkt zu erwerben. Weder darf man Internierten rationierte Lebensmittel schenken noch Fahrkarten kaufen, Post vermitteln oder ihnen gar die Nutzung eines Privattelefons gestatten. Und schlussendlich heisst es da: «Den Internierten ist die Eingehung einer Ehe nicht gestattet. Es sind daher auch alle auf eine solche hinzielenden Beziehungen mit Internierten untersagt.» Dieser Befehl, gedruckt auf orangefarbene Plakate, geht als «oranger Befehl» in die Geschichte ein. Von Anfang an kommt es aber in Winterthur zu Kontakten mit der Zivilbevölkerung. Dies ergibt sich schon daraus, dass die Studenten allesamt in von Privaten zur Verfügung gestellten Zimmern untergebracht sind.

«In Winterthur war auch überall die Heerespolizei und wenn die einen Polen gesehen haben, dann wurde der bestimmt kontrolliert. Denn leider war uns der Kontakt zur Bevölkerung verboten. Besuch von Frauen oder bei einer Schweizer Familie – das war nicht erlaubt. Am Sonntag durften wir gratis in die öffentlichen Konzerte, die auch für die Bevölkerung offen waren. Wenn wir aber mit jemand am Sonntag spazieren gehen wollten – Bewilligung beantragen. Eine Privatwohnung betreten – Bewilligung beantragen. Restaurantbesuche – Bewilligung beantragen; oder auch die blosse Nutzung eines Velos – wir mussten eine Bewilligung beantragen. Diese wurde uns dann von Major Siegrist, dem Kommandanten des Winterthurer Hochschullagers, ausgestellt.

Vielleicht hatte man Angst, wir würden uns nicht anständig benehmen? – Das gab es sicher auch. Denn unter uns Polen kursierte noch bis einige Zeit nach dem Krieg ein Witz: ‹Was ist der Unterschied zwischen Schwalben und Internierten? Die Schwalben nehmen ihre Kinder mit, wenn sie weggehen ...›»

Während der Semesterferien werden die Studenten in verschiedene Lager zur Arbeit abkommandiert. Edward kommt meist ins Bündnerland. Er hilft in der Anbauschlacht mit oder arbeitet im Safiental an der Passstrasse. In Ruis (Rueun) in der Surselva führt er einen Arbeitstrupp beim Bau einer Militärstrasse.

«Die Arbeitsmoral oder -auffassung von Schweizern und Polen war unterschiedlich. So arbeiteten wir Polen beispielsweise zügig vorwärts und machten dann eine wohlverdiente Pause. Wir spielten Karten und diskutierten. Wir hatten die Methode ‹Einmal richtig arbeiten, dann ist man fertig›. Die kontrollierenden Schweizer jedoch hatten das Gefühl, sie hätten uns beim Blaumachen und Bummeln erwischt, und wir wurden gerügt. Am nächsten Tag arbeiteten wir genau gleich intensiv, stellten aber während der Pause eine eigene Wache auf, sodass wir jederzeit rechtzeitig für eine Kontrolle wieder ‹am Arbeiten› waren. Man musste sich nur am Spaten oder der Schaufel festhalten, das reichte für den guten Eindruck.»

«Mir ging es gut. Aber schmerzlich war und ist es manchmal heute noch, dass meine Familie, meine Eltern und mein Bruder so leiden mussten. Mir als Interniertem ging es gut, für Unterkunft, Verpflegung und mein Studium war gesorgt. Ich habe den Krieg sehr gut überstanden.»

Edward schliesst sich der Studentenvereinigung Bratnia pomoc (Brüderliche Hilfe) an, die eine Art Sparkasse für die Unterstützung von Kommilitonen und ihren Angehörigen betreibt. Und er kann seiner Familie während des Krieges über das Rote Kreuz ab und zu ein Paket zukommen lassen. Warschau ist während des Krieges eine Hölle. 1942 wird sein Bruder Tadeusz erschossen. Der Sechzehnjährige hat den polnischen Widerstand mit Kurierdiensten unterstützt. Später, im September 1944, während des zweiten Warschauer Aufstandes, treiben die Deutschen sämtliche Männer und Knaben des Wohnblocks an der Grojecka im Innenhof zusammen und erschiessen kurzerhand alle. Seine Mutter wird danach für sieben Monate, bis zum Kriegsende, ins deutsche Konzentrationslager Buchenwald bei Weimar deportiert. Nach der Befreiung durch die US-Truppen kann sie nach Warschau zurückkehren. Doch sie ist gesundheitlich sehr angeschlagen und in Warschau lange Zeit auf sich gestellt. Trotzdem findet sie Arbeit in einem Restaurant. Sie erholt sich nur langsam von den schweren Strapazen und bleibt lange krank. Nach der Internierung ist es Edward nicht möglich, die Mutter in die Schweiz zu holen, denn er muss während langer Zeit selber damit rechnen, jederzeit ausgewiesen zu werden. Erst 1958, sie ist inzwischen wieder verheiratet, darf sie ihren Sohn doch einmal für ein paar Monate in der Schweiz besuchen. Später, als er sie hätte aufnehmen können, lässt sie der kommunistische Staat nicht mehr ausreisen. Es ist das letzte Mal, dass er sie gesehen hat, denn Edward darf nicht einmal zu ihrer Beerdigung nach Warschau reisen, der polnische Staat verweigert die Einreise.

«Manchmal mache ich mir dazu schon Gedanken. Meine Reise weg aus Polen war gefährlich. Hätte ich nicht bei meiner Familie in Polen bleiben sollen? Ich habe überlebt, meine Familie nicht. Der leise Gedanke, dass ich sie verlassen und im Stich gelassen habe, blieb irgendwie haften.»

Im Frühling 1946 schliesst Edward sein Studium an der ETH als Bauingenieur ab. In der Zwischenzeit ist er bereits einige Monate mit einer Schweizerin verheiratet.

Bereits im Frühling 1941 hat Edward Ida Kräutli kennengelernt. Edwards Zimmer bei dem älteren Ehepaar liegt im ersten Stock eines kleinen Mehrfamilienhauses an der Wasserfurristrasse 7. Ida lebt zusammen mit ihrer verwitweten Mutter im angebauten Dreifamilienhaus, ebenfalls im ersten Stock. Die beiden wohnen sozusagen Wand an Wand. Der «orange

Befehl» gilt auch für den jungen Studenten, aber Edward und Ida lassen sich ihre Liebe nicht verbieten.

Über die beiden nebeneinanderliegenden Fenster lässt sich nett plaudern. Man geniesst gemeinsam den blühenden Vorgarten und spielt Tischtennis. Ab und zu erhält Edward die Erlaubnis, mit Mutter und Tochter Kräutli am Sonntag spazieren zu gehen. Vier Jahre Kriegsliebe – und dann, bei Kriegsende im Frühling 1945, macht der junge Pole der Gehilfin eines Augenarztes erfolgreich einen Heiratsantrag. Danach beginnt eine kleine Odyssee: Formulare, Bewilligungen, Leumundszeugnisse von verschiedenen Seiten werden eingefordert, bis im Herbst endlich die Heiratsbewilligung vorliegt.

Am 24. November 1945 feiern die beiden mit sieben Gästen Hochzeit. Mit dem Ja zu ihrem Edward verliert Ida an diesem Tag das Schweizer Bürgerrecht. Erst Mitte der Fünfzigerjahre kann sie dieses wieder beantragen und wird erleichtert eingebürgert. Edward selber kann frühestens zehn Jahre nach dem Kriegsende eingebürgert werden, denn die Internierung wird nicht angerechnet. An Silvester 1947 kommt Sohn Aleksander zur Welt – das Glück ist vollkommen. Idas Mutter zieht zu der jungen Familie und kann sie im Haushalt unterstützen. Denn Ida arbeitet noch einige Monate nach der Geburt bei einem Augenarzt, um die Familie finanziell etwas abzusichern.

Die polnischen Wurzeln werden wichtiger, als man vorerst denkt. Ida belegt einen polnischen Sprachkurs. Es geht ziemlich schlecht beim Sprechen, aber als Edwards Mutter zu Besuch kommt, können sich die beiden doch unterhalten. Edward und Ida treten der Polnischen Vereinigung (Towarzystwo polskie) Zürich bei. Die Mehrzahl der Mitglieder sind ehemalige Internierte und deren Familien. Freundschaften mit anderen Internierten gibt es fast nur noch über die Vereine. Denn nach und nach verlassen viele Internierte das Land und finden, zerstreut über die ganze Welt, eine neue Heimat. Einige kehren gar nach Polen zurück. Edward bleibt eine Rückkehr nach Warschau wegen der Kommunisten verwehrt. Bekannte aus dem Verein führen Ida in die polnische Küche ein. Das Essen spielt in diesem Falle eine grosse Rolle.

«Meist haben wir schweizerisch gegessen. Aber an Weihnachten und Ostern kochten wir immer polnische Spezialitäten. An Heiligabend assen wir Oblaten, die uns die polnisch-katholische Mission als Dank für finanzielle Unterstützung geschickt hat. Die teilt man, reicht ein Stück weiter und spricht dabei die Wünsche für das nächste Jahr aus. Die Mitternachtsmesse blieb auch Tradition und natürlich die Ostereier zum Osterfest. Aber das lebt man ja auch in der Schweiz.»

Nach dem erfolgreichen Abschluss seines Studiums sucht Edward eine Arbeit. Der Arbeitgeber seiner Frau kennt den Winterthurer Bauunterneh-

Nach der Trauung durch einen schlesischen Pfarrer wird im Restaurant Freihof in Winterthur Hochzeit gefeiert.

mer Corti. Bloss hat der eigentlich keinen Bedarf an weiteren Mitarbeitern. Trotzdem beschäftigt er Edward während einiger Monate als «ungelernten Bauhandlanger». Er erkennt allerdings rasch, dass Edward mehr kann, und empfiehlt ihn einem Bekannten mit einem Ingenieurbüro. In Zürich kann er endlich während sieben Jahren als Bauingenieur arbeiten. Und 1955, frisch eingebürgert, tritt Edward eine Stelle als «Bauprojekteleiter für Wasserkraftwerke» bei der Nordostschweizerische Kraftwerke AG (NOK) in Baden an. Ihr wird er bis zu seiner Pensionierung dreissig Jahre später treu bleiben. Die Familie nimmt Wohnsitz in Baden. An dieser Adresse bleibt Edward bis zu seinem Übertritt ins Altersheim im Kehl wohnen.

Lange engagiert sich Edward im Vorstand der Sektion Baden des Schweizerischen Ingenieur- und Architektenvereins (SIA). Seine Freizeit gehört allerdings drei Dingen: der Musik, dem Fotografieren und Filmen und dem Fischen.

«Ich war ein leidenschaftlicher Fliegenfischer. Man muss den Fisch suchen, beobachten und erwischen! Seefischen ist da langweilig; ich muss marschieren können und das kann man wunderbar den Flüssen und Bä-

Ida und Edward feiern mit ihrem Sohn Aleksander Weihnachten.

chen entlang. Lange fuhr ich dazu ins Umland von Salzburg, später noch ins Toggenburg und ins Appenzellerland. Ich habe erst mit 89, wegen meines Schlaganfalls, mit dem Fischen aufgehört. Film und Fotografie haben mich lange begleitet: Super 8 und Super Single 8, das waren noch Zeiten! Aber meine Stärke lag bei der Fotografie. Besonders bei Naturaufnahmen, ganz besonders stolz bin ich auf meine Nachtaufnahmen. Heute noch gehört meine Begeisterung der klassischen Musik. Ich war mal stolzer Besitzer von fast tausend Tonträgern mit klassischer Musik. Hinzu kamen noch einige wenige Volkslieder und Schlager. Heute sind es noch gut 100 CDs, aber seit etwa sechs Jahren sehe nicht mehr gut und kann die kleinen Texte nicht lesen. Da wird es schwierig, einen CD-Player zu bedienen. Cellomusik kann ich gar nicht mehr hören – mein Aleksander hat lange Cello gespielt. Seit seinem Tode ertrage ich das nicht mehr.»

Ida, Edwards grosse Liebe, stirbt am 3. Januar 1970 nur 49-jährig an Brustkrebs.

«Sie war eine wunderbare und tapfere Frau; über ein Jahr lang hat sie gelitten. Der Arzt, und er war ein guter Arzt und Chirurg, sagte mir damals im Dezember, dass meine Frau nicht mehr zu retten sei. Ich glaube, sie hatte das schon vorher gewusst. Im Oktober waren wir noch im Tessin in den Ferien und bis zum Ende des Jahres machte sie mir fleissig und korrekt die

Post und bereitete sogar alles für die Steuererklärung im nächsten Jahr vor. Ich war und bin ein Fauler – ich schaue lieber zum Fenster raus, als dass ich die Steuererklärung ausfülle ... – sie hat das immer gewusst und mir liebevoll vieles abgenommen.»

Im Jahr 2000, 60 Jahre nach seinem Fortgang, kehrt Edward für eine Woche zurück nach Warschau. Sein Sohn Aleksander begleitet ihn.

«Es war ein merkwürdiges Gefühl, meinem Sohn die Stadt meiner Jugend und unserer Familie zu zeigen. Denn ich kam einfach nur als Tourist. Wir lebten im Hotel, konnten keine Familie besuchen und sprachen Deutsch. Ich hatte nichts vorgesehen oder geplant, wollte nichts erzwingen, wir haben uns etwas treiben lassen. Doch, zwei Besuche gab es: Das Grab meiner Mutter, welches inzwischen auch aufgehoben ist, und, auf dem militärischen Teil des Friedhofs, das Grab meines Vaters. Er liegt in einem Ehrengrab für die Gefallenen des Warschauer Widerstands. Mein Sohn war sehr interessiert, es war ja auch ein Teil seiner Geschichte. Ich wollte ihn nie in eine Polenkinderrolle drängen; habe nie versucht, ihn zu beeinflussen. Weil ich in den ersten Jahren nach dem Krieg oft lange und viel arbeiten musste, hatte ich auch nie die Zeit, mit ihm polnisch zu sprechen. Er war ein normaler Schweizer Junge, absolvierte erfolgreich das Gymnasium, wurde Altphilologe und später Lateinlehrer an der Kantonsschule Baden und war Offizier der Schweizer Armee. Die Musik verband uns – er spielte so wunderbar Cello; auf so hohem Niveau, dass er Präsident des Kammerorchesters 65 wurde und die Wettinger Sommerkonzerte leitete.»

Mit 67 Jahren verstirbt Aleksander Mitte Januar 2016.

Edwards letzter Freund aus der Internierungszeit, Jan Bem, ebenfalls ein ehemaliger Artillerist und langjähriger Präsident der Polnischen Vereinigung Zürich, verstirbt 101-jährig im Herbst 2018.

«Polen ist für mich mein Mutterland und Vaterland – die Schweiz jedoch ist mein Heimatland!

Ich halte mich zurück mit meinem Urteil über Polen, ich lebe in der Schweiz, da werde ich keine Ratschläge erteilen. Zudem muss ich aufpassen, wie ich informiert werde. Ich weiss über das heutige Polen nicht mehr als der Durchschnittsschweizer. Allerdings sind sich die Polen auch innerhalb des Landes nicht einig. Das ist typisch. Wir Polen haben die Eigenschaft, dass wir uns auch im Ausland nicht immer einig werden – zwei Polen, drei Meinungen.

Wir Polen hatten im Krieg hohe Verluste zu beklagen und während des Krieges wurden Tausende Polen geopfert, so beispielsweise bei der Schlacht um Monte Cassino. Denken Sie nur an das Lied ‹Roter Mohn von Monte Cassino›. Und nach dem Krieg hat der Westen Polen sozusagen verraten und verkauft, nicht nur finanziell. Die Polen müssen aber auch vor den Russen Angst haben. Denn wenn der Westen mit den Russen in Konflikt gerät, gilt Polen als potenzielles Konfliktgebiet. Polen ist und war typischerweise immer ein Spielball in der Geschichte. Allerdings stört mich, dass man Polen als Oststaat bezeichnet. Das stimmt nicht. Schauen Sie doch, der weisse, polnische Adler blickt nach Westen!»

Im Oktober 2009 ereilt Edward ein Schlaganfall. Er muss seine geliebten Hobbys aufgeben. Und den Führerausweis gibt er vorsorglich freiwillig ab. Und dabei hat er doch noch zwei Jahre zuvor ein neues Auto gekauft! Später entscheidet er sich für den Eintritt ins Altersheim. Die Augen lassen nach, die Beine sind auch etwas schwach geworden.

Freunde und Verwandte, die hin und wieder zu Besuch kämen, hat er heute keine mehr. Auch vonseiten seiner Frau gibt es keine Kontakte mehr; nach deren Tod schliefen diese wenigen gänzlich ein. Mit hundert Jahren ist er der einzige Überlebende seiner Familie. Zuweilen fühlt er sich ein bisschen einsam.

«Hier im Altersheim geht es mir gut, ich bin umsorgt. Allerdings bereiten uns hier alle auf den Tod vor. Ich bin immer bereit, man kann ja auch bei der Arbeit sterben. Unterschiedliche Menschen mit unterschiedlichen Lebenseinstellungen leben hier zusammen mit mir. Da sind Vorurteile lächerliche Kleinigkeiten, ich bin so, der andere so – ganz einfach. Ab und zu geniesse ich am Nachmittag mein Glas Single Malt Whisky und dazu ein paar Butterstangen. Es sind diese kleinen Dinge, die zufrieden machen. Zwei freiwillige Helferinnen erledigen fast alles für mich, eine der beiden hat früher auch bei der NOK gearbeitet. Jeden Montag spiele ich mit den beiden Damen ein Kartenspiel. Jassen ist mir etwas zu einfach, wir spielen Rummy Bridge. Und ich verliere immer gerne gegen die Damen – denn mein Gewinn ist jeweils ihr Lächeln.

Das Fazit zu meinem Leben? Ich kann sagen, dass ich so gelebt habe, wie es mir passt. Ich habe gelebt, um gut zu leben, und es ist gut, wie es war. Ich habe ein Leben geführt wie jeder Schweizer, ohne dass ich mich speziell bemüht hätte. Und ich bedaure, abgesehen von Kleinigkeiten, nichts und würde wohl nochmals so leben, wie ich bis jetzt gelebt habe. Es ist noch immer so: Wenn etwas ist, was mir nicht passt, dann jammere ich nicht, sondern versuche, innerhalb meiner Möglichkeiten, etwas zu ändern. Aber jetzt könnte ich sanft entschlafen – ich bin langsam müde geworden.»

für Edward Królak
Marie-Isabelle Bill

Edward Królak (2019).

Edward meinte, dass er mit der Erzählung seiner Lebensgeschichte fast alles gesagt habe, und sah keinen Bedarf an einer weiteren Vorstellung. Allerdings fand er, mit seinem verschmitzten Lächeln, hier sei der Platz für eines seiner Lebensmottos: «Herr, bewahre mein Haus vor Wasser, Feuer und Wind und vor Menschen, die langweilig sind.»

Noch am 7. Mai 2020, einen Tag vor dem 75. Jahrestag des Kriegsendes in Europa, feierte Edward seinen hundertsten Geburtstag. Er fand, dies sei immer noch ein schönes Geschenk. Leider war es ihm nicht vergönnt, die Veröffentlichung dieses Buches miterleben zu dürfen. Nach kurzer Krankheit schlief Edward am 30. Juli 2020 für immer ein.

Mein Polen – dir bleibe ich treu

Leszek Biały und Bertha Baumeler

Vierzehn Kinder – beinahe jährlich kommt bei den Baumelers im luzernischen Schongau ein Kind zur Welt. Bertha Baumeler wird am 19. August 1920 als zweites Kind von Sigfried und Bertha Baumeler-Ottiger geboren. Die Familie ist arm, lebt in einem kleinen Häuschen, hat einige Hühner und eine Kuh. Trotz der Arbeit auf dem Feld und im Haushalt erlebt Bertha eine glückliche Kindheit. Sie liebt die Schule, ihre Hausaufgaben, das Lernen und das Entdecken. Nach der Geburt jedes weiteren Bruders oder jeder Schwester unterstützt Berti, wie sie alle nennen, ihre Mutter bei der Pflege des Kindes und kümmert sich um die grösser werdende Geschwisterschar. Alle Kinder teilen sich ein Zimmer im oberen Stock.

Nach den sechs obligatorischen Schuljahren absolvieren die Schüler eine Prüfung für den Übertritt in die Sekundarschule. Nur die Besten kommen weiter und auch nur diejenigen, die es sich leisten können. Denn zu der Zeit muss der Besuch der Oberstufe bezahlt werden.

Überglücklich eilt Berti mit den Prüfungsresultaten nach Hause. «Ich habe es geschafft – bestanden! Ich habe das beste Resultat – besser noch als alle Knaben!» Doch der Traum währt nur kurz, denn der Vater antwortet: «Es kommt nicht infrage, dass du die Sek besuchst, wir sind arm. Du hast zu arbeiten und Geld zu verdienen, um die Familie zu unterstützen.»

Berti ist knapp vierzehn Jahre alt, als sie das Elternhaus verlassen muss. Sie kommt als Haushalthilfe zu einem kinderlosen Ehepaar nach Winterthur und wird dort fast zwölf Jahre bleiben. Im Haushalt von Doktor Roth, der im Spital arbeitet, leben noch zwei weitere Hausangestellte. «Frau Doktor» Roth, die Ehefrau, ist Krankenschwester. Zeitlebens bleibt diese Zeit meiner Mutter in bester Erinnerung. In diesen Jahren gewinnt sie neue Freundinnen, darf später auch mit ihnen ausgehen, ins Kino oder mit dem Velo Ausflüge machen. Das Ehepaar Roth schätzt sie sehr und schliesst sie in ihr Herz. So sehr, dass die beiden Berti adoptieren wollen. Aber wieder sind die Eltern dagegen. Sie schlagen Doktor Roth vor, doch eine der jüngeren Schwestern zu adoptieren. So kommt es, dass die kleine Ida auch zu den Roths zieht und adoptiert wird. Berti arbeitet weiter als Angestellte und stets zum Monatsende reist Vater Baumeler nach Winterthur, um Bertis Lohn einzukassieren.

Leszek Biały wird als erstes von vier Kindern am 22. Oktober 1903 in eine Familie des polnischen Kleinadels hineingeboren. Sein Grossvater ist ein reicher Landmann und sein Vater Stanisław ist nach einem Rechtsstudium Advokat geworden. Seine Mutter, Wanda Nartowska, entstammt einer reichen polnischen Adelsfamilie, die im ukrainischen Narajow (heute Narajiw) ansässig ist. Die Białys wohnen in Brzozów im Süden Polens, nahe der Bieszczady-Gebirgskette. Sein Vater ist politisch sehr aktiv. Vor dem Ersten Weltkrieg, als Galizien noch zum österreichisch-ungarischen Kaiserreich gehörte, war er gar Senatsabgeordneter in Wien. Als Polen unabhängig wird, engagiert er sich in einer Landpartei, die sich für die Rückgabe des Landes an die Bauern einsetzt. Die Ränkespiele der grossen Politik indes bringen Stanisław dazu, auf weitere Ambitionen zu verzichten, und er konzentriert sich auf sein Amt als Gerichtsvorsitzender der Stadt.

Lech beginnt in Gdańsk (dt. Danzig) ein Mathematikstudium. Dieses gefällt ihm so gut, dass er die meiste Zeit in Kneipen und Tanzlokalen verbringt – als Musiker. Denn er spielt grossartig Geige und Klavier. Der Vater kommt ihm auf die Schliche, als er selber nach Gdańsk reist, um zu sehen, weshalb sich sein Sohn kaum bei den Eltern meldet. Sofort entzieht er Leszek jegliche finanzielle Unterstützung und zwingt ihn zur Rückkehr nach Brzozów, ohne Abschlusszeugnis.

Unter elterlicher Kontrolle tritt er danach an der Universität von Lwów (dt. Lemberg, heute Lwiw) ein Chemiestudium an. In seiner Freizeit arbeitet er als Fotograf für das Fotolabor eines Professors, der ihm den Auftrag erteilt, von Lwów eine Fotodokumentation zu erstellen. Leszeks Fotografien werden als Basis für ein Panoramastadtmodell benötigt. Fast achtzig Jahre später wird meine Mutter 2015 zur feierlichen Präsentation des lange Jahre als verschollen geltenden Modells eingeladen werden.

Leszek steht kurz vor dem Abschluss seines Studiums, als er sich in einem heftigen Streit mit seinem Professor überwirft. Das hindert ihn daran, seine Abschlussarbeit zu schreiben, und wieder verlässt er die Universität ohne Abschluss. Leszek will sich daraufhin selbständig machen und gründet mit knapp dreissig Jahren ein eigenes Unternehmen. In der Region Huculy in den südlichen Karpaten kauft er mit der finanziellen Unterstützung seiner Mutter einen Bauernhof und beginnt, Medizinalkräuter anzubauen. Während einiger Jahre verkauft er sehr erfolgreich Minze, Majoran, Thymian und andere Kräuter an Apotheken.

Während all der Jahre seines Studiums und seiner Unternehmertätigkeit nimmt er rege am Familienleben teil und geniesst viele freundschaftliche Beziehungen. Einmal ist er verliebt, aber aus der Beziehung wird nichts. Und da ist noch die schwer verliebte Barbara Niewolkiewicz, die Tochter einer befreundeten Familie. Die Białys unterstützen sie in ihren Bemühungen um Leszek, schliesslich kennt man die junge Frau und schätzt es sehr, dass sie eine wirklich gute Partie wäre. Aber Leszek lässt sich nicht bezirzen. Barbara wird nie heiraten und bis zu ihrem Tod alleine in ihrem Elternhaus in Brzozów wohnen bleiben.

Nachdem die Wehrmacht am 1. September 1939 im Westen Polen überfallen hat, marschiert die Rote Armee schon am 17. September von Osten ein und die Zeit der sowjetischen Besetzung Ostpolens bricht an. Die Sowjets beginnen in den besetzten Gebieten sofort mit der Umgestaltung der Gesellschaft nach sowjetischem Muster. Von Anfang an ist ihre Besatzungszeit gekennzeichnet von Terror, Gewalt und Deportationen von Zehntausenden von Menschen. Noch im September befehlen die Sowjets sämtlichen polnischen Offizieren und Unteroffizieren, sich bei den russischen Militärstellen zu melden. Dort sollen sie entwaffnet und in russische Kriegsgefangenschaft überführt werden. Aber Leszek, der Reserveoffizier, meldet sich nicht in Lwów bei der Einberufungsstelle. Was ihn davon abhält? Eine innere Stimme, seine Intuition oder schlicht der Wille, sich mit seiner alten Truppe gegen die Besatzer zur Wehr zu setzen? Wir wissen es nicht. Sicher ist nur, dass fast alle Offiziere, die sich zu der Zeit in Lwów gemeldet haben, ein halbes Jahr später in Katyń ermordet werden. Lech meldet sich am 21. September im nahen Jabłonica; von dort aus will die Truppe sich gemeinsam nach Ungarn durchschlagen. Drei Monate später, nur drei Tage vor Weihnachten, findet sich seine Spur am ungarischen Plattensee wieder. Er beantragt beim polnischen Konsulat Ausweispapiere, mit denen er sich in Frankreich der polnischen Exilarmee anschliessen kann. Schon am 1. Januar 1940 um die Mittagszeit meldet er sich auf dem Rekrutierungsbüro in Modène, nahe Avignon.

Lech Biały wird Leutnant einer Genieeinheit der 10. gepanzerten Kavalleriebrigade unter General Stanisław Maczek. Noch Anfang Juni 1940 soll Leszek mit seinen Männern durch Brückensprengungen das Vorstossen der Wehrmacht verhindern. Aber es kommt anders. Die deutschen Truppen sind übermächtig. Wie es zur Auflösung seiner Einheit kommt und wie er zusammen mit den Soldaten der 2. polnischen Schützendivision den Weg in die Schweiz findet, ist unklar. Am 19. Juni 1940 wird er zusammen mit 12 500 anderen polnischen Soldaten in der Schweiz interniert. Der Sechsunddreissigjährige kommt ins Hochschullager nach Winterthur, wo er ein Elektroingenieurstudium absolviert. Dank seiner Erfahrung als Fotograf kann er nebenbei und während der Semesterferien für das Kommando der Division tätig werden und Fotografien vom Lagerleben in der Schweiz erstellen. Zudem unterrichtet er im Interniertengymnasiallager in Wetzikon junge polnische Soldaten in Mathematik.

Mein Vater, der sonst ein mitteilsamer Mensch war, hat mit der Familie niemals über den Krieg und die Internierung gesprochen. Ganz im Gegensatz zu meiner Mutter, die uns einiges über die Kriegsjahre erzählt hat.

Während der studienfreien Zeit und der Semesterferien wird Leszek, wie alle Studenten, zu Einsätzen in der Landwirtschaft oder im Strassenbau abkommandiert (um 1942/43).

Im Winter 1942 besucht Berti mit einer Freundin ein Kino in Winterthur. Als die Lichter ausgehen und der Film beginnt, fallen ihre Handschuhe zu Boden. Also sucht sie im Dunkeln danach und ertastet plötzlich einen Stiefel, einen Militärstiefel. Der Besitzer des Stiefels, ein polnischer Offizier, zeigt sich charmant und entgegenkommend und hilft Berti bei der Suche im Dunkeln. Später, beim Verlassen des Kinos, besteht er darauf, die zwei jungen Damen nach Hause begleiten zu dürfen. Vor der Villa von Doktor Roth verabschiedet er sich höflich, aber nicht, ohne sich die Adresse zu merken. Nur wenige Tage später erscheint vor der Villa Roth eine Gruppe polnischer Soldaten, stellt sich vor und bietet an, die grosse, etwas verwilderte Gartenhecke zurückzuschneiden. Das Angebot wird gerne angenommen und zum Dank lädt man die Soldaten nach getaner Arbeit zum Kaffee ein. Bei diesem zweiten Zusammentreffen verliebt sich Leszek endgültig in Berti und lädt sie danach öfters ein, mit ihm auszugehen. 1943 verbringen die beiden sogar zusammen einige Ferientage im Bündnerland. Zum Andenken an die gemeinsame Zeit schenkt Leszek seiner Berti ein wundervolles Fotoalbum. Nach dem Tod meiner Mutter habe ich dieses all die Jahre wohlbehütete Album unter ihren persönlichen Sachen gefunden.

Leszek ist polnischer Patriot und weiss, dass er, sobald es die politische Lage erlaubt, nach Polen zurückkehren wird, um das kriegsversehrte Land wieder mit aufzubauen und sich um seine alleinstehende Mutter zu kümmern. Sein Vater ist bereits vor dem Krieg verstorben, seine beiden Schwestern sind verheiratet und haben Kinder und sein jüngerer Bruder Stanisław lebt in London und wird sicher nicht nach Polen zurückkehren. Dieser fürchtet die Repressalien der Sowjets, weil er vor dem Krieg als Richter einige Kommunisten verurteilt hatte. So erzählt Leszek Berti von seinen Plänen und langsam aber sicher setzt sich die Idee, gemeinsam nach Polen zu reisen, auch in ihrem Kopf fest.

Berti ist tiefgläubige Katholikin und hat sich eigentlich schon entschlossen, in ein Kloster einzutreten. Doch nun hat sie sich in einen charmanten, polnischen Offizier verliebt. Soll sie nun ihre Pläne für ein gottgeweihtes Leben in Keuschheit und Bescheidenheit aufgeben? Diese Liebe erscheint ihr als unüberwindbares Hindernis und sie ist hin und her gerissen. Also sucht sie die Antwort in einer Kirche, im Gebet zur heiligen Mutter Gottes: «Hilf mir, Maria – entscheide für mich! Wenn der nächste Mensch, der durch die Kirchentür tritt, eine Frau ist, werde ich ins Kloster eintreten. Ist es ein Mann, werde ich Leszeks Heiratsantrag annehmen.» Die Entscheidung fällt kurz darauf. Während Berti von ihrer Bank aus die Kirchenpforte beobachtet, öffnet sich diese und jemand betritt die Kirche – ein polnischer Soldat im Ausgangsanzug.

Die Verlobung der beiden bringt einiges in Bertis Umfeld durcheinander. Zuerst einmal verbietet Frau Roth meiner Mutter, den ganzen Lohn dem Vater abzugeben, und meint dazu: «Du musst jetzt für deine Aussteuer sparen.» Die Familie Baumeler wehrt sich kategorisch gegen die geplante Ausreise und auch Doktor Roth rät heftig ab. «Die Bevölkerung Polens ist dezimiert. Der Krieg hat die Moral des polnischen Volkes zerstört. Sie haben stehlen, lügen, kämpfen und töten gelernt – diese Menschen sind nicht wie du. Du wirst dort leiden.» Aber Berti lässt sich nicht beeindrucken. Sie ist verliebt, ihr Zukünftiger ist Offizier, stark und intelligent. Zu zweit würden sie Berge versetzen können und einfach unschlagbar sein. Trotzdem gibt die Familie nicht auf. Grossvater Sigfried und sein ältester Sohn Franz treffen sich mit Doktor Roth. Die Männer diskutieren lange und im Anschluss daran verfasst Doktor Roth ein Schreiben an die Bundesbehörden in Bern mit der Bitte, Berti an der Ausreise zu hindern. Aber es ist zu spät und allen sind die Hände gebunden. Denn Berti ist bereits volljährig und frei in ihren Entscheidungen.

Für das Liebespaar wendet sich alles zum Guten. Leszek schliesst sein Studium als Elektroingenieur ab und arbeitet weiterhin nebenbei als Fotograf für die Division. Bis zum Schluss unterrichtet er Mathematik im Gymnasiallager in Wetzikon.

Der Krieg geht zu Ende und Leszek tritt sofort, noch mit dem ersten möglichen Transport, die Rückreise nach Polen an. Schon bald erhält er eine Stelle in Niederschlesien, einem von den Deutschen so genannten «zurückeroberten Gebiet», zugewiesen. Er tritt der Kommunistischen Partei bei und engagiert sich für den Wiederaufbau seines Landes. Der Elektroingenieur ETH wird Projektleiter für Wiederaufbau, Reparatur und Organisation der seinerzeit von den Deutschen erbauten Starkstromanlagen. Während des ersten Jahres macht er sich auf die Suche nach einer geeigneten Wohnung für sich und seine Liebste und beginnt, deren Reise nach Polen zu organisieren.

Berti lebt inzwischen in Orsières im Wallis. Zur Überbrückung bis zur Abreise hat sie in der örtlichen Bäckerei, wo auch ihr Bruder Josef arbeitet, eine Anstellung gefunden. An der jungen, attraktiven Frau finden die Walliser sofort Gefallen – einer ganz besonders. Er bemüht sich sehr um sie und lädt Berti immer wieder ein, mit ihm auszugehen. Leszek kommt dies zu Ohren und er verstärkt sofort seine Bemühungen, die Einreise seiner Verlobten voranzutreiben. Er schafft es sogar, dass sie nicht, wie ursprünglich geplant, mit dem vierten offiziellen Transport nach Polen reist, sondern um einen Transport vorgezogen wird. Im September 1946, nach einer dreiwöchigen Reise, trifft Berti an der südpolnischen Grenze bei Cieszyn (dt. Teschen) ein. Sie erhält die Reiseerlaubnis und Reisedokumente für die Weiterfahrt ins niederschlesische Jelenia Góra (dt. Hirschberg), mitten im Riesengebirge.

Leszek hat inzwischen eine Wohnung in einer verlassenen Villa gefunden. Die Villa liegt in einem ruhigen Quartier, welches von den Bombardierungen fast verschont geblieben ist. In von den vertriebenen Deutschen verlassenen Wohnungen findet er Möbel, Werkzeuge und Bücher für die erste Einrichtung. Das Paar ist glücklich, Berti beginnt sofort Polnisch zu lernen, und Leszek kann seiner Familie endlich seine Verlobte vorstellen.

Seine Mutter nimmt die zukünftige Schwiegertochter mit Wohlwollen, aber einem gewissen Bedauern auf. Sie hätte eine Hochzeit mit einer polnischen Frau aus vermögenden Verhältnissen und demselben Dorf vorgezogen. Die braunäugige Tochter eines armen Bauern passt so gar nicht zu der adligen Familie eines Gerichtsvorsitzenden und bekannten Anwalts; einer Familie mit so schönen blauen Augen.

Angekommen! Berti wartet am Bahnhof von Jelenia Góra auf Leszek.

Dennoch geben sich meine Eltern am 19. März 1947 das Jawort. Meine Mutter verliert ihr Schweizer Bürgerrecht und wird Polin. 1948 kommt mein Bruder Leszek und nur ein Jahr später meine Schwester Wanda zur Welt.

Kurz vor Wandas Geburt ist die Familie nach Wrocław (dt. Breslau) umgezogen, weil sich hier der Direktionssitz der regionalen Elektro- und Kraftwerke befindet. In einem Quartier, das ausschliesslich für die Ingenieure der Werke reserviert ist, erhalten sie eine Vierzimmerwohnung mit Garten zugewiesen. 1950 kommt Barbara, das dritte Kind, zur Welt. Berti ist Hausfrau, kümmert sich um ihre Familie und verbessert ständig ihre Polnischkenntnisse. Das Leben ist hart, es fehlt an allem. Ein wenig Luxus bietet höchstens das alljährliche Weihnachtspaket aus der Schweiz mit Schokolade und Kakao. Aber Lebensmittel, Kleidung, Reinigungsmittel und Medikamente sind knapp oder gar nicht erhältlich. Die kleine Wanda wird nach ihrer Geburt gegen Tuberkulose geimpft. Aber ein ganzes Los an Impfstoff ist verunreinigt und alle damit geimpften Kinder erkranken. Auch meine Mutter, geschwächt durch drei Schwangerschaften und die harte Arbeit, wird angesteckt und erkrankt an Tuberkulose. Glücklicherweise erholen

Das Jawort. Im März 1947 werden Berti und Leszek zivil getraut.

sich alle, aber von da an muss die ganze Familie jährlich ihre Lungen kontrollieren lassen.

Für Ausländer ist die politische Situation 1953 nicht gerade ideal. Mein Vater wird ins Parteibüro zitiert und zu seiner Frau befragt. Eine Schweizerin von der anderen Seite des Eisernen Vorhangs – sie ist eine potenzielle Spionin. Kurzerhand schliesst man deshalb meinen Vater aus der Partei aus. Einige Wochen später stirbt Stalin und es beginnt eine Zeit der Annäherung an den Westen. Also wird mein Vater wiederum ins Parteibüro zitiert. Weil von seiner Frau nun sozusagen keine Gefahr mehr ausgehe, soll er in die Reihen der Partei zurückkehren. Aber Leszek lehnt dies ab. Von da an wird er nur noch in untergeordneter Stellung arbeiten dürfen, denn ein Chef hat Mitglied der Partei zu sein. So bleibt er Vizechef des Projektbüros auf der Generaldirektion des staatlichen Energieunternehmens für Niederschlesien. Einmal wöchentlich unterrichtet er zudem angehende Elektriker an einer Berufsschule.

Leszeks Lieblingsschwester Danuta und ihr Mann Włodzimierz leben ebenfalls in Wrocław. Die ganze Familie kommt regelmässig zu den Familienfesten zusammen. Und jeweils am Mittwoch trifft man sich mit Freunden aus der Vorkriegszeit bei Danuta zum Bridgespiel. So finden sich auch viele Rückkehrer in Wrocław wieder. Während der ersten Nachkriegsjahre lebt Grossmutter Wanda noch abwechslungsweise einige Monate bei ihrem Sohn Leszek und bei ihrer Tochter Wanda in Olsztyn im Norden Polens.

Leszeks Leidenschaft, neben dem Musizieren, gilt dem Gärtnern. Er spezialisiert sich auf die Veredelungsarbeit und unterrichtet auch Anfänger. Mit der Zeit ist er immer mehr von Kakteen fasziniert, zieht diese selber und in seinem Zimmer finden sich unzählige kleine Treibhäuser mit jungen Kakteen.

Ich heisse Zofia, bin die Nachzüglerin und kam im Januar 1959 als Polin zur Welt; seit 1986 bin ich Schweizerin. Im Gegensatz zu meinen Geschwistern konnte ich einen Einbürgerungsantrag stellen, sie waren bereits zu alt dafür. Meine Mutter erhielt 1973 ihr Schweizer Bürgerrecht zurück.

Jedes Jahr verbrachte unsere Familie die Ferien an der Ostsee. Die staatlichen polnischen Unternehmen betrieben alle eigene Ferienzentren für ihre Angestellten. Wir waren in kleinen Pavillons oder Häuschen im Wald untergebracht, alles Einzimmerhäuschen mit mehreren, oft Kajütenbetten. Die sanitären Anlagen wurden gemeinschaftlich genutzt, gegessen wurde in einer Kantine und in fünf bis zehn Gehminuten gelangte man ans Meer. Ausserdem konnten wir Kinder jeweils für vier Wochen in eine staatliche Ferienkolonie. Diese Ferien waren für jedermann erschwinglich, weil sie durch den Staat mitfinanziert wurden und der Beitrag der Eltern von ihrem Salär abhängig war.

Die Beziehungen zur Schweiz konnte unsere Mutter kaum richtig aufrechterhalten. Einerseits liessen die polnischen Behörden nie die ganze Familie ausreisen, andrerseits verlangte die Schweiz bei einer Einreisebewilligung auch noch ein finanzielles Depot vom Schweizer Gastgeber. Damit wollte man sichergehen, dass die ausländischen Gäste auch wieder die Rückreise antreten. Die Familie Baumeler konnte sich dies kaum leisten und so kam es, dass meine Mutter nur einmal mit meinem Bruder in die Schweiz reisen durfte, ein anderes Mal mit uns drei Mädchen.

Im Sommer 1967 ereilte meinen Vater ein Schlaganfall und er musste ins Spital. Ich wurde notfallmässig alleine in einem Ferienlager untergebracht und war todunglücklich. Mein Vater musste danach seine Arbeit aufgeben und behielt nur noch den einen Tag Unterricht an der Berufsschule. Er wurde rasch ein älterer Herr mit einer Passion für Garten und Kakteen – ich bin aber überzeugt, dass er doch recht glücklich war. Bis zum Sommer 1972, als das Schicksal erneut zuschlug. Mein Bruder Leszek, wir nannten ihn alle nur den Kleinen, liebte die Berge. Er war ein leidenschaftlicher Kletterer und Höhlenforscher. Ende Juni reiste er in die slowakische Tatra in ein Bergsteigerlager. Am 2. Juli, während die Alpinisten den Malý

Berti pflegt in Polen Schweizer Traditionen: Auch Zofia trägt schon früh die Luzerner Tracht (Mitte der 1960er-Jahre).

Kežmarský štít (dt. Kleine Käsmarker Spitze) erklommen, kam es zu einem brüsken Wetterumschwung. Ein Wolkenbruch mit starken Windböen löste eine Steinlawine aus und ging über der Seilschaft meines Bruders nieder. Er wurde von einem schweren Stein getroffen, der im sofort das Genick brach. Meine Eltern wurden per Telegramm informiert. Leszeks Leichnam musste in einem Bleisarg aus der Slowakei nach Polen überführt werden. Die Bürokratie verhinderte ein rasches Handeln und erst nach zwei unendlich langen Wochen konnten wir meinen Bruder in Wrocław zu Grabe tragen. Von diesem Schicksalsschlag erholte sich mein Vater nie mehr. Etwas in ihm war zerbrochen. Und noch im selben Jahr trat meine Schwester Wanda als Novizin in das Kloster der Barmherzigen Schwestern des heiligen Vinzenz von Paul in Chełmno (dt. Kulm) ein. Meine Mutter war glücklich, dass sich über ihre Tochter ihre religiösen Wunschträume doch noch erfüllt hatten. Mein Vater jedoch war ob Wandas Entschluss sehr unglücklich und versuchte mit der Unterstützung der restlichen Familie vergebens, sie davon abzubringen. Er tat sich schon mit dem tiefen Katholizismus unserer Mutter schwer und bezeichnete sich als Atheist. Sie konnte zwar damit leben, aber es war auch für sie nicht einfach. So weigerten sich irgendwann mal die jungen Priester, der Familie den traditionellen Kolęda-Besuch abzustatten, der Besuch nach Weihnachten anlässlich der Wintersonnenwende. Denn dieser Biały verwickelte sie immer in anspruchsvolle Diskussionen, aus denen es kaum ein Entrinnen gab. Er sei unverschämt gegenüber der katholischen Kirche und glaube an nichts.

Die Sorgen mit seinen Kindern schadeten der Gesundheit meines Vaters. Immer häufiger folgten Spitalaufenthalte wegen Blutungen. Er litt an Speiseröhrenkrampfadern und Magenblutungen. Fünf Jahre dauerte sein Leiden an. Im Herbst 1977 folgten weitere, sehr starke Blutungen, die schliesslich zu seinem Tod führten. Mein Vater verstarb am 2. Oktober im Alter von 74 Jahren.

Meine Mutter fand sich nun alleine als Familienoberhaupt mit drei Töchtern, eine davon im Kloster, die Jüngste erst achtzehn Jahre alt. Sie führte die Familie gut, gewährte uns beiden Töchtern jedoch sehr wenig Freiheit. Für Berti kam eine Rückkehr in die Schweiz nicht infrage. Sie tat sich einerseits mit dem ihrer Ansicht nach nicht richtig gelebten katholischen Glauben in der Schweiz schwer, andrerseits wollte sie bei den Gräbern von Ehemann und Sohn bleiben.

Zwölf Jahre später, nach dem Fall der Mauer und den Grenzöffnungen, begann sie eine rege Reisetätigkeit. Ich lebte inzwischen in der Schweiz und sie besuchte mich häufig. Sie entdeckte ihre Vagabundenseele und bereiste Italien, England und Norwegen. Nun konnte sie sich dies leisten. Unter der neuen Regierung von Lech Wałęsa erhielt sie eine sehr gute Witwenrente und weil Leszek postum als Kämpfer für Freiheit und Demokratie anerkannt und geehrt worden war, verdoppelte sich diese Rente.

Während ihrer letzten Lebensjahre bedauerte sie, nach Polen ausgewandert zu sein. Die guten Jahre mit Leszek, die Jahre mit dem täglichen kleinen Glück im Kreise der Familie, vergass sie und eine Bitterkeit über die Einsamkeit und ihr Schicksal nahm überhand. Sie konnte bis zuletzt, auch als sie schon pflegebedürftig war, in der gemeinsamen Wohnung in Wrocław wohnen bleiben. Dort lebte sie gemeinsam mit ihrem Enkel Leszek und einer Pflegerin. Am 19. Juli 2017, nur einen Monat vor ihrem 97. Geburtstag, schloss sich der Lebenskreis meiner Mutter.

Zofia Berset-Biały
Übersetzung Marie-Isabelle Bill

Zosia, wie man Zofia auf Polnisch liebevoll nennt, lebt zusammen mit ihrem Lebenspartner und der Hündin Ninka mitten in den Weinbergen im Winzerdorf Yvorne. Sie ist Mutter von vier erwachsenen Kindern und Grossmutter von drei Enkelinnen. Nach der Trennung von ihrem polnischen Ehemann kam sie 1991 mit ihren beiden damals noch minderjährigen Töchtern in die Schweiz; die beiden Söhne mussten in Polen bleiben. Seither lebt sie in der Romandie. Regelmässig hat sie Kontakt mit ihren Söhnen und den vier Kindern ihrer Schwester Barbara, die bereits 2001 an Leukämie ver-

Zofia Berset-Biały hat ihre Leidenschaft zum Beruf gemacht (2019).

storben ist. Die Leidenschaft für die Musik hat Zosia vom Vater geerbt, sie arbeitet heute als Musiklehrerin für den Kanton Waadt. Wie ihr Vater liebt auch sie ihren Garten und spielt Klavier – und ausserdem noch Dudelsack. Polen gehört bei Zosia zum täglichen Leben: Feiertage wie Weihnachten, Ostern und die St.-Andreas-Nacht werden polnisch begangen, die Küche ist polnisch-schweizerisch orientiert und im Garten gedeihen polnische Gemüsespezialitäten und wunderschöne polnische Blumen. Heute engagiert sie sich im Vorstand der Interessengemeinschaft der Nachkommen der polnischen Internierten. Auf die Frage, ob sie polnische Schweizerin oder schweizerische Polin ist, findet sie keine Antwort. Es scheint jedoch, dass Polen einen Grossteil des Herzens und der Seele einnimmt.

Man muss miteinander leben!

Bogumił Zygmunt Chrobot und Ursula Doll

138852 – die eintätowierte Nummer auf dem Unterarm war eine unauslöschbare Erinnerung. Eingebrannt in die Seele meines Vaters, Bogumił Chrobot, davon bin ich überzeugt, haben sich auch die Erinnerungen an Terror und Gewalt im Pawiak und im Konzentrationslager Auschwitz.

Vater war ein ruhiger, besonnener Mensch, der eher zurückhaltend wirkte. Er erzählte in der Regel nicht viel über seine Erlebnisse. Wenn ihn aber etwas berührte, brach es manchmal aus ihm heraus und er erzählte gewisse Episoden. Anfang der Sechzigerjahre hat er seine Geschichte zusammengefasst.

Bogumił Zygmunt Chrobot wird am 16. Juni 1922 in Żyrardów, einer Stadt in der Nähe von Warschau, geboren. Er ist siebzehn Jahre alt, als die Deutschen Polen überfallen. Der Terror der Deutschen überzieht das Land. *«Diesen Terror und diese Barbarei kann man sich nicht vorstellen, ohne sie erlebt zu haben. Es genügte, dass man Pole oder Jude war, um jeder Willkür oder Laune der Deutschen, dem ‹Herrenvolk›, ausgeliefert und jederzeit beleidigt, misshandelt, verhaftet und getötet zu werden.»*

Einige Male entgeht er einer Verhaftung während der gefürchteten Razzien, die auf Strassen, an Bahnhöfen und sogar nach Gottesdiensten durchgeführt werden. Am 27. Juni 1943 schlägt die Gestapo kurz nach Mitternacht zu. Sie wecken die Familie mit Geschrei und Kolbenschlägen an die Wohnungstür. Bogumił kann sich kaum richtig anziehen und die Tür öffnen, da wird er schon unter Schlägen auf die Strasse getrieben und zu einer Sammelstelle geführt. Noch am selben Tag wird er mit rund fünfzig anderen Männern auf einem Lastwagen nach Warschau ins berüchtigte Gefängnis Pawiak überführt. Dreissig Männer werden in eine Zelle, die für vier Personen angelegt ist, hineingepfercht. Die hygienischen Umstände entbehren jeder Vorstellung. Allem Anschein nach befindet er sich in Untersuchungshaft. Weshalb, weiss er nicht. Zwei Mal wöchentlich wird er von der Gestapo verhört. *«Die Verhöre gingen nie ohne Schläge und Fusstritte ab. Man hetzte Schäferhunde auf mich und ich durfte mich nicht wehren, was ich auch nicht gekonnt hätte. Fast nach jedem Verhör war ich bewusstlos und wurde in die Zelle zurückgeschleppt.»* Im Museum des Pawiak existiert noch heute eine Personalkarte mit Foto von meinem Vater.

Später, das Zeitgefühl geht verloren, wird er in einen Viehwaggon verladen. Dieser ist komplett überfüllt, wird verschlossen und plombiert. Die dreitägige Fahrt führt ins KZ Auschwitz/Birkenau. Während der ganzen

Zeit erhalten die Männer weder zu trinken noch zu essen und die Waggons bleiben geschlossen. Als der Waggon geöffnet wird, bleiben viele Bewusstlose und Tote zurück. Die meist kranken Überlebenden werden über eine Rampe zur SS-Wachmannschaft getrieben. Diese nimmt ihnen nun auch noch alles ab, was sie im Gefängnis haben behalten dürfen. Unter Schlägen werden sie ins Lager geführt.

«Im Lager wurden wir mit einer Nummer tätowiert, ich bekam die Nummer 138852. Dann mussten wir uns splitternackt ausziehen und alles an Kleidung abgeben. Nun schor man uns den Kopf kahl und jagte uns unter die eiskalte Dusche. Handtücher zum Abtrocknen gab es im Lager nicht, so was gab es nur für Menschen – und wir waren bereits nur noch ... Nummern.»

Es folgen Wochen und Monate in der «Menschenmühle» von Auschwitz. Tag für Tag gilt es, schwerste Arbeiten auszuführen, ohne Rücksicht auf die Witterung und immer mit derselben Lagerkleidung. Stehen im Schlamm gehört zu den üblichen Arbeitsumständen. Nachts schlafen war fast nicht möglich. In den Pferdestallbaracken mit dreistöckigen Pritschen sind bis zu 500 Mann untergebracht. Bevor man versucht einzuschlafen, muss man Jagd auf Flöhe, Wanzen und Läuse machen. Die Ernährung besteht pro Tag jeweils aus einer Scheibe undefinierbarem Schwarzbrot mit einem Löffel Konfitüre oder Margarine. Dazu gibt es Wasser-Unkraut-Suppe, ganz selten mit etwas Kartoffeln. Zum Trinken muss ein halber Liter Ersatzkaffee reichen. Heute, morgen, nächste Woche, das ganze Jahr hindurch dasselbe karge Essen. Er erzählt, dass er manchmal Schnecken vom Strassenrand gesammelt und gegessen hat. So ist auch der gesündeste Mann nach zwei Monaten auf Haut und Knochen abgemagert oder, wie Tausende andere, tot. Einmal, als der Lagerarzt die Schwerkranken auffordert, zwecks Erholung vorzutreten, wird Bogumił von seinem Blockschreiber stillschweigend zum Stehenbleiben aufgefordert. Er weiss, was geschehen wird. Diejenigen, die sich gemeldet haben, werden ins gegenüberliegende Krematorium geführt und nie mehr gesehen.

Bogumił meldet sich 1944 für einen Transport ins Lager Jaworzno, ein Aussenlager von Auschwitz. Behandlung und Umstände sind dort nicht besser, aber wenigstens hat es keine Krematorien und nicht so viele Menschen. Im Januar 1945 wird das Lager evakuiert, weil sich die Ostfront der Weichsel nähert. 5000 Häftlinge erhalten einige Tagesrationen Brot und werden auf einen Gewaltsmarsch Richtung KZ Gross-Rosen befohlen. Es wird nur nachts marschiert, wer stehen bleibt oder nicht gehen kann, wird kurzerhand erschossen. Nur die Hälfte der Häftlinge erreicht nach zwei Wochen Gross-Rosen. Und wird von dort gleich weitergetrieben Richtung KZ Bisingen. Sie kommen vorbei am KZ Buchenwald bei Weimar.

*«Buchenwald werde ich nie vergessen. Bei bitterer Februarkälte muss-
ten wir drei Tage vor den Lagertoren im Freien auf eine Entlausung warten.
Es bot sich ein grausames Bild: Hunderte von Leichen lagen unter uns und
um uns herum, hart wie die Steine. Ich war am Ende meiner Kräfte und hatte
die Hoffnung aufgegeben. Ein Freund, der noch bei Kräften war, schleppte
mich in den Duschraum. Ich verlor das Bewusstsein und kam erst wieder im
Krankenblock zu mir. Was für ein Glück. Nach einigen Wochen wurde ich
zum Transport ins KZ Bisingen aufgerufen. Wieder transportierte man mich
in einem verschlossenen Viehwaggon.»*

Im KZ Bisingen werden die Gefangenen im Tagebau des Ölschiefer-
werks eingesetzt. Während dreier Wochen müssen sie den Ölschiefer mit
blossen Händen brechen. Dann werden sie wiederum in Marsch gesetzt
und erreichen am nächsten Morgen das KZ Schörzingen, wo Schiefer unter
Tag abgebaut wird. Nur vierzehn Tage später wird das Lager evakuiert. Die
Gefangenen marschieren in unbekannte Richtung, ohne Verpflegung. Wer
nicht mithalten kann, wird erschossen. In der Not isst Bogumił grüne Baum-
blätter, die er vom Boden aufsammelt. Nach drei Tagen erreichen sie eine
Scheune und können sich schlafen legen. Nach ein paar Stunden Schlaf
werden die Gefangenen durch Kanonenschüsse geweckt und stellen fest,
dass die SS-Bewacher nicht mehr da sind. Es ist der Morgen des 22. April
1945. Mit ein paar Kameraden verlässt Bogumił die Scheune und versteckt
sich auf dem nahen Friedhof.

*«Als die Schiesserei verstummte, ging ich durch das mir unbekannte
Bauerndorf, von einem Haus zum anderen, klopfte und bat um etwas Essen
oder Trinken. Kaum ein Bauer wollte uns etwas geben. Dummerweise liefen
wir einigen versprengten SS-Männern über den Weg. Diese hielten uns auf
und begannen, uns vor sich her Richtung Wald zu treiben. Wir befürchte-
ten das Schlimmste. Doch dann kam die Rettung durch alliierte Panzer, die
aus dem Wald hinausfuhren und sogleich das Feuer eröffneten. Ich konnte
mich in den Strassengraben retten und wartete, bis alles vorbei war. Danach
schlich ich mich in eine Scheune und versteckte mich im Heu. Erst zwei
Tage später kehrte ich vorsichtig ins Dorf zurück. Dort traf ich auf polnische
Kriegsgefangene und erfuhr, dass wir endlich frei waren.»* Bogumił bricht
zusammen und wird nach Ostrach ins Krankenhaus gebracht. Er liegt dort
fast sechs Wochen lang, bis er entlassen wird und sich zu einem Sammel-
punkt für Polen begeben kann. Der Krieg ist zu Ende. Er erhält freie Unterkunft, Verpflegung und eine Identitätskarte.

Mein Vater bleibt in Deutschland. Er geht an die UNRRA-Universität in
München und nach deren Schliessung wechselt er an die Technische Hochschule in Karlsruhe, wo er sein Studium als Diplomingenieur abschliessen
kann. Hier lernt er meine Mutter kennen, sie haben uns nie erzählt, wie.

Als Ursula Martha Herta Doll am 22. Juli 1933 in Karlsruhe zur Welt kommt, ist Hitler seit einem halben Jahr an der Macht. Nur eine Woche zuvor ist in Deutschland der Einparteienstaat besiegelt worden und das Land schlittert in eine Diktatur, die die Welt zwölf Jahre lang in Atem halten wird. Sie wächst in Karlsruhe und Oberndorf am Neckar auf, weil ihr Vater beruflich an beiden Orten tätig ist. Während des Zweiten Weltkriegs lebt sie vorwiegend in Oberndorf und kommt elfjährig nach Kriegsende wieder zurück nach Karlsruhe. Sie schliesst die Schule ab und absolviert danach eine Ausbildung zur Bäckersfachfrau in einer renommierten Konditorei. Während der Ausbildungszeit lernt sie den elf Jahre älteren Bogumił Chrobot kennen, und als dieser um ihre Hand anhält, ist sie auch bereit, zum katholischen Glauben zu konvertieren. Bei der Konvertierung erhält sie das Bildnis der Schwarzen Madonna von Częstochowa (dt. Tschenstochau). Das Bild begleitet unsere Eltern auf ihrem ganzen weiteren Lebensweg.

Am 5. August 1952 werden die beiden in Karlsruhe zivil getraut. Die kirchliche Trauung findet später in Paris statt. Bald schon kommt das erste Kind, Zygmunt. Aber das Glück ist nur von kurzer Dauer. Zygmunt stirbt nach einer Bauchnabeloperation, er ist nur fünfzehn Monate alt. Doch dann kommen nacheinander drei Geschwister zur Welt: 1955 Barbara, 1957 Edmund und 1959 Stefan. Die Eltern wohnen in Schweinfurt und Zweibrücken. 1959 findet Bogumił bei der Firma Brown Boveri Company (BBC) in Baden eine Anstellung als Maschineningenieur, der Firma bleibt er bis zu seiner Pensionierung treu. Die Familie zieht in die Schweiz. Zuerst nach Neuenhof, später in eine Eigentumswohnung in Nussbaumen. 1963 kommt Krystyna, das letzte Kind, zur Welt.

Wir Kinder sind das Ein und Alles unserer Eltern. Wir bekommen Liebe, Aufmerksamkeit und sie ermöglichen uns eine gute Schulbildung. Schon früh lernen wir Kinder, kleine Aufgaben zu übernehmen, davon zeugt ein wöchentlicher Ämtliplan. Später können wir mit dem Austragen von Zeitungen während der Schulferien unser erstes Taschengeld verdienen. Auch Mutter geht einer Nebenbeschäftigung nach; sie ist während 28 Jahren Zeitungsverträgerin für das «Badener Tagblatt», den «Tages-Anzeiger» und das «Aargauer Volksblatt». Sie schätzt den Kontakt mit den Menschen und liebt die frische Morgenluft und die Bewegung auf dem Fahrrad. In ihrer Freizeit engagiert sie sich im Frauenbund.

Meine Eltern sind sehr auf Integration bedacht, trotzdem wird zu Hause polnisch gesprochen und Vater schleppt uns, ob wir wollen oder nicht, an sämtliche polnischen Anlässe und Festivitäten mit. Er bleibt Polen sehr verbunden. Der Glaube hat in unserer Familie einen hohen Stellenwert und begleitet unser Leben. Der Satz «Ich bin nicht alleine – der Herrgott ist auch

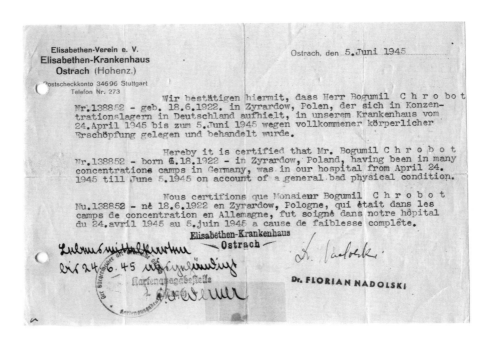

Elisabethen-Verein e. V.
Elisabethen-Krankenhaus
Ostrach (Hohenz.)

Postscheckkonto 346 96 Stuttgart
Telefon Nr. 273

Ostrach, den 5. Juni 1945

Wir bestätigen hiermit, dass Herr Bogumil C h r o b o t
Nr. 138852 - geb. 18.6.1922 in Zyrardow, Polen, der sich in Konzen-
trationslagern in Deutschland aufhielt, in unserem Krankenhaus vom
24. April 1945 bis zum 5. Juni 1945 wegen vollkommener körperlicher
Erschöpfung gelegen und behandelt wurde.

Hereby it is certified that Mr. Bogumil C h r o b o t
Nr. 138852 - born 6.18.1922 - in Zyrardow, Poland, having been in many
concentrations camps in Germany, was in our hospital from April 24.
1945 till June 5.1945 on account of a general bad physical condition.

Nous certifions que Monsieur Bogumil C h r o b o t
Nu. 138852 - né 18.6.1922 en Zyrardow, Pologne, qui était dans les
camps de concentration en Allemagne, fut soigné dans notre hôpital
du 24. avril 1945 au 5. juin 1945 a cause de faiblesse complète.

Elisabethen-Krankenhaus
Ostrach

Dr. FLORIAN NADOLSKI

Endlich frei – aber vollkommen erschöpft. Ein wichtiges Papier ist die Aufenthalts-
bestätigung des Spitals in Ostrach.

bei mir» gilt für mich heute noch. Mein Vater hilft immer, wo er kann, ohne
sich aufzuspielen. Ein Beispiel: Wir haben Grossmutter Feliksa in Żyrardów
besucht. Uns war ganz elend, als wir sehen mussten, wie meine Grossmutter in ärmlichsten Verhältnissen hausen musste, in einem Häuschen in de-
solatem Zustand. Sofort hat mein Vater ohne viel Aufhebens dafür gesorgt,
dass sie in einem guten Altersheim ihre letzten Jahre verbringen durfte. Er
hat einfach geholfen.

Die letzten eineinhalb Jahre lebt mein Vater im Altersheim, weil er
unter einer leichten Demenz leidet und gesundheitlich angeschlagen ist.
Glücklicherweise liegt das Altersheim nur wenige Minuten von der gemeinsamen Wohnung entfernt. Mutter bleibt zu Hause, pflegt aber einen
engen und liebevollen Kontakt zu ihm. Nach 62 Jahren Ehe verstirbt unser
Vater nach langer Krankheit am 12. November 2014. Er ist 91 Jahre alt. Für
meine Mutter ist das ein schwerer Verlust, aber sie rafft sich wieder auf und
fasst neuen Lebensmut. Zu Hause hat sie Kalinka, ihren Nymphensittich,
dem sie viel erzählen kann – so fühlt sie sich nicht alleine. Für die Kinder,
Enkel und Urenkel hat sie immer ein offenes Ohr und einen guten Rat zur
Hand. Sie freut sich über jeden Besuch und pflegt wöchentliche Treffen mit
ihren Freundinnen. Und sie beginnt, viel zu reisen. Sie zeigt mir und einem

Die Madonna von Tschen-
stochau hat in der Wohnung
der Chrobots immer einen
festen Platz. Das nachts de-
zent fluoreszierende Bildnis
ist ein wichtiges Leitbild für
die Familie und begleitet diese
auch bei Hochzeiten, Beerdi-
gungen und anderen Fami-
lienfeiern (seit 1952).

Für die kirchliche Trauung
reisen Bogumił und Ursula im
August 1952 nach Paris.

1963 ist Familie Chrobot komplett: Edmund, Barbara, Vater Bogumił, Mutter Ursula, Stefan und Nesthäkchen Krystyna (von links).

ihrer Enkel ihren Geburtsort Karlsruhe und reist im Sommer 2017 noch einmal ins Heimatland ihres Mannes. Sie besucht Warschau, Krakau und, ein ganz spezielles Erlebnis, den Wallfahrtsort Częstochowa. An Weihnachten müssen wir unsere Mutter notfallmässig ins Spital bringen. Am 28. Februar 2018 folgt meine Mutter ihrem «Bonio» in die Ewigkeit nach. Am selben Abend kommt ihr Urenkelkind Katniss Elea zur Welt.

Meine älteste Schwester Barbara hat einen Polen, ich habe eine Polin geheiratet. Wir beide sind Polen und unserer Familiengeschichte sehr verbunden. Mein Bruder Stefan ist mit einer Französin verheiratet. Lange interessierte ihn Polen nicht. Erst als sein Sohn mit ihm und Vater Bogumił eine Reise nach Polen unternahm und den eigenen Wurzeln nachforschte, hat er den polnischen Teil seiner Identität akzeptiert. Wir alle sind ein Teil unserer Vergangenheit und auch der Vergangenheit unserer Eltern. Sie haben uns mitgeprägt. Wir hatten ein gutes Elternhaus mit liebevollen Eltern, die die Schatten der Vergangenheit überwunden hatten.

Ich habe die ganzen Jahre während meiner Schulzeit unter meist offenem, manchmal verhaltenem Rassismus gelitten. So war ich meist ein Aussenseiter und wurde nur akzeptiert, wenn ich eine Spezialleistung erbrachte. Wollte ich irgendwo mitmachen, wollte ich eine Chance, so knöpfte man mir dafür Geld ab. Als Kind eines «Polacken» war ich schlicht nicht interessant. Nach der Schulzeit allerdings, nachdem ich die Lehre begonnen hatte, hörte das auf. Über Jahrzehnte hinweg hat mich allerdings auch der Umstand gestört, dass ich vom Schweizer Nachrichtendienst sozusagen «überwacht» und von einigen anderen Stellen bespitzelt wurde. Der Umstand, dass ich ein mit einer Polin verheiratetes Polenkind war, ein auf Polenreisen spezialisiertes Reiseunternehmen führte und mich aktiv für die Verbesserung der Handelsbeziehungen zwischen der Schweiz und Polen einsetzte, schien geradezu danach zu schreien, über mich eine Fiche anzulegen und diese laufend mit Informationen zu füttern, die, gelinde gesagt, nichtssagend und extrem unwichtig waren. Das hatte Mitte der Siebzigerjahre begonnen und dauerte fast dreissig Jahre an, bis ich mein Geschäft aufgab. Mal geschah es ganz offensichtlich, mal ziemlich subtil, dann wieder nahm man sogar mit mir direkt Kontakt auf, um mich zu befragen. Was bloss soll ich davon halten? Ich bin Schweizer und überlege, weshalb mich jemand als überflüssigen Ausländer sehen will oder mir als einem Polen prinzipiell einfach mal misstraut. Und dann frage ich mich, wie mein Vater einfach so über alle dem stehen konnte, weshalb er ausgerechnet eine Deutsche geheiratet hat, nach allem, was er erlebt hatte.

Vielleicht findet sich die Antwort in Vaters Fazit zur eigenen Geschichte: *«Nachts träume ich oft, wie mir ein SS-Mann mit dem Fuss auf dem Hals steht und mir die Luft abschneiden will. – Aber ich bemühe mich, nicht an das Vergangene zu denken. Kann man aber all das schwer Erlebte vergessen? Sicher! Das Leben geht weiter und man muss miteinander leben und auskommen. Oder soll man Mord mit Mord vergelten?»*

Bestimmt, der Glaube hat meinem Vater geholfen. Aber der Glaube ist wichtig, nicht die Kirche.

Und wie er selber lebte und handelte – damit zeigte er höchste menschliche Qualitäten. Eine Nummer ist auf der Haut zu finden, aber Herz und Seele tragen Freiheit und Güte in sich. Schlussendlich ist es das, was zählt. Mich begleitet das Lebensmotto meines polnischen Vaters Bogumił und meiner deutschen Mutter Ursula: «Einer trage des anderen Last.» Es wird ein ewiges Geheimnis bleiben, warum sich die beiden gefunden haben. Erst wenn sie nicht mehr sind, begreifen wir, wer sie waren und wer wir sind.

für Edmund Chrobot
Marie-Isabelle Bill

Der 63-jährige Edi Chrobot ist ein Hansdampf, wenn es ums Organisieren geht. «Planen, organisieren, durchführen, das ist meine Welt», meint der gelernte Kaufmann. Er machte sich bereits mit zweiundzwanzig selbständig, führte ein Reisebüro, das in der polnischen Diaspora einen ausgezeichneten Ruf hatte. Denn er war Spezialist für Polenreisen, auch dank eines exklusiven polnischen Agentenvertrags mit Orbis, dem staatlichen Hotelvermittler. Chrobot-Reisen ist bis heute den Nachkommen vieler Internierter ein Begriff, weil er es ihnen ermöglichte, einfacher nach Polen zu reisen.

2017 organisierte er die «Polenreise Warschau – Krakau mit Besuch von Projekten, finanziert durch die Schweiz». Diese fünftägige Tour führte er als Reiseleiter im Auftrag der Interessengemeinschaft der Nachkommen internierter Polen in der Schweiz durch.

Besonders bekannt wurde Edi durch die Organisation dreier Besuche und Audienzen bei Papst Johannes Paul II. und von polnischen Festen mit mehreren Hundert Besuchern. Seine Frau Izabela lernte er Weihnachten 1975 bei seinem ersten Polenbesuch in einer Kirche kennen. Izabela verstarb 2018 nach langer Krankheit. Der Vater der erwachsenen Samantha lebt in Zürich und Ebmatingen. Heute betreibt der Dreiundsechzigjährige ein Taxiunternehmen und geht alles etwas ruhiger an. Er könne allerdings immer noch sehr unbequem sein, meint er schmunzelnd, aber er sei ein Genussmensch und sehr gesellig – wie viele Polen. Wer ihn fragt, ob er Pole oder Schweizer sei, bekommt zur Antwort: «Schaut es an, wie ihr wollt – ich überlasse das euch.» Denn er sei einer mit Schweizer Korrektheit und schweizerischem Denken, aber mit polnischen Emotionen. Deshalb sei Polen nicht nur ein Geschäft, sondern seine Herzensangelegenheit.

Edmund Chrobot mit seiner Schwester Barbara 2019 am Grab der Eltern in Kirch-
dorf (AG).

«Kollateralschäden» des Krieges?

Edward Czausz und Anne-Marie Tornare

In der Schweiz heisse ich Alain-Jacques Tornare, ich bin der Sohn von Edward Czausz, einem polnischen Internierten, und lange wollte ich nichts über seine Geschichte wissen.

Ich bin als Franzose in Frankreich aufgewachsen und in meinen Papieren steht Czouz als Familienname. Den Sommer verbrachte ich jedes Jahr mit meiner Mutter und meiner Schwester in Marsens im Greyerzerland. Diese Schweizer Berglandschaft war für mich ein wahres Eldorado, besonders im Vergleich zur flachen Landschaft Nordfrankreichs, die ich nicht als meine wahrnehmen wollte. Ich bin auch Schweizer.

Meine Eltern verstanden sich nicht, buchstäblich und auch im übertragenen Sinne nicht viel besser. Mein Vater drückte sich sehr schlecht auf Französisch aus und konjugierte nicht einmal die Verben, während meine Mutter ihr ganzes Leben lang einen starken, von zahlreichen Helvetismen durchsetzten Freiburger Akzent beibehielt. Mit deren Verwendung zog ich mir regelmässig den Spott meiner Schulkameraden von Sin-le-Noble zu. Zu Beginn meiner Schulzeit machte ich dieselben Fehler wie mein Vater, der nicht *«ich will»*, sondern *«mir wollen»* sagte. Das bedeutete auch, dass Französisch mir nicht gerade als meine Muttersprache erschien. Mein Vater weigerte sich sein Leben lang, mir seine Muttersprache beizubringen, und argumentierte, dass wir in Frankreich lebten und uns assimilieren müssten. Er war so sehr darauf bedacht, sich anzupassen, dass er 1968 sogar auf die Teilnahme am Streik in seiner Chemiefabrik in Waziers verzichtete. Wie erschien mir das paradox, er war doch Kommunist. Trotzdem, abends, wenn wir schlafen gingen, wünschten wir uns «Dobranoc» – immerhin! Und wenn mein Vater von meiner Mutter sprach, gebrauchte er den Ausdruck «matka». So vermischten sich Polnisch und Französisch; ganz besonders auch, als seine Familie uns besuchte. Rückblickend komme ich zur etwas schmerzhaften Erkenntnis, dass mein Vater sehr grosse Mühe mit Lesen und Schreiben hatte. Als Facharbeiter in der Fabrik La grande paroisse in Waziers erweckte er öfters den Eindruck, er hätte in seinem Leben etwas anderes erreichen können. Hinter einer gewissen Ungeschlachtheit und etwas festgefahrenem Schubladendenken verbarg sich eine Intelligenz, die nie die Möglichkeit erhalten hatte, sich zu entwickeln und Früchte zu tragen. Mit einem etwas erweiterten Wortschatz, so bin ich überzeugt, hätten wir uns viel besser verstanden und gegenseitig in einem anderen Licht gesehen. Wie so oft, wenn man sich nicht versteht, war auch unser Verhältnis auf eine auf das Wesentliche reduzierte und nicht gerade gewaltfreie Kommunikation beschränkt.

Ohne Zweifel hat mein Vater während seines Lebens viele Farben gesehen, aber ganz bestimmt nur wenige Regenbogen. Ich wollte ihm immer sagen, wie sehr ich ihn liebte. Eines Tages riskierte ich es und er sah mich nur zweifelnd an. Als er aber vor seinem Tod erfuhr, dass sein Sohn Doktor der Literatur an der Sorbonne geworden und zum «Ritter der Künste und der Literatur» ernannt worden war – da war er, so glaube ich, stolz und glücklich. Und er erlaubte sich sogar einen Scherz: «Du, Ritter? Aber du kannst ja gar nicht reiten!»

Ich erinnere mich immer wieder an einen Kinderreim aus dieser Zeit, den er manchmal sang: *«Polonais manger du riz, Polonais guéri!»* (Pole Reis essen, Pole gesund). Aber nie habe ich ihn die polnische Hymne singen hören. Erst mein Sohn Julien liess mich kürzlich «Marsz marsz Dąbrowski» entdecken. Mein Vater erzählte kaum jemals etwas über seine Geschichte und Erlebnisse vor und während des Zweiten Weltkriegs und ich war schon erwachsen, als ich ihn bat, mir seine Geschichte zu erzählen. Die Geschichte, die wohl für jeden Mann auch eine Geschichte seiner Verletzungen ist. Aber was für Verletzungen das waren, als «Kollateralopfer» zweier Weltkriege, gequält durch die Geschichte!

Edward wird als Sohn von Julian und Elżbieta Czausz Bojarzińska am 22. August 1910 in Zdroje zwischen Białystok und Augustów geboren. Diese Gegend nahe Ostpreussen ist zu der Zeit russisch und deshalb gilt auch der russische Kalender, also gibt es ein zweites Datum, nämlich das des 4. September 1910. Er ist vier Jahre alt, als seine Heimat zur Kriegsfront wird und er zusehen muss, wie der elterliche Hof niederbrennt. Die ganze Habe auf einem Karren ziehend, muss die Familie flüchten. Auf unsicheren, gefährlichen Wegen, ohne richtig zu wissen, wohin es gehen soll, wird sie zwischen den Fronten hin und her getrieben. Mehr habe ich nicht erfahren, ausser dass die ganze Familie furchtbar Hunger leiden musste. Vielleicht ist das der Grund, weshalb ich diese peinliche Angewohnheit habe, mich aufs Essen zu stürzen, wenn es serviert wird. «Deine Vorfahren müssen Hungersnöte gekannt haben», so kommentierte einmal eine Freundin lakonisch mein merkwürdiges Verhalten. Mein Vater ist bereits zehn Jahre alt, als der Krieg endlich endet. Zu der Zeit ist es zu spät, um die Schule nachzuholen und eine traumatisierte Kindheit verarbeiten zu können. Es wird Zeit für ihn, auf dem Hof seines älteren Bruders in Zdroje zu arbeiten, denn inzwischen sind die Eltern, viel zu früh, verstorben. Leider sind die Umstände, unter denen sie verstorben sind, nicht bekannt, mein Vater sprach niemals darüber.

Weil sich das ganze Land noch nicht vom russisch-polnischen Krieg erholt hat und die Wirtschaft Polens am Boden liegt, sind seine beiden Schwestern, wie viele andere Polen, nach dem Krieg nach Frankreich ausgewandert. Mit siebenundzwanzig beschliesst Edward, seinen Schwestern nachzufolgen. In Katowice schliesst er sich einem Konvoi Richtung Westen an und verlässt am 31. Mai 1938 Polen für immer. Er wird nie wiederkehren. Am 2. Mai schliesslich überquert er zwischen Kehl und Strassburg die französische Grenze und findet in Waziers südlich von Lille eine Anstellung als Landarbeiter. Später wird er Fabrikarbeiter, aber nicht für lange, denn erneut holt ihn ein Krieg ein. Im Winter 1939/40 wird in Parthenay, im Departement Deux-Sèvres, die polnische Exilarmee gebildet. Edward als Exilpole wird aufgeboten und am 5. März 1940 unter der Rekrutierungsregistriernummer 6259 in ein Artillerieregiment der 2. polnischen Schützendivision im 45. französischen Korps eingeteilt. Wir wissen, wie die Geschichte weiterging: Am 19. und 20. Juni 1940 überqueren 12 500 polnische und 30 000 französische Soldaten die französisch-schweizerische Grenze bei Goumois im heutigen Kanton Jura und werden interniert. Mein Vater verlor nur wenige Worte über die Tage zuvor. Er war höherer Unteroffizier in einer Einheit, welche die von der Wehrmacht umgangene Maginot-Linie zu verteidigen hatte. In seinen Unterlagen stiess ich viel später auf mehrere alte deutsche Landkarten, eine davon etwas verkohlt, die anscheinend einem gefallenen deutschen Offizier abgenommen worden waren. Mehr habe ich nie erfahren! Nur ein Dokument deutet an, was auch geschehen war: Ein Schreiben vom Bürgermeister von Douai, Ende Juni 1945 unterzeichnet, bescheinigt, dass «Czausz während der Ereignisse im Mai 1940 seine sämtlichen Kleider verloren habe» und dass er zu «100 % als Kriegsopfer» angesehen werden könne.

Im «Journal de Marsens» habe ich im Herbst 1995 einige Erinnerungen an meinen Vater veröffentlicht und dabei aufgezeigt, dass er in unserem Land herumgekommen ist: Zu Beginn war er im «Concentrationslager» Büren an der Aare und anschliessend in Melchnau untergebracht. Später kam er nach Langenthal und weiter nach Frauenfeld, wo er auf einem Bauernhof arbeiten musste. Dann ging es weiter nach Aigle und ins Freiburgerland.

Die Schweiz profitierte sehr wohl von der Anwesenheit der Internierten. So standen Arbeitskräfte und zusätzliche Hände für die Unterstützung der Bauernbetriebe, beim Strassenbau und verschiedenen anderen Arbeiten zur Verfügung, während die Schweizer Männer im Aktivdienst weilten. Vater und seine Kameraden wurden auch bei Grossprojekten wie der Fertigstellung des Sustenpasses eingesetzt. Eindrücklich sind die Bilder von meinem Vater, die ihn bei der Strassenbauarbeit zeigen.

Edward wird 1942/43 auch im Strassenbau am Sustenpass eingesetzt.

Im April 1943 wird das Interniertenlager von Villeneuve im Broye-Tal auf die Höhen des Mont-Gibloux verlegt. Von hier bis hinunter nach Châtelard entwässern die Internierten Land, um es für die Landwirtschaft kultivierbar zu machen – immerhin 250 Hektaren. Mein Vater wird im darauffolgenden Herbst aus dem Internierungslager Illarsaz im Rhonetal nach Marsens verlegt. Auf einer Anhöhe über dem Dorf liegt eine Waldlichtung namens Les Bugnons, ein Ort, den er mir als dunkel und feucht beschrieb. Auch hier gilt es, Drainagerohre zu verlegen und eine kleine, steinige Strasse zu bauen, welche die Anhöhe besser erschliesst.

Im Juni 1995, an einem kühlen Sommernachmittag, folgte ich dem Polenweg auf die Höhen von Marsens, um mir einen Eindruck zu verschaffen, wo mein Vater gelebt hatte. Auf einem Stück Marschland war ein kleines Lager mit Dorfcharakter errichtet worden. Jeweils fünfundzwanzig Internierte teilten sich eine der ungefähr fünfzehn Holzbaracken. Schweizer Soldaten hielten am Eingang, der zum Wald hin ausgerichtet war, Wache. Im Winter 1943/44 fuhr der polnische Briefträger Czeżak, wegen seiner Grösse «Zwei Meter minus fünf» genannt, mit den Skis ins Dorf hinunter zur Post. Die Internierten verfügten über Pferde und Wagen, Schubkarren und sogar einen Traktor mit Eisenrädern und Steigeisen, was damals auf Wegen, die im Winter nicht geräumt wurden, sehr praktisch war.

Das Dorf ist fünf Kilometer entfernt, was die Bevölkerung von Marsens jedoch nicht daran hinderte, die Messe in der Kirche von Vuippens zugunsten derjenigen «bei den Polen» zu vernachlässigen. Wenn die Einheimischen hier hochkamen, pflegten sie zu sagen: «Wir kommen ins Lager.» Der Ort ist daher Teil des kollektiven Gedächtnisses. Die Baracken und die gemeisselten

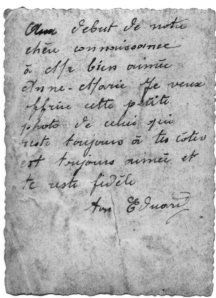

Ein kleiner Weihnachtsgruss von Edward an Anne-Marie; leider nicht selber geschrieben (um 1943/44).

Steinplatten mit polnischen Inschriften sind längst verschwunden und der
Weg ist asphaltiert. Aber am 9. November 1996 wurde in meinem Heimatort
Marsens eine Gedenktafel zum «Bau des Polenweges» enthüllt.

Die Internierten haben das Recht, von Zeit zu Zeit sonntags in einer
Gruppe auszugehen, vorausgesetzt, sie kehren zu einer festgelegten Zeit
zurück. Sie dürfen selbst Gasthöfe aufsuchen, sofern sie eine Erlaubnis
haben, die sie dem Wirt jederzeit auf Verlangen vorlegen müssen. Das hält
jedoch einige unter ihnen nicht davon ab, einige «Extratouren» einzulegen
und dem Alkohol etwas mehr als nötig zuzusprechen. So kommt es öfters
mal vor, dass sie es auf dem Heimweg nur bis zu einem Brunnen oder dem
leeren Wasserreservoir schaffen und da im Morgengrauen schlafend auf-
gefunden werden. Die charmanten, meist jungen Polen sind in der Damen-
welt von Marsens beliebt. In der Region erzählt man sich noch heute, dass
die jungen Mädchen den abreisenden Polen bis zum Bahnhof von Bulle
nachgelaufen seien. Edward, oder «Edziu» für Damen, bewahrt in seinem
Schrank immer eine Brieftasche auf, welche viele Fotos von Schweizerinnen enthält. Unter denen findet sich jedoch seltsamerweise keines meiner Mutter. Glücklicherweise fand ich später ein «kleines Foto» von meinem Vater, gut aussehend in seiner Uniform, mit einer zweifelsohne nicht
von ihm geschriebenen handschriftlichen Widmung auf der Rückseite, die

Anne-Marie zu Besuch bei Edward und seiner Truppe im Lager Les Bugnons oberhalb Marsens (um 1943).

so beginnt: «Zum Beginn unserer lieben Bekanntschaft, meiner geliebten
Anne-Marie […] Dein Edouard».

In Marsens lernt er meine Mutter Anne-Marie kennen. Sie ist beeindruckt von seiner stattlichen Erscheinung in der schönen Uniform, emp-
fänglich für die charmanten Komplimente und vielleicht etwas bedrückt
durch den Kummer, den sie gerade erlebt hat: Ihre Familie hat sich vehement einer Ehe mit einem Uhrmacher aus La Chaux-de-Fonds widersetzt,
der den Makel hat, protestantisch zu sein. Anne-Marie Tornare, geboren
am 26. Juni 1919, ist in gewisser Weise auch ein Kollateralopfer des Ersten
Weltkriegs. Ihr Vater, Krankenpfleger in Seiry, ist sechs Monate vor ihrer Geburt von der spanischen Grippe dahingerafft worden. Ihre Mutter Ida, geborene Basset, ist durch den frühen Verlust ihres Mannes sehr verstört und
hat die Kinder den Cousinen ihres verstorbenen Mannes, Marie und Anna
Genoud, anvertraut. Sie selber verstirbt bereits 1929 und so wird meine
Mutter mit nur zehn Jahren Vollwaise.

Meine Mutter vergibt zeitlebens weder der Kirche noch ihrer Religion,
dass sie den Mann ihres Lebens nur seines Glaubens wegen nicht heiraten darf, sie aber gleichzeitig ermutigt wird, einen völlig Fremden aus Osteuropa zu heiraten, bloss weil er angeblich ein guter Katholik ist. Als sie am
22. September 2013 siebenundneunzigjährig stirbt, lehnt sie jegliche religiöse Beerdigung ab.

1944 wird Edward von Marsens auf den Col de la Forclaz verlegt. Hier erleidet er eine lebensgefährliche Blinddarmentzündung, er hat jedoch Glück und sein Leben wird einmal mehr gerettet. Am 12. Juni 1945 kehrt Unteroffizier Edward Czausz nach Frankreich zurück, tritt zwei Tage später vor die Demobilisierungskommission in Grenoble und kann dann über die als Auffanglager für Kriegsgefangene, Deportierte und Flüchtlinge genutzte Gare d'Orsay in Paris auch offiziell repatriiert werden.

Eine seiner beiden Schwestern, Brunice, gehört zu denjenigen Polen Nordfrankreichs, die 1946 nach Polen zurückkehren. Sie lassen sich in Wałbrzych, dem alten Waldenburg, nieder. In Schlesien, aus welchem nur kurz zuvor die gesamte deutsche Bevölkerung ausgewiesen und verjagt worden ist. Edward will Polen nie wieder sehen, geschweige denn seine andere Schwester, die in Waziers geblieben ist und sein gesamtes Hab und Gut verkauft hat, weil sie ihn totgeglaubt hat. Offiziell wird gar bestätigt, dass er vollständig geplündert worden sei. Er zieht also in einen Nachbarort und kann bereits Ende Juni in Douai als Arbeiter eine neue Stelle antreten. Mehrere Monate lang noch trägt er seine total zerschlissene polnische Uniform, vorwiegend deshalb, weil er darin einige Goldmünzen eingenäht hat. Sie sollen der Bewältigung eines allerschlimmsten Notfalles dienen. Später nutzt er sie, um sich sein Gebiss wiederherstellen zu lassen, einige Münzen werden eingeschmolzen und begleiten ihn als Goldzähne ein Leben lang. Eine dieser Münzen hüten wir noch. Edward ist während der letzten fünf Jahre um zehn Jahre gealtert. Zumindest wird es so für seinen Ruhestand berechnet. Denn die Kriegsjahre zählen für die französische Rentenberechnung doppelt. Trotzdem sieht er noch gut aus und seine frühe Glatze wird auf das lange Tragen eines Helms zurückgeführt.

Anne-Marie folgt ihrem Polen im Oktober 1945 nach Frankreich. Allerdings werden ihr an der Grenze in Basel ihre gesamten Ersparnisse von den französischen Zollbeamten abgenommen und beschlagnahmt. Im wunderschönen Rathaus von Douai, das für seinen prächtigen Glockenturm bekannt ist, heiraten die beiden am 27. Oktober 1945. Durch ihre Heirat mit einem Ausländer verliert meine Mutter die Schweizer Staatsbürgerschaft, die sie erst Mitte der Siebzigerjahre zurückerlangt. So wird sie für eine ganze Weile zur Polin, ohne auch nur ein einziges Wort dieser Sprache zu verstehen oder zu sprechen.

Czausz ist ein Familienname, der, je nach Aussprache, für Franzosen eher deutsch klingt. Eine nicht gerade ideale Voraussetzung in diesem Frankreich, das während des Zweiten Weltkriegs so hohe Verluste zu beklagen hatte. Hinzu kommt, dass Anne-Marie sich rühmt, Schweizerin zu sein, also einem neutralen Land entstammt, dessen Haltung während des Krieges für Frankreich nicht immer eindeutig geschienen hat. Die einzige

Freundin, die meine Mutter hat, ist eine mit einem Franzosen verheiratete Deutsche, die sogar eine Weile für Hermann Göring gearbeitet haben soll. Die erste Zeit der Anpassung ist also teilweise recht schwierig, nicht nur der Sprache wegen. Meine Mutter hat sich in unserem Wohnzimmer in Sin-le-Noble eine Art Miniaturschweiz aufgebaut; mit einer ganzen Anzahl Fahnen, Fähnchen und typischen Freiburger Gegenständen. Aber um nichts in der Welt will meine Mutter die Hauts-de-France verlassen, ja schlussendlich liebt sie diese Gegend über alles und wird auch dort sterben. Zwei Jahre nach der Hochzeit kommt meine Schwester Wanda zur Welt und Silvester 1952 wird Elisabeth geboren, die noch als Säugling wenige Monate später verstirbt.

Im Januar 1956 teilt ein Oberstleutnant L'Hôpitalier meinem Vater im Namen der für die Liquidation der polnischen und tschechoslowakischen Armee in Frankreich zuständigen Stelle mit, dass «eine Internierung in der Schweiz nicht als Gefangenschaft betrachtet wird und deshalb die Voraussetzungen nicht erfüllt sind, um die Karte als Kriegsteilnehmer in Anspruch nehmen zu können». So gibt es keine Ehrung für meinen Vater. Als Dank jedoch für seine Dienste für Frankreich hat Edward bereits die französische Staatsbürgerschaft erhalten. Dabei sieht er seinen Namen in die französische Version Edouard Czouz abgeändert. Ich habe diesen Namen auf jede erdenkliche Weise geschrieben gesehen und habe noch heute eine ganze Sammlung von Umschlägen mit unserem Familiennamen. Die Bezeichnungen gehen von «Soyouz» (Sojus), wegen der Rakete, bis zu Schultz, wegen des Films «Papa Schultz». 1953 ziehen meine Eltern in den Nachbarort, nach Sin-le-Noble, wo ich vier Jahre später als Nachzügler und heute einziges noch lebendes Geschwister am 9. März 1957 in Douai zur Welt komme.

Mein Vater hat sich sein ganzes Leben lang mit etwas zwiespältigen Gefühlen an die Schweiz erinnert: Ohne Zweifel hatte dieses Land sein Leben gerettet, allerdings war er gleichzeitig überzeugt, dies durch seine harte Arbeit abgegolten zu haben. Täglich zehn Stunden strengste Arbeit bei jedem Wetter. Entlöhnt wurde er mit zweieinhalb bis vier Franken pro Tag; als Unteroffizier erhielt er noch 60 Rappen Zulage. Auch wenn die Internierten täglich eine Schachtel Zigaretten und einen Lohn für ihre Arbeit erhielten, fühlte sich mein Vater oft etwas ausgenützt, denn, so erzählte er, der Lohn sei grösstenteils an die Lager gegangen. Die Lager, in denen mein Vater fünf Jahre seines Lebens verbrachte. Wie er das meinte und ob er am Kriegsende Geld ausbezahlt erhielt, ich weiss es nicht. Er, der sonst eher kühl und zurückhaltend war, erinnerte sich immer gerne an seine «Kriegspatin» Jeanne Guérin aus Saint-Imier, die ihm Pakete geschickt hatte. Von ihr sprach er immer besonders liebevoll. Er kehrte nur ein einziges Mal in die Schweiz zurück, 1964 anlässlich der Schweizer Landesausstellung. Dieses eine Mal bestand er darauf, Jeanne wiederzusehen. Und er blieb bis zu seinem Tod immer mit ihr in Kontakt. Wenn wir Kinder mit meiner Mutter die langen Sommerferien in Marsens verbrachten, besuchte oder begleitete er uns nie, er wollte einfach nicht.

Wir Kinder sind der Schweiz jedoch verbunden. Als Kind bin ich häufig und lange krank, was sicher auch auf die Umweltverschmutzung durch die Minen in der Gegend um Sin-le-Noble zurückzuführen ist, sie prägt die Region. Und auch die Verwüstungen, die noch lange nach dem Krieg zu sehen sind. So beispielsweise die Kirche Notre-Dame, die 1944 durch eine anglo-amerikanische Bombardierung schwer beschädigt worden ist. Sie wird erst 1980 restauriert und der Öffentlichkeit zugänglich gemacht. Ich habe sie noch immer als Ruine in Erinnerung. So sind also unsere Sommerferien bei den Schweizer Tanten geradezu paradiesisch. Meine Schwester Wanda ist siebzehneinhalb Jahre alt, als sie sich von einem Tag auf den anderen entschliesst, Nordfrankreich zu verlassen und sich im Kanton Freiburg niederzulassen, wo sie bis zu ihrem Tod 2006 lebt. Ich bin vierundzwanzig, als ich mich 1981 meiner Greyerzer Wurzeln besinne und nach Marsens zurückkehre. Sechs Jahre später gelingt es mir dank der Annahme des Mädchennamens meiner Mutter, in der Schweiz erleichtert eingebürgert zu werden. Für die französische Staatsbürgerschaft behalte ich den Namen Czouz; den Namen, welchen auch meine Kinder Camille und Julien als französische Staatsbürger tragen. Mein Vater stirbt am 15. Februar 1999 in Douai. Im Monat zuvor habe ich ihm noch Postkartenbilder des zukünftigen Euros gezeigt. Zu der Zeit habe ich auch erfolgreich dafür gekämpft, dass die Fonds Opieński und Opieńska aus dem in Auflösung befindlichen Kulturarchiv in Morges an die Stiftung Archivum Helveto-Polonicum in Freiburg übertragen wird. Dieser Erfolg ist einer meiner grössten Siege, besonders im Gedenken an meinen Vater!

Dank einer Linguistin der Universität Krakau, Zofia Cygal-Krupa, entdecke ich spät, dass Czausz kein wirklich polnischer Familienname ist, sondern eher ein Zuname tatarischen Ursprungs mit der Bedeutung «Vorwärts, keine Gnade». Gehören wir also, ohne dass man uns jemals etwas davon erzählt hat, der tatarischen Minderheit, jenem Volksstamm der grossen Khans, der sich in der Zeit Grosspolens von den Ufern des Schwarzen Meeres bis an die Grenzen Russlands und Preussens ausgebreitet hatte, an? Mein Vater ist ganz bestimmt nicht zufällig Soldat und Reiter geworden, er blieb beim Erbe seiner Vorfahren.

Mein Vater pflegte den Kontakt zu seiner Schwester Brunice in Schlesien mehr oder weniger regelmässig. Zu den Verwandten in Masuren, den Nachkommen seines Bruders, war der Kontakt fast gänzlich abgebrochen.

Ende Oktober 1945 findet
die schlichte zivile Hochzeit
im Rathaus von Douai statt.

Zwischen 1984 und 1990 besuchte ich zusammen mit einer Freundin Polen dreimal. Mein Vater wollte uns auf diesen Reisen nicht begleiten, für ihn gab es keine Rückkehr nach Polen. Wir nutzten dabei die Gelegenheit, unsere polnischen Verwandten in Masuren und Schlesien kennenzulernen. Was für Kontraste zwischen dem einen und dem anderen Ende Polens! Im Norden, bei Augustów, nahe den masurischen Seen, waren meine Cousins beruflich recht erfolgreich. Aus den Kindern des Bauern waren ein Arzt und ein Anwalt geworden und man verweigerte sich, wo immer möglich, dem marxistischen Staat. Zur Familie in Schlesien pflegte man kaum Kontakt, zu verschieden waren die Welten, in denen man lebte. Und das beruhte auf Gegenseitigkeit, man hielt nicht viel voneinander. Tante Brunices Familie lebt nahe den schlesischen Minen. Sie waren Vorarbeiter in den Minen und einer meiner Cousins war bei der staatlichen Miliz. Sie alle fühlten sich dem Regime verpflichtet und waren dankbar. Denn schliesslich hatte ihnen dieser Staat eine neue Heimat gegeben, ein Haus und Arbeit. Bei unseren Besuchen hatte Tante Brunice ziemlich deutlich geäussert, was sie von den freiheitlichen Bemühungen hielt. Mit einem starken Akzent meinte sie: «Solidarność – schlechte Polen, schmutzige Bestien!» Nach dem Fall des Kommunismus habe ich sie wieder besucht und ich erinnere mich an eine gerahmte deutsche Banknote im Wohnzimmer. So ändern sich die Zeiten – und auch die Menschen! Die Familie bat mich, in Frankreich oder der Schweiz ein bestimmtes Medikament zur Behandlung der Herzbeschwerden meiner Cousine zu besorgen. Mir fiel zwar der spöttische Blick des Apothekers auf, als er mir das Medikament überreichte, aber erst dank Marta, der Tochter von Frau Cygal-Krupa, erfuhr ich, was es damit auf sich hatte. Die junge Medizinerin erklärte mir einmal sehr amüsiert, dass es sich dabei um ein Potenzmittel handelte. Jetzt war auch ich amüsiert. Nach dem Fall der Berliner Mauer, im Oktober 1990, kehrte ich nach Polen zurück. Mit dem Auto unternahmen wir eine Tour durch Osteuropa, während der ich, unter anderem in Leipzig und Krakau, einige Vorträge zu halten hatte. Besonders glücklich machte mich der Vortrag «Einige Aspekte der polnisch-schweizerischen Beziehungen im Laufe der Jahrhunderte» an der Jagiellonen-Universität in Krakau (pol. Uniwersytet Jagielloński Kraków). Eine kleine Revanche für den Sohn eines einfachen polnischen Bauern.

Am 75. Jahrestag der Eröffnung des Hochschullagers für internierte Polen im Foyer Saint-Louis in Freiburg wurde am 18. November 2017 nahe der Porte de Morat eine Gedenktafel eingeweiht. Diese war durch die Stiftung Archivum Helveto-Polonicum erstellt worden und wacht von den Gestaden der Saane aus über das reiche und stolze polnische Gedächtnis auf helvetischem Boden. Was für eine Ironie der Geschichte: Edward Czausz war nie im Hochschullager gewesen, aber seinem Sohn wurde die grosse Ehre zuteil, vor dem polnischen Botschafter Jakub Kumoch, dem Präsidenten des Staatsrats des Kantons Freiburg Maurice Ropraz sowie dem Stadtpräsidenten von Freiburg Thierry Steiert eine Rede halten zu dürfen. Meine Herausforderung war, mich nicht von meinen Emotionen überwältigen zu lassen. Wie sehr hatte ich doch diese Gedenktafel gewollt! Und am nächsten Tag wurde der Anlass in den Morgensendungen im ersten Programm des Radios der französischen Schweiz thematisiert und ausgiebig besprochen.

Als Enkelin eines polnischen Internierten spielte meine Tochter Camille am 9. Juni 2018 in Enges gemeinsam mit anderen Nachkommen polnischer Internierter in der Inszenierung «Ein Wandbild beginnt zu sprechen» mit. Gemeint ist das Fresko in der Kapelle von Enges (NE), das der ehemals internierte polnische Künstler Michał Kalitowicz zu Ehren der Schweiz und als Dank für die Aufnahme gemalt hat. Julien – er trägt den Namen seines Urgrossvaters – hat angefangen, Polnisch zu lernen, und ich versuche mitzuhalten. Wir werden alle das Land ihres Grossvaters besuchen, versprochen!

Mein Sohn Julien-Ethan, mit achtzehn heute zweifellos einer der jüngsten Enkel eines polnischen Internierten, möchte ebenfalls seinen Beitrag zu dieser Geschichte leisten und ich stelle diesen gerne an den Schluss unserer Geschichte: *«Ich kenne Polen nicht wirklich. Tatsächlich habe ich nicht einmal bemerkt, wie viel Glück ich hatte, ein kleiner ‹Polacke›, ein ‹Polakiem›, zu sein! Denn ja, obwohl ich noch nie dort war, erscheint mir das Land jenseits der Oder wie eine Familie. Aber, um die Wahrheit zu sagen, ich bin nicht nur Schweizer, Franzose und Pole. Ich bin auch schottischer Herkunft, wie meine Mutter Gillian. Allesamt kalte Länder, in denen es gilt, durch Herzenswärme die Seele zu erwärmen und die Kälte zu vergessen. Als Enkel eines polnischen Einwanderers, dessen persönliche Geschichte die eines langen Soldatenmarsches durch halb Europa ist, habe ich immer noch nur Geschichten über das polnische Leben und Polen im Allgemeinen gehört. Wie anders ist da wohl unser Schweizer Leben, weit weg von solchen Sorgen. Ich gestehe, ich dachte mal, Polen sei einfach nur ein armes Land, das nie richtig funktioniert hat. Erst vor nicht allzu langer Zeit habe ich die Schönheit Polens erkannt. Obwohl arm und irgendwie überlebend, Polen ist reich! Ja, es ist mit Herzensreichtum gesegnet. Man hat nichts, aber man teilt alles in Polen. Ich kann es kaum erwarten, dorthin zu gelangen. Am 19. Juni 2020, zum 80. Jahrestag des Grenzübertrittes der 2. polnischen Schützendivision, fanden auf beiden Seiten der Grenze Gedenkfeiern statt. Auf französischem Boden in Damprichard und in Goumois auf der Schweizer Seite. Ich war sehr traurig, dass es mir nicht möglich war, an der Zeremonie teilzunehmen, um meinen Grossvater und die polnischen Soldaten zu ehren. Niech żyje Polska.»*

Alain-Jacques Czouz-Tornare
Übersetzung Marie-Isabelle Bill

Alain-Jacques ist Spezialist für französisch-schweizerische Beziehungen und lehrte als Privatdozent bis 2006 an der Universität Freiburg. Heute arbeitet er als Historiker für das Stadtarchiv von Freiburg. Er studierte an der Sorbonne, wo er 1996 seine Dissertation über die Schweizer Truppen im Dienste Frankreichs schrieb. Der mit den höchsten akademischen Würden Frankreichs, den «Palmes académiques» Ausgezeichnete war 2003 auch am Film «Napoleon und die Schweiz: Die Mediation, Geburt einer Nation» von Anne Cunéo beteiligt. Er ist ein unermüdlicher Forscher, bekannt als provokanter und unabhängiger Geist. So wird er auch von vielen Radiostationen in Frankreich und der französischen Schweiz geschätzt und immer wieder gerne gehört. Unermüdlich ist er auch, wenn es um das Schreiben von Artikeln für die Presse beider Länder geht. Alain-Jacques hat schon einige Bücher veröffentlicht, darunter auch Werke wie «La Ré-

Alain-Jacques Czouz-Tornare mit seinen Kindern Julien und Camille 2019 vor dem Gedenkstein des «chemin des Polonais» in Marsens.

volution française pour les Nuls» (Die Französische Revolution für Dummies). Für seine Arbeit über die Französische Revolution und das Kaiserreich wurde er zum Ritter der Künste und Literatur «Ordre des Arts et des Lettres» ernannt. Und der Staat Frankreich hat ihn für seine Bemühungen um die französisch-schweizerischen Beziehungen mit einem der angesehensten Verdienstorden ausgezeichnet: Er ist «Chevalier de l'Ordre national du Mérite». In seiner Freizeit hört Alain-Jacques klassische Musik, sammelt Oldtimer-Modellautos und reist sehr gerne. Der dreiundsechzigjährige französisch-schweizerische Doppelbürger lebt mit seiner schottischen Partnerin Gillian Simpson im Haus seiner Grosstanten in Marsens. Camille und Julien, die erwachsenen Kinder, sind heute schon Polen sehr verbunden und leben das Erbe weiter. Ganz im Sinne von Alain-Jacques, der Polen in seinem Herzen weiterträgt.

Geschichte einer ganz gewöhnlichen Familie

Antoni Dobrowolski und Margrit Zurbuchen

Zu Hause waren wir Vater, Mutter und drei Kinder. Aber waren wir auch eine richtige Familie? Andere Kinder hatten Grosseltern, Cousinen und Cousins und wir, wir waren nur eine Schwester und zwei Brüder. Vielleicht vermissten wir einen Grossvater – aber es war keiner da. Gut, eine Grossmutter hatten wir. Fast jeden Sonntag besuchten wir sie im Altersheim, was bei schönem Wetter oft mit einer langen, anstrengenden Wanderung durch den Wald und über den Berg verbunden war. Manchmal behielt sie ihr Glace-Dessert für uns zurück. Natürlich war es jeweils längst geschmolzen, wenn wir ankamen!

Tanten hatten wir eine ganze Menge. Es waren jedoch alles Freundinnen und ehemalige Arbeitskolleginnen der Mutter, bestenfalls ihre Cousinen. Onkel gab es auch. Wir kannten ihre Namen: Józef, Michał, Dominik, Julian. Doch sie wohnten in fernen, für uns unerreichbaren Ländern. Manchmal schrieben sie dem Vater Briefe – in einer Sprache, die wir nicht lesen konnten. Aber richtige Onkel und Tanten mit Kindern, die dann unsere Cousinen und Cousins gewesen wären? Zu denen wir manchmal hätten in die Ferien fahren dürfen, um mit ihnen zu spielen – fort von zu Hause, etwas Neues erleben? Das blieb als Schulkind mein Traum, insbesondere zu der Zeit, als ich kaum Freundinnen hatte und mir insgeheim eine Schwester wünschte. Waren wir vielleicht doch keine ganz normale Familie?

Meine Mutter, Margrit Zurbuchen, geboren 1922, wuchs in der Nähe von Zürich als Einzelkind auf. Ihr Vater starb, als sie siebenjährig war. Während sie an der Töchterschule Hohe Promenade in Zürich ihre Ausbildung zur Primarlehrerin absolvierte, brach der Zweite Weltkrieg aus. Bereits in der Abschlussklasse wurden sie und ihre Kolleginnen im Schulbetrieb auf dem Land eingesetzt, da viele Lehrer Aktivdienst zu leisten hatten. Meine Mutter hatte ihren Traumberuf gefunden. So hingebungsvoll, wie sie sich damals den Unterstufenschülern gewidmet hatte, so leidenschaftlich erzählte sie später ihren eigenen Kindern Geschichten aus Märchenbüchern, der grossen Literatur und aus dem Leben. So erfuhren wir denn auch von ihr, dass unser Vater mit einem Schifflein über den Bodensee in die Schweiz gerudert sei.

Mein Vater, Antoni Dobrowolski, geboren 1922, und sein drei Jahre jüngerer Bruder Julian wurden im Sommer 1942 vom deutschen Arbeits-

Zeichnung für meinen Vater auf Anregung der Mutter (um 1965).

amt in Tarnopol (heute Ternopil, Ukraine) aufgefordert, sich am 10. Juli in Czortków zu melden. Im Transportausweis wird als Zweck eine «Abreise als landwirtschaftlicher Arbeiter nach einer Arbeitsstelle im deutschen Reich» angegeben. Natürlich ahnten die jungen Männer kaum, was ihnen bevorstand. Und noch weniger verstanden sie die deutsche Sprache. So wurden die beiden Brüder von Ostpolen auf unbekannten Wegen zur Zwangsarbeit nach Deutschland deportiert. Immerhin erinnerte sich mein Vater, dass der Transportzug irgendwann an einem Bahnhof namens Ulm angehalten hatte.

Zwei Jahre lang mussten Antoni und Julian in Hemmenhofen und Gaienhofen als Landarbeiter in Süddeutschland aushelfen, denn viele Bauern waren in die Wehrmacht eingezogen worden. Glücklicherweise fanden

66

Gelber Aufnäher mit violettem
«P» zur Kennzeichnung polnischer
Zwangsarbeiter.

Antoni und Julian (von links) als Zwangsarbeiter (um 1942–1944).

zu jener Zeit in der Gegend des Bodensees kaum kriegerische Handlungen
statt. Zwar seien sie von ihren Meistern den Umständen entsprechend gut
behandelt worden, gaben die beiden nach ihrer Flucht am 20. August 1944
übereinstimmend zu Protokoll, doch hätten sie nicht länger für das Deutsche Reich arbeiten wollen. Deshalb hätten sie beschlossen, zusammen mit
drei anderen Polen zu fliehen. Zu diesem Zweck entwendeten die Männer
bei Einbruch der Dunkelheit ein Ruderboot und landeten eine halbe Stunde
später bei Steckborn am Schweizer Ufer.

Als geflohener Zwangsarbeiter wurde mein Vater in der Schweiz interniert und, solange der Krieg währte, in verschiedenen Lagern untergebracht. Wie alle Internierten wurde er für Arbeiten zugunsten der Bevölkerung eingesetzt. Ich glaube nicht, dass er uns von allen Lagern etwas
erzählt hat, jedoch hat es mich besonders beeindruckt, dass er einmal bei
einem Bauern im Welschland arbeiten musste, obwohl er kein Wort Französisch sprach.

Während der ganzen Zeit der Deportation und Zwangsarbeit wie auch
während der verschiedenen Lageraufenthalte in der Schweiz war es meinem Vater gelungen, seinen jüngeren Bruder Julian nie aus den Augen zu
verlieren. Dies führte schliesslich sogar dazu, dass beide unter demselben

Aktenzeichen im Schweizerischen Bundesarchiv Bern verzeichnet sind. Nach Kriegsende durften sie vorerst in der Schweiz bleiben, da für sie keine Aussicht auf eine Repatriierung nach Polen bestand.

Nun machten sie sich auf die Suche nach ihrer Familie. Leider sind mir die Umstände nicht bekannt, unter denen sie den Kontakt mit ihren überlebenden Brüdern Józef und Dominik in Polen wieder aufnehmen konnten.

Von polnischen Freunden erfuhren sie irgendwann, dass Michał, ihr zweitältester Bruder, in London lebte. Vor seiner Auswanderung nach Australien haben sich die drei Brüder vermutlich in Italien getroffen, bevor sich Julian am 25. Oktober 1949 ebenfalls auf den Weg in die Emigration nach Australien aufmachte. Ob er auf demselben Schiff reiste wie Michał, ist nicht bekannt.

Meine Mutter Margrit hatte während des Krieges, wie viele ihrer Kolleginnen am Lehrerinnenseminar, Internierte mit kleinen Paketen unterstützt. Sie betonte jedes Mal, wenn sie mir davon erzählte, sie habe diesen niemals persönliche Briefe beigelegt. An ihrer ersten Arbeitsstelle, einer «Anstalt» für geistig behinderte Kinder und Jugendliche, traf sie einen internierten Polen, welcher dort einen Arbeitseinsatz leistete. Der um vieles ältere Piotr Adamowski war in Chodorów bei Lwów Gerichtspräsident gewesen, sofort nach Kriegsausbruch geflohen und auf abenteuerlichen Wegen zur polnischen Exilarmee in Frankreich gelangt. Als Angehöriger der 2. polnischen Schützendivision war er im Juni 1940 in der Schweiz interniert worden.

Anfang der 1950er-Jahre lud Piotr Adamowski seine ehemalige Arbeitskollegin einmal in ein Café in Zürich ein. Meine Mutter unterrichtete zu jenem Zeitpunkt bereits die Erst- bis Drittklässler in einem kleinen Dorf in der Nähe von Zürich. Piotr Adamowski brachte zu diesem Treffen einen guten Freund mit, Antoni Dobrowolski. So lernten sich meine Eltern kennen und am 9. Oktober 1954 heirateten die beiden. Piotr Adamowski war Trauzeuge und sollte später mein und meines älteren Bruders Taufpate werden.

Meine Eltern kauften in jenem Dorf, wo meine Mutter als Lehrerin waltete, ein altes Haus, das von einem Garten mit hohen Bäumen und einem Zaun umgeben war. Meine Mutter musste dafür wohl auf Ersparnisse aus ihrer Tätigkeit als Dorfschullehrerin zurückgreifen, denn mein Vater hatte immer ein sehr geringes Einkommen, auch später als Fabrikarbeiter.

Im Juli 1956 hatte er das Formular für das «Gesuch um Erteilung der eidgenössischen Einbürgerungsbewilligung» ausgefüllt. Dieses wurde von Amt zu Amt weitergereicht und Erkundigungen wurden eingezogen, die alle positiv ausfielen. Es wurde einzig angemerkt, Antoni Dobrowolski spreche zwar Schweizerdeutsch, aber nicht sehr gut. Schliesslich wurde das Ge-

Oktoberhochzeit im Jahr 1954.

such gutgeheissen und am 22. Februar 1958 mit einer Ergänzung versehen: «Diese Bewilligung erstreckt sich auch auf das Kind: Anna Maria, geboren am 13. Februar 1958.» Obwohl meine Mutter bei der Heirat das Schweizer Bürgerrecht behalten konnte, war ich als Tochter des Antoni Dobrowolski in der ersten Zeit meines Lebens ein staatenloses Kind.

So entstand eine vielleicht doch nicht ganz normale Familie. Ich kann mich nicht erinnern, dass wir als Kinder irgendwelche Nachteile wegen unseres Familiennamens Dobrowolski gehabt hätten. Und meine Mutter nannte sich, wie im Polnischen üblich, Frau Dobrowolska und wurde bis an ihr Lebensende von allen Bekannten so angeredet.

Erst im Nachhinein wird mir langsam bewusst, dass wir wenig Kontakt zur Dorfbevölkerung hatten. Ich habe aber als Kind kaum darunter gelitten. Ich lebte in unserer eigenen kleinen Welt: Mit meinen Brüdern spielte ich im Garten oder am nahen Bächlein. Zu unseren Nachbarn, welche einen Bauernhof führten, pflegten wir ein gutes Verhältnis. Häufig hatten wir Besuch von allen möglichen «Tanten», wie wir Mutters Freundinnen nannten, sowie von Leuten aus Polen. Wir kauften auch regelmässig in den verschiedenen Dorfläden ein und besuchten mit dem Vater die Sonntagsmesse. Einmal im Monat fuhr die ganze Familie mit der Bahn nach Zürich, denn dort trafen sich viele Polen zu einer Messe in ihrer Sprache.

Mit dieser Sprache wiederum hatte es etwas ganz Eigenes auf sich. Einmal, als ich noch ganz klein war, besuchten uns Onkel Dominik und Tante Eugenia aus Polen. Wir hatten öfters polnische Gäste, die wenig oder gar kein Deutsch sprachen. Im Gegensatz zu meiner Mutter konnte ich aber mit ihnen reden. Damals, im Oktober 1960, sprach ich nämlich noch ebenso fliessend Polnisch wie Schweizerdeutsch; als «Plappermäulchen» hat mich Tante Eugenia im elterlichen Gästebuch verewigt! Wann und wie die polnische Sprache in unserer Familie ausser Gebrauch kam, habe ich nicht bewusst erlebt. Tatsache ist, dass meine Mutter nie Polnisch lernte und meine jüngeren Brüder nur wenige oder gar keine Erinnerungen daran haben.

Einmal lag in der Weihnachtspost ein Brief aus Australien mit Fotos von zwei kleinen Jungen, die unter einem glitzernden künstlichen Christbaum sassen. Also hatten wir doch richtige Cousins! Ich konnte es kaum erwarten, bis ich in der Sekundarschule das Freifach Englisch besuchen durfte, um diesen Cousins Briefe schreiben zu können. Während meiner Teenagerjahre entfaltete sich dann auch ein reger Briefwechsel zwischen den Kontinenten.

In meine Mittelschulzeit fällt meine erste Polenreise im Jahr 1974. Es ist schwierig, ja nahezu unmöglich, ein passendes Wort dafür zu finden: merkwürdig, eindrücklich, unvergesslich auf jeden Fall! Nun, da es zum ersten Mal ins Ausland ging, reiste nicht die ganze Familie, sondern nur der Vater mit den beiden älteren Kindern.

Die Fahrt an sich gestaltete sich, gelinde gesagt, ziemlich umständlich: Man musste, abgesehen vom Papierkrieg, einen grossen Umweg über Wien und die damalige Tschechoslowakei in Kauf nehmen, dabei wäre man über Berlin doch in der halben Zeit ans Ziel gelangt. Aber es herrschte der «Kalte Krieg» und der «Eiserne Vorhang» war geschlossen. Diese Ausdrücke waren uns damals noch vollkommen unbekannt. Bloss eine diffuse, bedrückende Stimmung machte sich irgendwo im Hintergrund des Reisefiebers bemerkbar. Aber diese konnte gerade so gut von einem anderen Umstand herrühren.

Mein Vater reiste nämlich nach über dreissig Jahren in der Fremde eben gerade nicht in seine Heimat. Seine Heimat lag viel weiter im Osten und war nach dem Krieg an Russland – den Begriff Sowjetunion kannten wir nicht – gefallen. Somit war jener Ort für ihn gänzlich unerreichbar geworden. Mein Vater war buchstäblich im letzten Dorf des damaligen Polen geboren worden. Bis zum Ersten Weltkrieg hiess die Gegend Galizien und gehörte zur k. u. k. Monarchie. Hierzu gibt es eine Geschichte, die Onkel Dominik zu erzählen liebte: Die Familie Dobrowolski habe an einem ganz wichtigen Ort gewohnt. Habe nämlich der dortige Dorfhahn gekräht, so sei sein Kikeriki in drei Ländern zu hören gewesen! Tatsächlich lag das Dörfchen Wygoda im Gebiet des Zusammenflusses von Zbrucz und Dnjestr.

Ersterer bildete damals die Grenze zu Russland, der zweite die Grenze zu Rumänien. Die zwei nächsten grösseren Städte hiessen Borszczów und Tarnopol. Den Namen Tschernowitz (poln. Czerniowce) habe ich auch gehört und Lwów (dt. Lemberg) wurde manchmal erwähnt. Heute gehört die ehemalige Heimat meines Vaters zur Westukraine.

Bei unserem Besuch sollte Vater seinen ältesten Bruder Józef nicht mehr antreffen, denn dieser war kurz zuvor verstorben. Und auch Piotr Adamowski, sein guter Freund, war nicht mehr am Leben. 1969 hatte er sich doch noch dazu entschlossen, ins «neue Polen» zurückzukehren. Dort heiratete er in Wrocław (dt. Breslau) seine Jugendfreundin und starb 1972 im Alter von achtundsechzig Jahren.

Blieben meinem Vater also ein Bruder und dessen Frau, die bereits erwähnten Onkel Dominik und Tante Eugenia. Endlich, nach langer Reise, erreichten wir ihr Zuhause – was war das für ein Wiedersehen! Wir bekamen unbekanntes, aber leckeres Essen: gebratene Pilze, Mohnkuchen und Bigos, ein Krauteintopf, der mir recht gut schmeckte.

Wir Kinder konnten kaum mehr mit Onkel und Tante sprechen, denn wir hatten unser Polnisch viel zu wenig gebraucht und bereits fast vollkommen vergessen! Ich sollte es erst 1982, nach dem Tod meines Vaters, wieder erlernen. Trotzdem gelang es mir, mit Hilfe meines Schulfranzösisch, mit Tante Eugenias Nichten Bekanntschaft zu knüpfen. Mehr als zehn Jahre später erneuerte und vertiefte sich diese innig. Wir besuchten auch die andere Tante, Onkel Józefs Witwe, und weitere Bekannte. Wir pilgerten nach Częstochowa (dt. Tschenstochau), sahen in Danzig zum ersten Mal das Meer und bestiegen gar, um die Reise von Warschau nach Breslau abzukürzen, zum ersten Mal ein Flugzeug.

Onkel Michał und Onkel Julian aus Australien haben uns «Schweizer» Mitte der Siebzigerjahre einmal besucht. Für sie war es nach Jahrzehnten ein letztes Wiedersehen mit ihrem Bruder Antoni. Für uns Teenagerkinder waren sie Fremde und wirkten gleichzeitig auf seltsame Weise vertraut. Wir drei Geschwister unternahmen in späteren Lebensphasen jedes einmal eine Reise zu den Verwandten nach Australien.

Bei mir, der Ältesten, dauerte es am längsten. Onkel Michał, seine Frau und Onkel Julian waren alle nicht mehr am Leben. Meine Cousins lernte ich tatsächlich erst 2004 kennen, als wir alle bereits auf die Fünfzig zugingen. Den Älteren, mit dem ich so viele Briefe und Fotos ausgetauscht hatte, hatte ich mir nicht so schweigsam vorgestellt. Immerhin erklärte er mir am Nachthimmel das Kreuz des Südens. Sein jüngerer Bruder, der im selben Jahr wie ich geboren worden war, schloss mich in die Arme mit den Worten «Here you are!» und mir war, als käme ich nach Hause. Ist das weiter verwunderlich?

Wir beide, Frank Dobrowolski, mein Cousin, und ich, Anna Maria Dobrowolska, tragen die Namen der zwei vom Krieg dahingerafften Geschwister unserer Väter: Franciszek und Ania. Mündlichen Berichten zufolge wurden sie als Kinder zusammen mit ihren Eltern Michał und Maria Dobrowolski von Partisanen der Ukrainischen Aufstandsarmee (Ukrajińska Powstańska Armija, UPA) ermordet.

So tauchen die Erinnerungen auf, unglaublich intensiv die einen, leicht verblassend die anderen. Doch bleiben Lücken bestehen von Dingen, die man uns nie erzählt hat. Auch aus meinem Austausch mit anderen Nachkommen internierter Polen in der Schweiz, aber auch mit Freunden aus Deutschland weiss ich, dass solche Lücken bestehen. In vielen Familien wurde geschwiegen, über Erlebnisse im Krieg, bei der Zwangsarbeit, auf der Flucht, in Interniertenlagern. Wenige hatten die Kraft, ihre persönlichen Erinnerungen selbst an ihre Nachkommen weiterzugeben. Uns Kindern, die wir unterdessen fast alle bereits im Pensionsalter sind, bleiben heute keine Zeitzeugen mehr, an die wir unsere Fragen richten könnten; unsere Eltern wie auch die Onkel, Tanten, Taufpaten und polnischen Freunde sind längst verstorben. Mein Vater wurde nur sechzig Jahre alt, meine Mutter dagegen starb erst im hohen Alter von beinahe zweiundneunzig.

Will ich das Geschehene oder vielmehr das Erlebte nachvollziehen, bleiben mir wenige persönliche Hinterlassenschaften wie Fotos oder Briefe. Und in der Literatur ist vieles beschrieben worden, unter vielen verschiedenen Gesichtspunkten. Da und dort fand ich Hinweise über vergleichbare Umstände zu ungefähr derselben Zeit, wenn nicht am selben, so doch am benachbarten Ort. Auch Archive durchforste ich seit Jahren nach aufschlussreichen Dokumenten. So hoffe ich, dem Bild der Geschichte doch auch das eine oder andere Mosaiksteinchen einfügen zu können.

Anna Maria Stuetzle-Dobrowolska

Die zweiundsechzigjährige Anna Maria spricht neben allen vier Schweizer Landessprachen auch Polnisch und Englisch. Während ihres Studiums der Kunstgeschichte hat sie sich weiter mit den alten Sprachen Latein und Griechisch sowie mit Ungarisch und Arabisch befasst. Sie lebt in Baden, arbeitet in Zürich und verbringt ihre Freizeit oft mit Lesen und dem Hören von klassischer Musik; sie besucht besonders gerne die Oper oder das Theater. Einen Ausgleich findet sie beim Malen und der Verarbeitung verschiedenster Materialien. Daraus ist unter anderem eine Leidenschaft für das Marionettenspiel entstanden. Sie sagt, die selbst gestalteten Marionetten seien immer auch ein Teil von ihr. Wer mit ihr über polnisches Essen

Anna Maria Stuetzle-Dobrowolska (2019).

spricht, sieht sie kurz die Augen schliessen und hört sie von Vaters gefüllten Teigtaschen, den Pierogi, seinem Barszcz, der reichhaltigen Fleisch-Randen-Suppe, und Krautwickeln, den Gołąbki, schwärmen. Anna Maria pflegt ihre Beziehungen zum polnischen Teil ihrer Familie immer noch intensiv. So reist sie öfters nach Polen, macht Rundreisen und besucht ihre Cousinen und deren Familien. Polen ist ein Teil ihrer selbst geworden.

Die drei Seiten einer Geschichte

Stanisław Galka und Margrit Witzig

In zwei schweren Aluboxen auf der Winde lagert ein Teil meiner Vergangenheit. Es sind viele Kilos alter Fotos und Dokumente, die ich von meinen Eltern geerbt habe. Bei Gelegenheit, wenn ich etwas in der Winde suche, werfe ich einen Blick auf die Boxen. Manchmal mache ich eine Kiste auf und grabe wahllos alte Unterlagen heraus. Es sind die einzigen Überlieferungen eines Lebens, das einfach und hart, mit unvorstellbaren Tiefen, aber auch geprägt von Freude und tiefster Herzlichkeit war. Nachträglich finde ich es schade, dass ich mir zu Lebzeiten meiner Eltern keine Zeit genommen habe, um die Fotos und Dokumente mit den unglaublichen Geschichten durchzugehen. Ich werde versuchen, einige Fragmente ihres mit mir verbundenen Lebens festzuhalten.

Die Eltern meines Vaters waren einfache und bescheidene Bauernleute und auch mein Vater bleibt mir als sehr bescheidener, arbeitsamer und ruhiger Mensch in Erinnerung. Er hatte sozusagen keinerlei Ansprüche, weder an sich selbst noch an seine Umwelt. Über die weitere Vergangenheit meines Vaters habe ich nicht sehr viele Informationen. Er war gebürtiger Pole und hatte drei Brüder. Zwei davon blieben in Polen, sein Bruder Władek lebte in Frankreich.

Über seine Militärzeit in Frankreich sprach er kaum. Als junger Mann sei ihm und seinem Bruder Władek in Frankreich Arbeit mit gutem Lohn versprochen worden. Zu spät hätten sie bemerkt, dass sie in Frankreich sozusagen für die polnische Exilarmee zwangsrekrutiert worden seien. Und so wurden sie in die 2. polnische Schützendivision eingeteilt. Władek geriet noch in Frankreich in deutsche Kriegsgefangenschaft. Er überlebte und blieb nach dem Krieg in Frankreich.

Die Infanterieeinheit meines Vaters erhielt den Befehl, sich an die Schweizer Grenze zu begeben. Seine Schilderung über die Flucht vor den deutschen Truppen, den gewaltigen Marsch Richtung Schweiz haben sich mir eingeprägt: ein Marsch auf Leben und Tod. Für Aussenstehende wohl nicht nachvollziehbar. Nur nachts marschieren, um den Feuergefechten aus dem Weg zu gehen; kaum schlafen und manchmal sozusagen schlafend marschieren. Viele seiner Kameraden haben nicht überlebt.

Im Juni 1940 kam mein Vater mit der 2. polnischen Schützendivision in unser Land und wurde interniert. Während der Internierung hätten einige seiner Kameraden den Freitod gewählt, unüberwindbar blieben die Abgründe der Kriegserlebnisse oder das Gefühl, versagt zu haben.

«Besiegt, doch unbezwungen» lautet jedoch der Titel eines Buches über diese Zeit: *«Die polnischen Internierten verrichteten Schwerstarbeit. Sie verdingten sich in der Landwirtschaft und im Strassenbau. Die Männer bauten Brücken, legten Feuchtgebiete trocken und bauten Braunkohle ab. In 1,5 Millionen Arbeitstagen errichteten sie über 400 Kilometer Strasse. Nebenbei errichteten sie zahlreiche Kapellen und religiöse Gedenkstätten. Weiter brachte es die Kriegszeit mit sich, dass die Verpflegung und Unterkunft der Situation entsprechend war.»*

Kontakte zwischen Internierten und Einheimischen wurden offiziell gar nicht gerne gesehen. Trotzdem lernte er meine Mutter kennen und lieben. Über die Umstände schwiegen unsere Eltern, wir wissen nichts Näheres. Meine Schwester und ich bedauern es heute sehr, dass wir sie nicht öfter und intensiver ausgefragt haben. Einiges bleibt uns so für immer verborgen.

«Ich freute mich, ein Mensch zu sein, mit vollem Bewusstsein die herrliche Schöpfung zu erleben. Die Erde fühlen, hautnah, voller Ehrfurcht vor der grossen, unfassbaren Weisheit der Liebe, der Gesetzmässigkeit der Ordnung des Mikro- und Makrokosmos, der alles umfasst.

Ich wurde am 17. September 1920 in Zürich geboren. Meine Eltern: Edward und Johanna Witzig-Borer. Ich danke ihnen für ihre Liebe. Meine unbeschwerte Kindheit verbrachte ich gemeinsam mit meiner fünf Jahre jüngeren Schwester Hanny in Altstetten. Aber manchmal war sie auch überschattet von teils familiären, teils wirtschaftlichen Problemen der Dreissigerjahre.

Zehn Jahre Schulbesuch, ein unvergessliches Welschlandjahr. 1940 erlernte ich den Beruf einer Diätköchin, konnte ihn aber nur kurz ausüben, der Krieg brach aus. Und bald nach dem Krieg, 1946, siedelten wir über nach Polen. Ich folgte dem Ruf meines Herzens und heiratete. Meiner Ehe mit Stanisław Galka wurden ein Sohn und eine Tochter geschenkt. Wir erlebten die Jahre oft unter Entbehrungen. Es war eine sinnvolle Lebenszeit, die Spanne zwischen dem 28. und dem 42. Lebensjahr, der Höhepunkt des jungen Lebens mit all seinen Höhen und Tiefen.

1963 konnten wir trotz des rigorosen Regimes in die Schweiz zurückkehren, wo ein neuer Lebensabschnitt, fast ein zweites Leben begann. Zuerst das Anpassen für meinen Mann mit der Arbeit, die Kinder in der Schule mit einer anderen Sprache. Mit viel Arbeit und Hilfe der Familie haben wir es geschafft. Die Kinder lernten Berufe, heirateten und Trudi Bär, meine Halbschwester, verstarb. Wir erlebten viel Freundschaft und Kameradschaft von vielen Menschen, auch in Turn- und Wandervereinen.

Und unausweichlich kommt die letzte Etappe des Lebens. Unser En-
kelkind Debby war für uns ein Geschenk, möge unsere Liebe sie begleiten.
Dank sei unseren Kindern Krysia und Marek, die immer mit Liebe und Ver-
ständnis für uns da waren. Wir hatten ein frohes Familienleben, hatten viele
Erlebnisse und waren unseren Halbgeschwistern Edi und Peter Witzig herz-
lich zugetan. Viele schöne Reisen verdanken wir meiner Schwester Hanny
Traunig, welche uns mit viel ‹Action› begleitete. Ich schreibe dies im Jahre
1998 am 28. Februar. Wie viel uns noch bleibt, weiss nur der Schöpfer.»

Diese herzlichen Worte notierte meine Mutter kurz vor ihrer letzten
Reise, auf der sie niemand mehr begleiten konnte. Sie war ein grossartiger
Mensch, der versöhnende und zusammenhaltende Geist unserer Familien
und unseres sozialen Umfelds.

Eine Episode in diesem Zusammenhang: In meiner frühen Kinder-
zeit wohnten wir nur wenige Schritte von meiner Stiefgrossmutter entfernt. In einer kleinen Dachwohnung ihres Hauses lebte als Mieter ein sehr
alter, einsamer Mann, Herr Cola. Ab und zu schickte mich meine Mutter mit
einer Tafel Schokolade zu ihm und trug mir auf, ihm zu sagen, dies sei ein
Aufmerksamkeitsgeschenklein der Familie Galka. Ihr soziales Engagement
bleibt mir das ganze Leben lang ein Vorbild. Sie lebte nach Albert Schweizers Aussage «Glück ist das einzige, was sich vermehrt, wenn man es teilt».

In den Kriegsjahren um 1943 hatte meine Mutter meinen Vater in Wald
(ZH) kennengelernt. Meine Mutter arbeitete damals als Diätköchin und leistete Aktivdienst beim Frauenhilfsdienst oder beim Rotkreuzdienst. Näheres
über das Kennenlernen wissen wir nicht, es gibt weder Fotos noch Dokumente aus dieser Zeit. Im Frühjahr 1946 beschliesst meine Mutter, meinem
Vater, ihrer grossen Liebe, nach Polen nachzureisen. Weshalb sie in dieses
enorm kriegsversehrte, völlig verarmte Land übersiedeln wollte, bleibt ihr
Geheimnis. Ich schätze, es war eine Mischung aus Liebe und Abenteuerlust.

Den vielen Briefwechseln um 1945 mit ihren Freundinnen und Angehörigen ist zu entnehmen, dass diese verzweifelt versuchten hatten, sie
von dem ihrer Ansicht nach unüberlegten Vorhaben abzubringen. Sie ging
trotzdem. Es wurden Jahre voller Entbehrungen, aber bestimmt erfüllt mit
Leben, Liebe und Menschlichkeit.

So folgte meine Mutter nach Kriegsende meinem Vater in seine Heimatstadt in Zentralpolen, eine Kleinstadt namens Sieradz, welche für fast
zwanzig Jahre die Heimat meiner Eltern werden sollte. Das Land bot Lebensumstände, welche wir uns heute schwer vorstellen können. Beschwert
haben sich meine Eltern nie. Der Ehe entsprangen drei Kinder: Ryszard
kam 1947 zur Welt, Krystyna 1948 und ich, Marek, 1957.

Mein Vater arbeitete bei der Post, meine Mutter im lokalen Krankenhaus
als Köchin. Sie, als gelernte Spitalköchin bei Bircher-Benner, dem Urvater des

In Sieradz entsteht ein erstes Familienfoto: Stani und Grittli, Ryszard, die stolzen Grosseltern und Krystyna (um 1951).

Birchermüesli, krempelte hier, soweit es ging, die Essgewohnheiten um. Es ist verständlich, dass bei den damaligen Verhältnissen das Wissen über einigermassen gesunde Ernährung noch nicht im Vordergrund stand. Man war froh, überhaupt genügend Nahrung beschaffen zu können. Meine Mutter erinnerte sich, dass der Lohn immer schon vor Mitte Monat aufgebraucht war. Daher waren Nachbarschafts- und Familienhilfe überlebenswichtig. Sie schweisste die Dorf- und Familiengemeinschaft auf Lebzeiten zusammen.

Offenbar wurde ich tagsüber in einem Kloster von Klosterfrauen betreut. Daran habe ich allerdings keine Erinnerungen mehr. Meine erste Erinnerung gilt dem Fischen mit meinem Vater im nahen Fluss. Wie mir meine Schwester später erzählte, musste vorher meistens sie während der zweimonatigen Sommerferien unseren Vater zum Fischen an den nahen Fluss begleiten. Klar, dass sie als junges Mädchen das nicht besonders gerne tat. Aber es gab zu der Zeit für sie nichts anderes zu tun.

Schon von Kindheit an war mein Vater der Natur sehr verbunden. In Polen ist es eine Art Volkssport, Pilze zu suchen. Von den ausgedehnten Waldspaziergängen mit meinem Vater als Kind ist mir geblieben, dass er immer sehr viele Pilze fand. Ich hingegen fand kaum welche. Der Sinn dafür schien mir einfach nicht gegeben.

Gut erinnere ich mich an ungemein schwere und dicke Bettdecken und an die wunderschönen Eisblumen an den Fenstern. Erst später wurde mir bewusst, dass es zwischen den beiden Dingen einen Zusammenhang gab. Auch im Winter wurden nachts die Häuser nicht geheizt, es gab noch keine Doppelfenster. So bildeten sich diese fantastischen Eisstrukturen auf der einfachen Glasscheibe. Die Winter waren damals sehr kalt. Und so blieb mir auch die Erinnerung an den einzigen Ofen im Haus, der in der Küche stand. Jeden Morgen musste er eingefeuert werden. Mit ihm heizte man einerseits den Raum und das Haus, andrerseits konnte man nur hier kochen. Als Erstes kochte man das Wasser für den Morgentee.

Wollte man im Winter einigermassen überleben, war man gut beraten, Vorräte einzumachen. Auf der Kellertreppe standen massive Holzfässer, deren Deckel mit grossen Steinen beschwert waren. Diese Fässer waren gefüllt mit Sauerkraut, Tomaten, Gurken und anderen Köstlichkeiten. So klein ich auch war, ich wusste sehr wohl, dass sich darin etwas Feines verbarg. Leider schaffte ich es nie, solch einen Stein vom Deckel zu heben, um ans Eingemachte heranzukommen. Wir litten nicht wirklich Hunger, aber irgendetwas zu essen, das war immer gut. Grundsätzlich immer vorrätig war gesäuertes Brot. Wunderbar schmeckte Brot mit Zucker drauf. Als Kind träumte ich in Polen viel von Brot mit Zucker. Vermutlich, weil ich es einmal bekommen hatte. Unsere Familie aber konnte sich damals kaum Zucker leisten; meist war er gar nicht erhältlich.

In die Zeit in Polen fällt das wohl traurigste Ereignis für meine Eltern, der Tod meines Brüderchens Ryszard. Offenbar starb er an einer Blinddarmentzündung; aber ich weiss nicht, wie alt er war, als er verstarb. Fast nie sprach meine Mutter darüber. Auch in den vielen verschiedenen Briefwechseln konnte ich keine Hinweise finden. Meine Tante Hanny, eine der beiden in der Schweiz lebenden Schwestern meiner Mutter, hatte einem Linienpiloten der Swissair Medikamente nach Polen mitgegeben. Aber die Medikamente, vermutlich Antibiotika, scheinen die Familie, falls überhaupt, zu spät erreicht zu haben. Der Tod des eigenen Kindes ist wohl der grösste, unfassbarste Schmerz, den das Schicksal einem Menschen zufügen kann. Ich vermeinte schon in jungen Jahren zu spüren, dass sich durch diesen tragischen Vorfall bei meiner Mutter der Glaube an eine höhere Macht nicht gefestigt hatte. Ihr ganz herzliches, mitfühlendes Wesen hat sie trotzdem niemals verloren.

Das Leben in Polen wurde trotz kleinster wirtschaftlicher Fortschritte nicht besser. Es schien auch nicht, dass sich dies rasch ändern würde. Und als dann noch einige ungünstige politische Vorzeichen auftauchten, entschlossen sich unsere Eltern, in die Schweiz zurück zu emigrieren. So ver-

Weihnachtsgrüsse 1952,
Margrit schickt aus Polen eine
Fotokarte in die Schweiz:
Krystyna und Ryszard in
Tracht.

liess unsere Familie Polen im Jahrhundertwinter 1963, zur Zeit der «See-gfrörni», um in der Schweiz ein neues Leben zu beginnen.

Lebhaft schilderten meine Eltern diese einzigartige Reise mit dem Zug. Es herrschten andauernd Temperaturen um minus dreissig Grad, alles erstarrte im Eis. Dies erschwerte Zollkontrollen technisch und logistisch, besonders die durch den Eisernen Vorhang, die sowieso schon schwerfällig und umständlich waren.

Nach einer beschwerlichen Reise mit ungemeinen Schwierigkeiten strandete unsere Familie völlig mittellos an der österreichisch-schweizerischen Grenze. Unsere Billette reichten genau bis zur Grenze, aber uns fehlten die Mittel für die Weiterreise nach Zürich. Mein Onkel Heiri, der Ehemann der zweiten Schwester meiner Mutter, Tante Trudi, war Bauunternehmer. Er verpflichtete sich glücklicherweise, die Reisekosten zu übernehmen, und ermöglichte uns damit die Heimkehr. Dank der Hilfe unserer Schweizer Familien Bär und Witzig konnten sich meine Eltern hier eine neue Existenz aufbauen. Sie legten immer Wert darauf, festzuhalten, dass wir diese Unterstützung schätzen und nie vergessen sollten.

In der Baufirma meines Onkels fand mein Vater eine Arbeit. Hier arbeitete er lange Jahre nach der Rückkehr, nicht weit von unserer Wohnung in Zürich-Altstetten entfernt. Seine Entlöhnung in diesen Jahren war nicht gerade hoch. Und so fand meine Mutter, die gelernte Köchin, zusätzlich verschiedene Teilzeitanstellungen in unterschiedlichsten Restaurants. Meist arbeitete sie abends bis spät in die Nacht hinein. Viele Jahre war sie zudem als Köchin in Klassenlagern und Ferienkolonien tätig. Das war für mich als kleiner Knirps einfach toll, denn sie nahm mich meistens mit und ich durfte in den Bergen Graubündens wundervolle Ferien verbringen. Erst viel später realisierte ich, dass alle diese zusätzlichen Anstellungen für meine Mutter enorm anstrengend waren. Denn in ihren schriftlichen Aufzeichnungen fand ich Hinweise darauf, dass sie dies manchmal an die Grenzen der Belastbarkeit brachte.

Meine Eltern haben immer gearbeitet. Ich entsinne mich, dass meine Mutter auch oft bis spät in die Nacht in der Küche mit irgendwelchen Dingen herumklapperte, während ich schon lange im Bett lag. Ich glaube, es war eine Mischung aus Ärger und Leid. Damals wusste ich noch nicht genau, worum es bei diesem nächtlichen Geklapper ging. Erst mit den Jahren, als ich selber eine Familie gegründet hatte, wurde mir bewusst, dass die Haushaltsarbeit zwangsweise einen grossen Teil des Lebens ausfüllt. Zusätzlich zur Arbeit ausser Haus wog damals die Arbeit im Haushalt noch viel mehr, man bedenke nur die fehlenden Haushaltgeräte.

Irgendwie seltsam erscheint mir im Rückblick, dass ich in meinen Kinderjahren meine Eltern eigentlich gar nicht so richtig bewusst wahrgenommen habe. Vielleicht auch deshalb, weil sie schon immer da waren und irgendwie zu meiner Welt gehörten, wie der Baum vor der Haustüre. Ganz sicher durfte ich immer die uneingeschränkte Liebe und Sorge meiner Eltern spüren. Somit bestand also kein Grund, mich eingehender mit ihnen zu beschäftigen.

Die meiste Zeit meiner Kindheit verbrachte ich draussen. Meine Welt lag hinter dem Haus im grossen Kirchenpark. Oft streifte ich auch in den nahe gelegenen Wäldern umher. Meist suchte mich niemand, noch wusste kaum jemand, wo ich gerade war. Aber wir hatten eine feste Tagesstruktur: Punkt zwölf Uhr gab es Mittagessen und Punkt achtzehn Uhr das Nachtessen – immer. Diese fixen, gemeinsamen Essenszeiten waren Orientierungspunkte und gaben unserem Leben eine Struktur, was ich besonders als Kind sehr mochte. Stets hatte meine Mutter gekocht und das Essen stand bereit. Jetzt war Zeit zum Reden und wir konnten uns über alles austauschen. Jeder wusste so, wie es den anderen ging.

Ich genoss die Freiheit, mich nicht ständig zeigen zu müssen. Ich hatte das Gefühl, dass man sich nicht übermässig dafür interessierte, was ich unternahm. Solange alles gut ging. Manchmal, ja selten, ging auch mal etwas nicht so gut. Doch konnten wir uns damals einige Spässe leisten, die heute undenkbar wären.

Vermutlich würde es auch heute viel weniger Streit und Zerwürfnisse in den Familien geben, wenn solche Orientierungspunkte noch Bestand hätten und auch Kindern eine gewisse Handlungsfreiheit zugestanden würde. Allerdings habe ich es später selber nicht ganz geschafft, so einen fixen Rhythmus in mein eigenes Familienleben zu bringen. Die Zeiten ändern sich und werden sich auch weiterhin ändern. So wird der Tagesablauf immer mehr von äusseren Zwängen diktiert und ein geregeltes Leben oder Familienleben eher zur Ausnahme.

In den Anfangsjahren in der Schweiz versandten meine Eltern viele Pakete mit Kleidern und Kleinigkeiten nach Polen. Die Verbindung zu Polen war in jener Zeit fast nur per Post möglich. Als sich nach vielen Jahren die politischen Vorzeichen änderten, rückte Polen um einiges näher. Wir besuchten mehrmals unsere Verwandten. Was gab es da in Polen für grossartige, immer herzliche Familienfeste – mit viel Freude wurde gefeiert, gegessen und getrunken. Dabei kam ein Gefühl der Gemeinschaft auf, welche es in unserem Land eher selten gibt. Später wurden die Beziehungen zum Heimatland meines Vaters immer weniger intensiv und liessen mit der Zeit nach, sicherlich auch weil immer weniger unserer Verwandten unter uns weilten.

Auch nach ihrer Pension waren meine Eltern noch sehr im Turn- und Wanderverein aktiv. Sie waren in ein grosses soziales und kameradschaftliches Umfeld eingebettet. Gegen Ende des Jahres 1997 erkrankte meine Mutter. Wie schwer, war uns nicht bewusst. Sie sprach mit uns kaum darüber. Nur manchmal bemerkte sie, dass sie uns im Alter nicht zur Last fallen wolle. 1998 verstarb sie unerwartet während eines Spitalaufenthalts. Ich war der Letzte, mit dem sie gesprochen hat. Im Spitalbett zog sie mich mit aller Zärtlichkeit einer Mutter an sich und flüsterte «bis zum nächsten Mal». Ich ging und wollte am nächsten Tag wieder kommen. Meine Mutter jedoch begab sich in dieser Nacht auf ihre letzte Reise.

Mein Vater durfte noch zehn Jahre weiterleben. Mit seinen Kameradinnen und Kameraden unternahm er noch viele Touren und durfte einige Jahre ein geselliges Leben führen. Besonders erfreuten ihn viele Jahre lang die Ferien, welche er mit meiner Schwester Krysia und meinem Schwager Bruno Erne im südlichen Europa verbringen durfte. In seinen letzten Jahren liessen seine Kräfte nach. Krysia betreute ihn lange in seinem bestehenden Umfeld mit sehr grossem Einsatz und herzlicher Hingabe. Ohne die Hilfe meiner Schwester wäre unser Leben nicht in so harmonischen Bahnen verlaufen. Mein Beitrag zur Pflege war mehr als bescheiden und mich plagte deshalb während dieser Zeit öfters ein schlechtes Gewissen.

2008 starb mein Vater. Er starb wie ein Soldat, kämpfte bis zum Ende. Auf seinem Sterbebett drückte er noch einmal überraschend kräftig meinen Arm, zog mich an sich und flüsterte «das Ende». Am gleichen Abend noch, in Anwesenheit meiner Schwester und meiner Tochter, verstarb mein Vater.

Ich glaube, meine Eltern hatten trotz zeitweise schwierigsten Umständen ein erfülltes Leben. In der Schweiz ging es uns materiell um einiges besser als in Polen. Meinen Eltern war der Gedanke, Glück und Zufriedenheit mit materiellem Besitz in Verbindung zu bringen, fremd. Das Wichtigste für meine Eltern war wohl, dass es uns Kindern gut gehen sollte. Das hat sich glücklicherweise mehr als erfüllt. Meine lieben und umsorgenden Eltern sind der Beweis dafür, dass grossmütige Menschen auch durch schwierigste Lebensumstände nicht bezwungen werden können.

Mit meiner lieben Frau Yanni und unserer geliebten Tochter Debby habe ich ein ausserordentlich abwechslungsreiches Leben führen dürfen.

Ich kann nicht anders, als manchmal an die mir noch verbleibende Zeit denken. Ich fürchte, dass ich nicht mehr genug davon haben werde, um alle Dokumente aus den Aluboxen einzusehen, zu ordnen und zu dokumentieren. Mir bleibt der Glaube daran, dass Erinnerungen zeitlos weiter existieren. Sozusagen Bewusstseinsfelder bilden, um in einer anderen Welt eine ewige Heimat zu finden.

Unsere Nachfahren leben in einer noch hektischeren Zeit, mit sehr wenig oder keinem Zeitraum für Gedanken an Vergangenheit und Vergänglichkeit. Ob sie solche Themen überhaupt interessieren? Sehr wahrscheinlich liegt es am fortschreitenden Alter, dass Interessen in den Vordergrund rücken, welche im bisherigen Laufe des Lebens keine oder nur eine geringe Rolle gespielt haben. Trotzdem ist es ein seltenes Glück, dass der wichtigste oder wenigstens ein wichtiger Teil unserer Lebensgeschichte zukünftigen Generationen zugänglich gemacht werden kann.

Beim Versuch, meine Vergangenheit in Abschnitte, Kapitel oder nach Personen zu sortieren, merkte ich bald, dass ein gelebtes Leben unmöglich einfach zu ordnen ist. Alle Begebenheiten hängen irgendwie räumlich und zeitlich zusammen. So werden meine Geschichten zu einer Art geistiger Flugreise, welche mich über die Welt und durch die Zeit gleiten lässt, um da und dort betrachtend innezuhalten. Eine Betrachtung, die, wie ich hoffe, niemals zu Ende sein wird. Wie man das auch immer verstehen will.

Es sind persönliche Lebensgefühle, die ich auszudrücken versuche. Trotzdem war und ist mir auch nach mehrmaligem Durchlesen meiner Aufzeichnungen nie richtig wohl. Oft änderte ich Texte oder fügte noch etwas hinzu. Immer hatte ich das Gefühl, es fehle etwas, so könne man das nicht schreiben oder ich grübelte lange, manchmal zu lange, an Details

Marek Galka mit seiner Schwester Krysia (Krystyna) (2019).

herum. Mir fehlen bis heute gezwungenermassen objektive Informationen von vergangenen Ereignissen. Oder wie sagt ein Sprichwort so schön? «Jede Geschichte hat drei Seiten. Meine, deine und wie es wirklich war.»

Ab und zu frage ich, wie wohl die meisten Menschen, nach dem Sinn des Lebens. Wenn man mit ganzem Herzen und aller Liebe sagen kann: «Es freut mich ein Mensch zu sein», ist man wohl sehr nahe daran. Nicht zu traurig, nicht zu esoterisch, nicht zu religiös sollten die Schlussworte sein, welche ich nicht zu finden vermag. Vielleicht sind die Tränen im Auge, die tiefen Gedanken an die vielen gemeinsamen wunderbaren Jahre mit unseren Liebsten der beste Ausdruck für eine hoffentlich nie endende Geschichte.

Marek Galka

«Was bleibt, wenn wir sterben?» Marek war überzeugt, dass das geschriebene Wort etwas vom wenigen ist, was der Nachwelt erhalten bleibt. Deshalb schien es ihm wichtig, die Familiengeschichte zu erhalten. Marek arbeitete als Klimatechniker und lebte zusammen mit seiner Frau Yanni in Trasadingen im Kanton Schaffhausen. Der Vater der erwachsenen Tochter Debby lebte lange Zeit im Ausland, davon mehrere Jahre in Indonesien. Seither reiste er leidenschaftlich gerne. Und seither faszinierten ihn Philosophie, Mystik und Spiritualität. Das hatte auch dazu geführt, dass er in seiner Freizeit sehr gerne schrieb. Er schrieb neben der Familienchronik an einem Roman und an einer Autobiografie.

Polen war für Marek Vergangenheit, aber durch die Erinnerungen seiner Eltern und die herzliche Verbindung zu seiner Schwester Krystyna blieb er dem Land und dem Geist seiner Vorfahren verbunden. Am 15. Juli 2020 erlag Marek, nur dreiundsechzigjährig, einem Krebsleiden. Er durfte im Beisein seiner Frau Yanni und seiner Tochter Debby für immer einschlafen.

Jahre des Schweigens

Bolesław Grocz und Madeleine Reber

«Ich fühlte mich Deinem Vater sehr verbunden und er versprach mir, mich nie zu verlassen. Ich lernte ihn im September 1943 kennen. Er war ein charmanter, gut aussehender Mann von 27 Jahren. Er hatte offenbar eine gewisse Freiheit, in der ganzen Schweiz herumzureisen, denn zu der Zeit war er Verbindungsoffizier zwischen dem polnischen Kommando in Küssnacht am Rigi und den Soldaten, die in der Landwirtschaft eingeteilt waren.»

Ich war bereits fünfzig Jahre alt, als mir meine Mutter im Juni 1994 diese Zeilen schrieb. Ich heisse André Wittich und wurde am 4. Oktober 1944 in Zürich geboren. Meine Mutter, Madeleine Reber, war damals gerade einundzwanzig Jahre alt und noch ledig. Deshalb musste sie mich erst einmal für eineinhalb Jahre im Säuglingsheim Inselhof in Zürich unterbringen. Sie besuchte mich jedes Wochenende und nahm mich, sooft sie konnte, mit nach Hause. Bolesław Grocz, geboren am 26. Dezember 1916, Berufsoffizier und Leutnant des Regimentsmörserzuges im 6. Infanterieregiment der 2. polnischen Schützendivision, ist mein leiblicher Vater. Die beiden hatten sich kennengelernt, während meine Mutter im Büro des Einkaufsdirektors der Lederwarenfabrik Schmid in Oberarth im Kanton Schwyz arbeitete.

Meine Mutter schrieb weiter: *«Als du geboren wurdest, verschwieg ich der Vormundschaftsbehörde, wer Dein Vater war, denn ich dachte, dass alles gut werden würde. Nach deiner Geburt besuchte Dich Dein Vater einmal in der Mütterschule des Säuglingsheims Inselhof. Irgendwoher hatte er sich Zivilkleider besorgt ... Während dieser Zeit besuchte ich die Migros-Klubschule, um die polnische Sprache zu erlernen. Hier kam ich mit einem Mädchen in Kontakt, das mit einem polnischen Leutnant verlobt war. Dabei stellte sich eines Tages heraus, dass sie eine Freundin hatte, die mit Leutnant Bolesław Grocz, meinem Freund, verlobt sei. Das war für mich eine Katastrophe. Nach einer Aussprache mit jenem Mädchen war der Fall für mich klar. Meine Beziehung zu Bolesław war zerstört worden. Nun machte ich eine Meldung an die Vormundschaftsbehörde, die die weiteren Schritte unternahm.»*

Inzwischen jedoch hatte sich mein Vater aus der Internierung abgesetzt und war über Frankreich nach England gelangt. Laut seinen Akten im Bundesarchiv hatte er am 6. Dezember 1944 die Schweiz verlassen. Ein Dokument, welches ich später erhielt, belegt, dass er Ende Dezember in Frankreich offiziell demobilisiert wurde. Im August 1946 kehrte er kurz in die Schweiz zurück und besuchte überraschend meine Mutter. Er sprach

Die berufstätige Madeleine versucht, so viel Zeit wie möglich mit dem kleinen André zu verbringen (um 1945).

darüber, mich nach England mitzunehmen und zu Weihnachten wieder in die Schweiz zurückkehren zu wollen. Meine Mutter indes liess dies nicht zu. Sie schrieb weiter in ihrem Brief: «*Kurze Zeit darnach erhielt ich von Bolesław einen Brief, in dem er mir erzählte, dass er nach Polen zurückkehren würde. Damit nahm unsere Beziehung wohl ein definitives Ende. Danach habe ich persönlich nie mehr etwas von ihm gehört. Von einer Freundin, die mit einem polnischen Soldaten verheiratet war, hörte ich später, dass Bolesław Grocz an der Posener Messe tätig war.*» Leider hatte meine Mutter

Jedes Kind im Zürcher Säuglingsheim Inselhof trägt bis zu seinem Austritt eine «Erkennungsmarke».

zu der Zeit keine Fotos mehr von Bolesław, was mich natürlich sehr traurig machte.

Ich bin überzeugt, dass mich die ersten eineinhalb Jahre im Säuglingsheim geprägt haben. Sicher, ich war gut aufgehoben und bestens versorgt, aber eine wirkliche Bezugsperson, die für mich da war, hatte ich nicht. Vermutlich verhielt ich mich auch deshalb in meinem späteren Leben eher zurückhaltend und war kein Draufgänger.

Im Frühjahr 1949 heiratete meine Mutter Arnold Wittich, einen niederländischen Staatsangehörigen, der in der Schweiz arbeitete. Mit diesem Stiefvater, er war Elektroingenieur in der Wasserkraftwerksindustrie, emigrierten wir 1952 nach Australien, um uns eine neue Existenz aufzubauen. Es war eine wunderbare Zeit: Bereits die sechswöchige Schiffsreise war ein Erlebnis, dann lebten wir in Sydney, ich lernte Englisch und verbrachte viel Zeit am Strand. Der Mann, dessen Namen ich trug und den ich Dad nannte, war für mich mein Vater. Weder kam es zu Andeutungen noch zu klaren Worten, dass er nicht mein leiblicher Vater sei. 1955 kam meine Halbschwester Lynette zur Welt und leider kam kurze Zeit später eine Wende. Mein Stiefvater erkrankte psychisch so schwer, dass die Ärzte ihm empfohlen, nach Europa zurückzukehren. 1956 verliessen wir vier Australien und kehrten nach Europa zurück, um uns in Holland niederzulassen.

Ich war ungefähr vierzehn Jahre alt, als meine Mutter es für nötig hielt, mich über meine wahre Herkunft aufzuklären. Ich war mitten in der Pubertät und sie befürchtete, dass mir mein Stiefvater irgendwann während einer Auseinandersetzung sagen würde, dass ich nicht sein richtiger Sohn sei. Sie verriet mir dabei nur sehr wenig über meinen Vater, verschwieg mir seinen Namen und zeigte mir auch keine Fotos. Für mich brach eine Welt zusammen, ich fühlte mich entwurzelt und verloren, meiner Identität beraubt und – ich schämte mich. Von da an wollte ich doch wissen, wer mein Vater ist, wo er gewesen und was passiert war. Aber die Antworten blieben aus. Dies alles verwirrte mich sehr, auch deshalb, weil ich mit niemandem sonst darüber sprechen konnte. Es sollte ein halbes Menschenleben vergehen, bis ich endlich die richtigen Antworten finden würde.

Als ich sechzehn Jahre alt wurde, entschied meine Mutter, dass ich für eine Berufslehre in die Schweiz zurückkehren sollte, und so kam ich 1960 alleine nach Zürich zu meinem Grossvater Ernst und seiner zweiten Frau Emma, die mich wie ihr eigenes Enkelkind annahm. Grossvater half mir, eine Lehrstelle als kaufmännischer Angestellter zu finden. Vor dem Antritt und während meiner Lehre reiste meine Grossmutter mit mir durch die Schweiz, um mir meine ursprüngliche, aber bis dahin unbekannte Heimat zu zeigen. Während fünf Jahren lebte ich bei meinen Grosseltern und erfuhr in einigen wenigen Gesprächen Näheres zur Herkunft meines Vaters. Doch auch ihnen war vieles nicht bekannt. Meine Mutter blieb in den Niederlanden. Sie liess sich von meinem Stiefvater scheiden und heiratete später einen etwas jüngeren Holländer, den sie an ihrem Arbeitsplatz kennengelernt hatte. 1964 schloss ich meine Lehre bei den Helvetia-Versicherungen mit Erfolg ab, blieb noch eine Weile in Zürich und entschloss mich dann, an der Theologischen Hochschule im hessischen Ewersbach ein Studium zu absolvieren. Während der fünfjährigen Ausbildung lernte ich Dorothea, meine jetzige Frau, kennen. Wir heirateten 1970 und kehrten in die Schweiz zurück. Im Verlauf der folgenden Jahre war ich Pfarrer in zwei verschiedenen evangelischen Freikirchen im Kanton Bern. Dort wurden uns zwei Töchter und ein Sohn geboren.

Nach dem Geständnis meiner Mutter vergingen viele Jahre, während derer ich sie immer wieder auf meinen Vater ansprach, sie hingegen nur sehr spärlich etwas zu erzählen bereit war. Vielleicht hatte sie auch einiges verdrängt oder vergessen. Irgendwann einmal verriet sie mir auch seinen Namen und überreichte mir ein polnisches Wappen aus Gips, auf dessen Rückseite eine polnische Widmung eingekritzt war.

Während der Neunzigerjahre dann besuchte ich zusammen mit meiner Frau einige Male das Polenmuseum in Rapperswil. Dadurch kam ich in Kontakt mit Dr. Jerzy Rucki, Luzern, der sich stark für die Anliegen der internierten Polen eingesetzt hatte. Ich schilderte ihm mein Anliegen und im Oktober 1992 sandte er mir einen Brief: «*In meinen Nachforschungen nach dem Gesuchten bin ich auf zwei Spuren gestossen, welche Ihnen unter Umständen weiterhelfen können.*» Er erwähnte, dass ein Leutnant Bolesław Grocz den Regimentsmörserzug im 6. Infanterieregiment befehligt hatte. Vielleicht wüssten zwei nun in der Schweiz wohnhafte ehemalige Internierte Näheres über meinen Vater: Leutnant Józef Gut, ein anderer Zug-führer, oder Major Jan Gurbski, der ehemalige Regimentsstabschef. Józef Gut konnte ich nicht erreichen und bei Jan Gurbski fehlte mir der Mut, den Kontakt aufzunehmen, denn er war schon gegen hundert Jahre alt. Also liess ich die Angelegenheit einmal mehr auf sich beruhen. Ein Jahr später, wir waren gerade ins Berner Seeland gezogen, wurde ich in einem Artikel des «Bieler Tagblatts» auf den sogenannten Polenstein im nahen Täuffe-len aufmerksam. Dieser Gedenkstein war für mich einmal mehr ein Hin-weis auf meine Herkunft und ich wollte nun mehr über die Polen in der Schweiz erfahren. Weitere Besuche im Polenmuseum regten meinen Wis-sensdurst zusätzlich an. Und dann entschied sich meine Mutter 1994, mir diesen wichtigen Brief zu schreiben. Endlich schilderte sie mir ausführlich die Umstände ihrer Freundschaft mit meinem leiblichen Vater und weshalb die Beziehung auseinandergegangen war. Dieser Brief löste enorm vieles in mir aus. Aber erst einmal brauchte ich für die emotionale Verarbeitung dieser Neuigkeiten einige Zeit. Endlich konnte ich das Geschehene besser einordnen und verstehen. Aber leider ergaben sich auch aus diesen Infor-mationen keine weiteren Einzelheiten über das Leben meines Vaters. Ich wusste noch immer nicht, wo er sich seit dem Krieg aufhielt oder ob er überhaupt noch lebte. Wieder sollte eine lange Zeit vergehen, elf Jahre lang nahmen mich meine Familie und das tägliche Leben in Anspruch. 2005 las ich in der «Coop-Zeitung» einen Artikel über Nationalrat Claude Ja-niak, dessen polnischer Vater 1940 aus Frankreich bei Goumois über die Grenze in die Schweiz gekommen war. Das waren doch mögliche Anhalts-punkte für eine weitere Suche. War es möglich, dass mein Vater eine ähn-liche Geschichte hatte? Im August 2008 bat ich das Polenmuseum in Rap-perswil um Hilfe bei der Suche nach meinem Vater. Doch ich erhielt nach einiger Zeit wiederum eine abschlägige Antwort: Man habe nichts gefun-den. 2012 gelangte ich an die Botschaft der Republik Polen in Bern. Hier erfuhr ich lediglich, dass Bolesław Grocz vor dem Krieg in Krakau gewohnt habe. Dann stiess ich im Internet auf das Archivum Helveto-Polonicum in Freiburg. Dort empfing mich im August 2013 dessen Präsident, Jacek Sygnarski, um mir die Dokumentation des Archivs zu zeigen. Und hier fan-den sich endlich Informationen über Vaters Internierung als Angehöriger der 2. polnischen Schützendivision, seine Ausreise und seine Adresse vor dem Krieg. Drei Monate später lernte ich in Solothurn an einem Treffen der Nachkommen internierter Polen in der Schweiz den ehemals internier-ten Włodzimierz Cieszkowski aus Polen kennen. Er bemühte sich sehr und rief mich schon kurz nach seiner Rückkehr nach Polen an. Leider musste auch er mich enttäuschen. Weder existierten in den polnischen Militär-unterlagen Angaben über den Verbleib der Soldaten nach dem Krieg, noch

Mit dem Geschenk seines Halbbruders hat André seit vier Jahren endlich ein Bild seines Vaters Bolesław.

sei der Name Grocz an der alten Adresse in Krakau bekannt. Ein Gesuch um Unterstützung durch den Suchdienst des Schweizerischen Roten Kreuzes musste ich im Mai 2014 zurückziehen, weil mir meine Mutter ihre Unterschrift verweigerte; ich weiss bis heute nicht, weshalb. Im Sommer 2015 besuchte ich zusammen mit meiner Frau meine Mutter in Holland. Wir hatten eine gute Zeit zusammen. Am 5. August 2015, einen Tag nach unserer Abreise, verstarb sie im Alter von 92 Jahren. So kehrten wir umgehend wieder zurück, um als Familie an der Abdankung in Holland teilzunehmen.

Nach dem Tod meiner Mutter waren meine Hoffnungen punkto Informationen über meinen Vater am Nullpunkt angelangt. Es schien, als wären alle Möglichkeiten der Suche ausgeschöpft. Im März 2016 kam mir der Gedanke, einmal mehr den Namen meines Vaters im Internet zu suchen. Ich hatte schon in früheren Jahren dort gesucht, aber keine Angaben gefunden. Auf einer Homepage stiess ich auf eine neuseeländische Fotokünstlerin mit dem Namen Grocz. In ihrer Kurzbiografie gab sie an, in Polen geboren zu sein. Ich entschied mich, ihr eine E-Mail zu schreiben, und hoffte, über sie irgendwelche Informationen oder Hinweise zu meinen Vater zu erhalten. Zu meiner Überraschung erhielt ich bald schon eine Antwort: *«Ich habe in meiner Familie einige Nachforschungen gemacht und dabei festgestellt, dass es drei Brüder gab, einer davon war mein Grossvater. Der jüngste der drei hiess Bolesław. Er war während des Krieges in der Schweiz, in England und Italien stationiert und kämpfte in der Schlacht um Monte Cassino. Nach dem Krieg kehrte er nach Polen zurück und heiratete eine polnische Frau, mit der er einen Sohn und zwei Töchter hatte. Er lebte in der Nähe von Posen (pol. Poznań). Leider konnte ich nicht feststellen, wann Bolesław gestorben ist. Sein Sohn lebt mit seiner Familie in Holland.»*

Diese Nachricht war für mich ein Erlebnis und eine gewaltige Offenbarung. Nun hatte ich endlich die Möglichkeit, mehr über meinen Vater zu erfahren. Nach einem regen E-Mail-Austausch mit der Künstlerin kam schliesslich der Kontakt mit meinem Halbbruder zustande. Er war selber auch sehr überrascht, da er von meiner Existenz nichts gewusst hatte. Bald schrieb er mir, dass unser Vater 1979 an den Folgen eines Unfalls gestorben sei. Zugleich sandte er mir zwei Fotos meines Vaters. Das war für mich eine wunderbare Überraschung und ein grosses Geschenk.

Mein Halbbruder sprach daraufhin mit seinen Schwestern in Polen und dabei stellte sich heraus, dass sie wohl ein klein wenig über meine Existenz wussten, aber mit der ganzen «Angelegenheit» nichts zu tun haben wollten. Leider blieb mir bis heute ein Kontakt mit den beiden verwehrt. Aber im Sommer 2016 verbrachten meine Frau und ich unsere Ferien in Holland und besuchten den Halbbruder und seine Familie zum ersten Mal. Wir wurden herzlich empfangen und grosszügig bewirtet. Und endlich konnten wir persönlich Gedanken austauschen über unsere Familien und unseren gemeinsamen Vater. Im darauffolgenden Sommer wiederholten wir unseren Besuch bei meinem Halbbruder. Es war ein fröhliches Wiedersehen. Nun war der jahrelange Prozess des Suchens beendet. Auch die langjährige Schweigekultur in meiner Herkunftsfamilie konnte ich mit der Zeit ablegen. Ich glaube, dass ich mich heute mit dem Schicksal versöhnt und meinen Frieden gefunden habe.

André Wittich

Der Sechsundsiebzigjährige nennt sich kaufmännischer Angestellter mit vielen zusätzlichen Berufen. Nach elf Jahren als Pfarrer arbeitete er unter anderem in einem Hotel und danach über zehn Jahre für die Schweizerische Bibelgesellschaft. Gemeinsam mit seiner Frau Dorothea betreute er zudem während sechs Jahren eine Wohngemeinschaft für psychisch erkrankte Menschen. In seiner Freizeit liest er gerne und findet Reisen toll, vorausgesetzt andere organisieren diese. Von seinem Wohnort in Pieterlen aus unternimmt das Ehepaar dem Jurasüdfuss entlang öfters Velotouren.

André Wittich (2019).

In diesem Jahr feiern André und Dorothea ihre goldene Hochzeit. Die beiden haben drei erwachsene Kinder: Christine, Annette und Rainer. Inzwischen sind die beiden Grosseltern von acht Enkelkindern. Ein Wunsch ist im Moment noch unerfüllt: André würde gerne einmal Polen bereisen und die Heimat seines Vaters kennenlernen.

Christian Dalucas in seinem Wohnort Rodersdorf an der grünen (resp. weissen) Schweizer Grenze.

zu Ostern fremdländische Bräuche ge-pflegt wurden und dass man Ferien in Ju-goslawien und Polen verbrachte. Natürlich stellte er Fragen, aber sein Vater wich aus und gab nur knappe Antworten. So schlief Christians Interesse ein.

Fragen ohne Antworten

Dann, vor zehn Jahren, reiste Christian mit seinem 90-jährigen Vater nach Polen. Sie besuchten die Gedenkstätte des Konzen-trationslagers Auschwitz-Birkenau. Der Va-ter war zeitlebens viel gereist, hatte aber diese Gedenkstätte vorher nie besucht. Christian vergegenwärtigte sich, dass der Ort, in dem sein Vater aufgewachsen war, Strzemieszyce, nur wenige Kilometer von Auschwitz entfernt und an der Eisenbahn-linie Wien–Warschau lag, auf der die Züge nach Auschwitz verkehrten. Nach dem Be-such, im Taxi, wirkte der Vater abwesend und schaute still in die Ferne. Da wurde Christian bewusst, dass er viele Fragen und nur wenige Antworten hatte. Er schwieg in diesem Moment, aber sein Interesse war wieder erwacht und die Familiengeschich-te wurde zum zentralen Thema in seinem Leben.

Władeks Geschichte

Władislaw (Władek) Łukasiewicz, Christians Vater, wird 1920 in Strzemieszyce, in Schle-sien, Polen, geboren. Er weiss schon früh, dass er Arzt werden will, Hausarzt mit eigener Praxis. Das ist sein Lebensziel, auf das er den Lauf seines ganzen hindernis-reichen Lebens ausrichtet, und das er trotz-dem verfehlt. Im Mai 1939 schliesst er das Gymnasium ab, am 1. September 1939

Veronique Perks vom Nique Nähatelier setzt auf nachhaltige Mode, die lange Freude bereitet.

Wer das Nique Nähatelier schon einmal besucht hat, weiss, die Herzlichkeit des ganzen Teams zu schätzen. Auf jede Kundin wird einfühlsam eingegangen, das Zuhören ist ein wichtiger Bestandteil der Beratung. Wie in vielen anderen erfolgreichen Unternehmen setzt auch das Nique Nähatelier auf den Synergie-Effekt. Denn hier werden zwei Welten perfekt miteinander vereint – und die Kundinnen profitieren von der einzigartigen Kombination aus Nähatelier und Boutique.

Fachwissen und kompetente Beratung

Einer der Gründe, wieso das Atelier so beliebt in der Region ist, sind die professionellen Abänderungen. Das beinhaltet einerseits das Entwerfen komplett neuer Kleider, aber auch das Anpassen ehemaliger Lieblingskleidungsstücke, die mittlerweile nicht mehr richtig sitzen. «Wir haben ein gutes Auge für Körperformen. Darum wissen wir auch sofort, was wo gemacht werden muss», erklärt Geschäftsführerin Veronique Perks. Das Fachwissen, die kompetente

Beratung. Wie in vielen anderen erfolgreichen Unternehmen setzt auch das Nique

Sie fühlen sich wohl und umsorgt im Nique Nähatelier.

Ebenfalls enormer Beliebtheit erfreut sich die eigene Boutique. Die Modelabels hier sind bewusst und bedacht ausgewählt. Neben überraschendem Design wird hauptsächlich Wert auf nachhaltig produzierte Naturmaterialien gelegt, die lange Freude bereiten. Das sorgt für einen gesteigerten Wohlfühlfaktor und einen hohen Tragekomfort. «Unsere Labels bieten besondere Mode – feminin, individuell und mit viel Liebe zum Detail entworfen», sagt Veronique Perks. Überzeugen Sie sich selbst in Arlesheim oder in Reinach davon! *(doz)*

Nique Nähatelier GmbH

Ermitagestr. 10   Hauptstrasse 45
4144 Arlesheim   4153 Reinach
Tel. 061 701 71 01   Tel. 061 751 71 90
info@atelier-nique.ch
www.atelier-nique.ch

Mut zum Risiko

Władisław Łukasiewicz und Yvonne Edwige Vallotton

Władisław Łukasiewicz, Władek genannt, wird am 11. August 1920 als Sohn des Władisław Łukasiewicz und der Maria, geborene Derej, in Strzemie-szyce, einem grösseren Dorf im südpolnischen Schlesien, geboren und römisch-katholisch getauft. Nur zwei Tage später beginnt die entschei-dende Schlacht im polnisch-sowjetischen Krieg, die Schlacht um War-schau, die mit dem «Wunder an der Weichsel», dem Sieg Polens über die Rote Armee, enden wird. Seit 1919 ist Polen nach den Bestimmungen des Versailler Vertrags eine international anerkannte und unabhängige Repu-blik. Dieser Krieg jedoch wird noch bis in den Zweiten Weltkrieg hinein Auswirkungen haben.

Obwohl aus bescheidenen Verhältnissen stammend, schafft mein Vater den Weg ans Gymnasium der nahen Stadt Sosnowiec. Er ist ein be-geisterter Pfadfinder und verbringt mit seiner Gruppe und seinem vier Jahre jüngeren Bruder Ryszard jedes Jahr die Sommerferien an der Ostsee oder in den Bergen der Hohen Tatra. Im Mai 1939 schliesst er das Gymna-sium erfolgreich ab. Doch nur drei Monate später werden sämtliche beruf-lichen Perspektiven zunichte gemacht: Die deutsche Wehrmacht überfällt Polen am 1. September 1939.

Dieser Einmarsch bedeutet einen grossen Einschnitt im Leben des angehenden Medizinstudenten. Als stud. med. steht er nun vor der polni-schen Rekrutierungskommission. Diese suspendiert ihn bis zu seinem Stu-dienabschluss vom Militärdienst. Er wird jedoch sein Medizinstudium an der Jagiellonen-Universität in Krakau nie antreten können. Denn die deut-sche Besatzungsmacht schliesst die Universität und verhaftet sämtliche Professoren. Für Władek gibt es keine Möglichkeit, zu studieren.

Zunächst erhält er die Gelegenheit, unentgeltlich im Zentralkranken-haus von Sosnowiec zu arbeiten. Aufgrund einer Neuordnung der Stellen-besetzung im Zentralkrankenhaus muss er jedoch bereits nach acht Mo-naten, zum Jahresende 1940, seine praktische Tätigkeit beenden. Er ist inzwischen im Widerstand gegen die deutsche Okkupation tätig und ver-folgt die politischen Ereignisse in Polen mit wachsender Sorge.

Da die Lebenssituation für die jungen Polen zunehmend bedrohlicher wird, entschliesst sich mein Vater zusammen mit zwei Schulfreunden, Wiesław Nasiłowski und Władysław P. (Bartek) Mazur, zur Flucht. Sie besitzen lediglich die Adresse einer Frau Roduner in Winterthur und wollen deshalb mit dem Zug über Wien und München in die Schweiz fliehen. Beim Aufbruch persönliche Dinge mitzunehmen ist, so gerne er das täte, zu gefährlich, ja unmöglich. Wohlweislich jedoch packt er, fein säuberlich gefaltet, seine Schulzeugnisse ein. Dies und die Kleider, die er trägt, ist alles, was er mitnehmen kann. Dinge, die an die Heimat erinnern, bleiben zurück.

Die Flucht gelingt bis nach Süddeutschland an den Bodensee. An der Schweizer Grenze jedoch werden sie nach Deutschland zurückgewiesen und danach prompt für vier Wochen in Konstanz inhaftiert.

Mein Vater wird von seinen beiden Fluchtgefährten getrennt. Wiesław Nasiłowski wird später nach Polen zurückkehren und über die Flucht ein Buch schreiben. Bartek Mazur wandert später nach Amerika aus. Die Kontakte werden auch nach dem Krieg immer wieder gesucht und gepflegt.

Auf die Haft folgt die Zwangsarbeit auf einem Bauernhof im deutschen Watterdingen. Die harte Arbeit setzt Władek zu, so sehr, dass der zuständige Oberstabsarzt Dr. Hahn vom nahen Krankenhaus Blumenfeld am 14. Juni 1941 ans Arbeitsamt in Konstanz eine Versetzung in ein Büro oder dergleichen empfiehlt. Hat mein Vater einen Fürsprecher gefunden? Vielleicht weil er ihm von seinem Traum, dem Medizinstudium, erzählt hat? Ich weiss es nicht.

Fünf Wochen später, in der Nacht vom 21./22. Juli 1941, wagt er zusammen mit einem gleichaltrigen Schulfreund und angehenden Chemiestudenten, Zbigniew Styś, der sich zu der Zeit ebenfalls im Bodenseeraum aufhält und sich später in den Vereinigten Staaten Stanley nennen wird, einen erneuten Fluchtversuch, diesmal erfolgreich. Nach dem Grenzübertritt bei Thayngen (SH) treffen sie im Wald auf polnische Landsleute und machen sich mit deren Hilfe auf nach Winterthur zu Frau Roduner. Die Dame geniesst allerdings einen eher zweifelhaften Ruf und nach einigem Hin und Her beschliessen die beiden, sich den Behörden zu stellen. Die Einvernahmeprotokolle der beiden, von Frau Roduner und deren Bruder widersprechen sich in vielen Punkten. Es ist nicht genau nachvollziehbar, wer wann wo war und wer wen gemeldet hat. Die beiden melden sich auf dem polnischen Konsulat in Zürich und werden daraufhin nach Bern überführt und inhaftiert. Weil beide mittel- und schriftenlos sind, können sie nicht ausgeschafft werden. Das Eidgenössische Justiz- und Polizeidepartement anerkennt die beiden Mitte August 1941 als Zivilflüchtlinge und entscheidet, dass sie bis auf Weiteres, auf Kosten des Bundes, in einer geeigneten Anstalt interniert werden. So kommt mein Vater erst mal für fast acht Monate in die Arbeitsanstalt Bellechasse (FR), auf die Abteilung Les Vernes oder Erlenhof, die ursprünglich Minderjährigen vorbehalten war. Da ist nun also ein Sammelsurium von Inhaftierten diverser Kategorien zu finden: Jugendliche, Strafgefangene, administrativ Internierte und Alkoholiker zusammen mit internierten Deserteuren und Flüchtlingen. Durch landwirtschaftliche Zwangsarbeit sollen hier die umliegenden Feuchtgebiete in Agrarland umgewandelt werden.

Geradezu paradox klingt es, wenn zu lesen ist, dass Deutschland die Schweiz offiziell für die «hotelartige Unterbringung von Häftlingen» rügt. Vielleicht ist diese Intervention Deutschlands mitverantwortlich dafür, dass mein Vater und Styś Anfang April 1942 ins grösste Interniertenlager der Schweiz, das «Concentrationslager» Büren an der Aare, versetzt werden, aus «finanziellen Gründen», wie es heisst. Hier sind sie zusammen mit anderen Polen, einigen der 12 500 bereits seit Juni 1940 in der Schweiz internierten Soldaten der 2. polnischen Schützendivision, untergebracht.

Glücklicherweise hat Władek seine Zeugnisse mitgenommen. Als Absolvent der Oberschule in Polen und Inhaber eines polnischen Maturazeugnisses wird er als «ziviler Internierter» zur Aufnahmeprüfung der medizinischen Fakultät der Universität Freiburg zugelassen und darf ab November 1942 die vorklinischen Semester eines Medizinstudiums absolvieren.

Nach bestandenem erstem und zweitem propädeutischem Examen in Freiburg darf er dank der Unterstützung der polnischen Exilregierung in London sein Medizinstudium an der Universität Zürich fortsetzen. Vom Mai 1944 bis zum Kriegsende wohnt er als im Hochschullager Internierter in Winterthur.

Am 18. Juni 1948 schliesst er sein Medizinstudium mit dem medizinischen Doktorexamen für Ausländer ab und erwirbt den Doktortitel mit einer Dissertation über die «Diagnose, Differentialdiagnose und Therapie des Olfactoriusmeningeoms» bei Professor Hugo Krayenbühl. Seine Doktorarbeit widmet er seinen geliebten Eltern. Ich vermute, dass er das Thema seiner Dissertation wegen dieser Erkrankung in seiner Familie gewählt hat. Es gibt Hinweise darauf, dass er 1948 heimlich seine Eltern besucht hat, um ihnen stolz seine Doktorwürde persönlich mitzuteilen. Seine Mutter wird 1952 an einem Hirntumor sterben. Leider wird es ihm lange nicht möglich sein, seine Familie in Polen zu besuchen – er ist ein staatenloser Flüchtling.

Als Ausländer darf der ambitionierte Mediziner keine eigene Arztpraxis führen. Also macht er sich auf die Suche nach Stellvertretungen. Bereits im Juni übernimmt er die Vertretung der Praxis von Dr. med. A. Bonadurer in Truns (GR), wo er zehn Monate lang bleibt. Diese Arbeit, der Kontakt mit den Patienten und die positiven Reaktionen aus der Bevölkerung, die ihn sehr schätzt, bestärken ihn in der Überzeugung, Hausarzt sei seine Berufung. Gleich nach diesem Einsatz beginnt er jedoch im Mai 1949 das Studium der Chemie an der Universität Zürich bei Nobelpreisträger Professor Paul Karrer. Ein paar Vorprüfungen werden ihm erlassen und sein Medizinstudium wird als Diplomarbeit anerkannt. Um den Lebensunterhalt zu bestreiten und sein Zweitstudium zu finanzieren, arbeitet er als Stellvertreter bei verschiedenen Hausärzten. Dies führt ihn abwechslungsweise nach Truns, Baden, Thusis, Rüti und Bassersdorf.

Im Januar 1952 schliesst er sein Chemiestudium ab. Kurz darauf erhält er im Kanton Zürich die Niederlassungsbewilligung, zieht nach Winterthur und beginnt als wissenschaftlicher Mitarbeiter und Ärztebesucher bei der pharmazeutischen Firma Treupha AG in Baden zu arbeiten.

Bei der Treupha AG lernt er die dreisprachige Stenodaktylografin Yvonne Vallotton kennen und verliebt sich in sie. Yvonne arbeitet hier für ihren Vater. Im Gegensatz zu meiner Grossmutter Martha, die rasch dem polnischen Charme meines Vaters erliegt, ist mein Grossvater Charles nicht sehr erfreut. Einmal fragt er sogar meine Mutter, ob sie denn keinen Schweizer gefunden habe.

Mein Grossvater, er war Doktor der Chemie, wanderte 1923 von Bern nach St. Louis in Missouri, USA, aus. Er heiratete eine junge Amerikanerin und kam 1940 über Belgien zurück in die Schweiz. Die Familie lebt zuerst in Sitten (VS), bis er 1941 in Baden bei der Treupha AG eine Anstellung findet. Er kauft ein Haus in Wettingen und wird gleichzeitig stellvertretender Kommandant des nahen Interniertenlagers Gebenstorf (AG).

Nach der Hochzeit am 30. Juni 1953 in Zürich bleibt das Paar noch eine Weile wohnhaft in Winterthur. Am 1. Mai 1954 werde ich hier geboren. Als mein Vater 1955 eine Anstellung als wissenschaftlicher Mitarbeiter bei der Robapharm AG antritt, zieht die junge Familie nach Basel. Nun beginnt für ihn die Zeit der grossen Reisetätigkeit. Er besucht Spitäler, Professoren und internationale Kongresse. Die Reisen führen ihn in viele europäische Länder, auch in den Ostblock. Glücklich macht ihn, dass er sein Heimatland Polen oft bereisen darf. Im August 1956 kommt mein Bruder René zur Welt.

Und dann, am 6. September 1960, erhält unsere Familie einen neuen Namen. Es ist die Vorbereitung auf den nächsten Schritt, die Einbürgerung. Auf Anraten des Bürgerrates hat mein Vater einen Antrag auf Namensänderung gestellt. Seinen polnischen Familiennamen «Łukasiewicz», der für Schweizer sehr schwer aussprechbar ist, will er auf «Dalucas» in Anlehnung an «(Sohn) des Lucas», der nicht auf die polnisch-katholische Herkunft schliessen lässt, ändern. Der Regierungsrat des Kantons Basel-Stadt bewilligt die Namensänderung und hält dabei ausdrücklich fest, dass diese Namensänderung auch für die Ehefrau Yvonne und die beiden Söhne Christian und René gilt. Seinen polnischen Vornamen Władisław allerdings

Hochzeit am 30. Juni 1953 in Zürich.

will mein Vater nicht ändern, bei der deutschen Form Ladislaus ist ihm nicht wohl und ich verstehe heute, dass er doch ein wichtiges Stück seiner Identität behalten will.

Und endlich, am 13. Oktober 1960, nach neunzehn Jahren Aufenthalt in der Schweiz, erhält Władisław Dalucas zusammen mit der ganzen Familie in Basel das Schweizer Bürgerrecht. Mein Vater ist sehr stolz darauf. Vorausgegangen waren, längere Zeit vor der Namensänderung, zwei erfolglose Gesuche, eines in Winterthur und später eines im Bürgerort meiner Mutter, Granges-près-Sierre, im Kanton Wallis. Ich vermute, dass unter anderem sein soziales Engagement, beispielsweise die Gründung eines Polenklubs, ein Hindernis war. Ihm wurde vorgeworfen, er engagiere sich politisch.

Im Juni 1961 kommt mein Bruder Paul zur Welt. Und 1962 bietet sich die Gelegenheit, ein Einfamilienhaus zu kaufen. Die fünfköpfige Familie zieht in die Basler Vorortsgemeinde Münchenstein (BL). Die aufreibende, aber geliebte Reisetätigkeit meines Vaters hält weiter an.

Nach der Einbürgerung hat sich die Möglichkeit ergeben, das Schweizer Staatsexamen zu wiederholen, eine Voraussetzung, um eine eigene Praxis führen zu können. Mein Vater hat sich trotz seiner grossen Familie und einer Vollzeitstelle sehr seriös darauf vorbereitet und nun als Schweizer

Nach neunzehn Jahren endlich Schweizer! Der lang ersehnte Bürgerbrief der Stadt Basel.

Bürger das Staatsexamen wiederholt. Im Mai 1963 besteht er dieses erfolgreich, sein Arztdiplom wird in Zürich anerkannt und er erhält die Bewilligung zur freien Ausübung des Arztberufes auf dem Gebiet der ganzen Eidgenossenschaft. Der Traum von der eigenen Praxis jedoch zerbricht, denn die finanziellen Mittel reichen nicht aus. Die Familie hat doch gerade erst ein Haus gekauft. Wir Kinder gedeihen und können uns im grossen Garten austoben. Und im November erfreut die Geburt meines jüngsten Bruders Alexander die Familie.

1970 wechselt mein Vater in die Welt eines grossen Chemiekonzerns. Für die Ciba AG in Basel soll er neben seiner wissenschaftlichen Arbeit schweizerische und internationale Symposien und Kongresse organisieren. Er darf weiterhin seiner geliebten Reisetätigkeit nachgehen und soll neben der Pflege der bestehenden auch stetig neue Kontakte knüpfen. Diese Voraussetzungen machten es ihm leicht, sich auch nach der Fusion der Firmen Ciba und Geigy zur Ciba-Geigy AG schnell in die neue Tätigkeit im medizinischen Informationsdienst einzuarbeiten. Er wechselt in andere Bereiche und übernimmt bis zu seiner Pensionierung weitere leitende Aufgaben. Schwierige Aufgaben erfüllt er ausgezeichnet dank seiner Erfahrung, seines sympathischen Wesens und seines Geschicks im Umgang mit Menschen. 1985 wird mein Vater pensioniert, bleibt aber noch fünf Jahre lang als «Consultant» in einer Halbtagsstelle tätig und kann so seine Pensionierung schrittweise angehen.

Wir Söhne schliessen inzwischen unsere Ausbildungen ab und ziehen einer nach dem anderen aus. Wir heiraten, gründen eigene Familien, machen uns selbständig. Das Haus leert sich und der Garten wird gross, zu gross. So entschliessen sich meine Eltern, nach 37 guten, schönen und ereignisreichen Jahren in Münchenstein zurück in die Stadt Basel zu ziehen und das Haus an eine junge Familie zu verkaufen.

Nun beginnt auch die Zeit der gemeinsamen ausgedehnten und erlebnisreichen Reisen. Zusammen mit unserer Mutter Yvonne und teilweise mit uns Söhnen und Schwiegertöchtern wird die halbe Welt erkundet. Viele Reisen führen die beiden ins alte Heimatland Polen, um dort Verwandte und Freunde zu besuchen. Gemeinsam geniessen die beiden ausgiebig das vielfältige, kulturelle Angebot der Stadt Basel: Ballettaufführungen, klassische Konzerte und vor allem Chopin-Konzerte. Unsere Eltern sind sehr aktive Mitglieder der Chopin-Gesellschaft in Basel. Mein Vater kann noch glückliche, unbeschwerte Jahre bei guter Gesundheit geniessen. Er ist immer sehr dankbar und zufrieden, wenn seine liebe Frau Yvonne für sie beide einen Ausflug oder eine Reise organisiert.

Im Gegensatz zu meinen Brüdern habe ich indes angefangen, mich für die Geschichte meines Vaters zu interessieren. Seine Herkunft, seine Erlebnisse während des Krieges, die Flucht, die Internierung und die Herausforderungen, denen er sich in der Schweiz stellen musste, sind mir wichtig geworden. Gemeinsam unternehmen wir Reisen in die alte Heimat und ich beginne, viele seiner Bemühungen zu verstehen. Mein Vater bleibt immer stolz auf sein Polen. So bringt er von jeder seiner Polenreisen etwas mit nach Hause. Darunter waren Gegenstände wie ein Gummiboot, Campingzelte, Schlafsäcke und Luftmatratzen, aber auch ein Wohnwagen und ein Motorrad der Marke Komar, notabene alles «made in Poland». Gut erinnere ich mich noch an ein paar Metallskis. Diese schweren Skier waren nicht gut zu fahren. Gerade in den Siebzigerjahren, den Zeiten von Rossignol und Kneissl, konnte ich mit polnischen Metallskis nicht auftrumpfen. Selbst wenn Andrzej Bachleda, der polnische FIS-Skirennfahrer, zu dieser Zeit im Slalom sehr erfolgreich war. Inzwischen aber, während Recherchen und Gesprächen, lernte ich, den Stolz meines Vaters zu verstehen.

Am 9. Oktober 2011, nach einer schönen Reise ins Ferienhaus meines Bruders Alexander im Tessin, tritt mein Vater spätabends seine letzte

Reise an. Er ist stolze einundneunzig Jahre alt geworden. Viele Jahre hat er gekämpft, um Anerkennung und für seine Ziele – und er hat viel erreicht, seine Kämpfe waren nicht vergebens. Seine Geschichte ist ein Teil der Geschichte Polens und eben auch der Schweiz. Wir bleiben verbunden.

Meine Mutter Yvonne bleibt in der Wohnung an der Eulerstrasse in Basel wohnhaft. Doch ohne ihren Władek werden die Reisen und ihre Ausflüge immer weniger. Ihr lang gehegter Wunsch, wegen ihrer Walliser Wurzeln noch einmal das Wallis zu besuchen, geht im Juni 2018 in Erfüllung. Zusammen mit meinem Bruder Alexander führt die Reise nach Mörel, auf die Riederalp und nach Martigny. In ihrem letzten Lebensjahr erzählt sie mir viel aus ihren Lebenserinnerungen. An Weihnachten 2018 folgt nach einem kurzen Spitalaufenthalt die Überführung in ein Alters- und Pflegeheim in Basel. Sie folgt ihrem geliebten Władek am 11. Mai 2019. Beide haben ihre ewige Ruhe in einem Gemeinschaftsgrab auf dem Friedhof Hörnli in Riehen (BS) gefunden.

Christian Dalucas

Er wollte sich vermehrt seiner Familiengeschichte und der Ahnenforschung widmen. Deshalb hat sich der gelernte Bankkaufmann mit einundsechzig Jahren pensionieren lassen. Er lebt zusammen mit seiner Frau Kathrin in einem wunderschönen, modern renovierten Bauernhaus im solothurnischen Rodersdorf unmittelbar an der französischen Grenze. Der sechsundsechzigjährige Vater der drei erwachsenen Söhne Olivier, Alain und Marc widmet sich seit seinem Rücktritt aus dem aktiven Berufsleben vermehrt auch der Musik. Als Associate Producer und Berater des kleinen Basler Labels HatHut gilt sein Interesse insbesondere dem Avantgardejazz, aber auch der Rock- und Popmusik. Zuoberst, unter dem Dach seines Heims, steht seit knapp zwei Jahren eine moderne, digitale Märklin-Modelleisenbahn der Spur H0; Christian faszinierte schon als Kind die Technik, die dahinter steckt. In ihm selber steckt natürlich eine Portion Polen und das zeigt sich schon beim Frühstück: Christian isst – solange er zurückdenken kann – polnische Salz-Dill-Gurken, die Ogurkí Kiszone. Diese haben einen besonderen, eher salzigen Geschmack – ganz anders als die Gewürzgurken in der Schweiz. Er ist überzeugt, dass diese Vorliebe mit seinen polnischen Wurzeln zusammenhängt. Seine Wurzeln liegen aber nicht nur in Polen, seine Mutter stammt aus dem Wallis. Und dorthin ziehen sich Christian und Kathrin gerne öfters in das eigene Chalet in einem Weiler oberhalb von Gampel zurück. Aber Krakau bleibt er besonders verbunden. Immer wieder reiste Christian, früher mit seinen Eltern, später mit seiner Frau, nach

Christian Dalucas (2019).

Polen. Seinen 65. Geburtstag hat Christian in Krakau gefeiert und dabei, so seine Hoffnung, seinen Sohn Alain ein klein wenig mit dem Polenvirus an-gesteckt. Auf dass die Vergangenheit eine Zukunft habe.

Ojciec – Vater

Szymon Marzec und Frieda Ernst

Im Bundesarchiv in Bern durfte ich die Interniertenregisterkarte meines Vaters einsehen. Mit akkurater Handschrift waren seine Personalien fein säuberlich eingetragen:

Name:	Marzec Szymon
Geburtsdatum:	4. Juli 1915
Geburtsort:	Łąkta Górna, Provinz Bochnia, Polen
Name des Vaters:	unbekannt
Mädchenname der Mutter:	Regina Marzec
Konfession:	röm.-katholisch
Waffengattung:	Infanterie
Einteilung:	6. Infanterieregiment der 2. polnischen Schützendivision im 45. französischen Armeekorps
Grenzübertritt:	19. 6. 1940 in Porrentruy
Stationen der Internierung:	verschiedene Ortschaften im Aargau
Entlassung aus der Armee:	31. 3. 1946

Łąkta Górna, der Geburtsort meines Vaters, liegt in Südostpolen, etwa vierzig Kilometer von Kraków (dt. Krakau) entfernt im ehemaligen Galizien, damals noch unter österreichischer Herrschaft. Das Dörfchen liegt in einer reizvollen hügeligen Landschaft; im Hintergrund erheben sich die Berge der Hohen Tatra. Die meisten Bewohner waren arm, auch die Familie meines Vaters. Sie lebte in einem kleinen Holzhaus mit gerade mal zwei Zimmern.

Wir schreiben das Jahr 1915, der Erste Weltkrieg ist ein Jahr zuvor ausgebrochen. Als unehelicher Sohn von Regina Marzec kommt mein Vater am 4. Juli in Łąkta Górna zur Welt. Die junge Mutter lebt mit ihrem Kind im Haus ihrer Schwester und deren Familie. Wenn ich bedenke, dass sich die beiden Familien die zwei Räume im kleinen Häuschen teilten, muss das Leben doch sehr entbehrungsreich gewesen sein. Über die Jugendjahre meines Vaters habe ich nicht viel in Erfahrung bringen können, ausser dass er in Łąkta Górna die Schule besucht und anschliessend als Gärtner gearbeitet hat. Die Armut trieb in den Dreissigerjahren viele junge Polen auf der Suche nach einem besseren Leben ins Ausland, so auch meinen Vater. In den Kohleminen Nordfrankreichs fand er, wie viele andere Polen, Arbeit.

Im September 1939 überfiel Nazideutschland Polen. Die polnische Armee leistete Widerstand, konnte aber den rasch vorstossenden deutschen Truppen nicht lange standhalten. Und von Osten drang nur zwei Wochen später die Sowjetarmee vor. Der Hitler-Stalin-Pakt sah vor, Polen zwischen Hitlerdeutschland und der Sowjetunion aufzuteilen. Trotz dieser hoffnungslosen Lage waren die Polen entschlossen, weiterzukämpfen. Polnischen Offizieren und Soldaten gelang es, nach Frankreich zu fliehen und sich dort der neu gebildeten polnischen Exilarmee anzuschliessen, die mit dem Einverständnis der Alliierten von der polnischen Exilregierung in Paris gebildet worden war. Dazu hatte man die bereits in Frankreich lebenden Polen rekrutiert. Die 2. polnische Schützendivision, der auch mein Vater angehörte, wurde dem 45. französischen Armeekorps unterstellt. Allerdings währte der Kampf nicht lange, denn die Truppen wurden im Nordosten Frankreichs von den Deutschen eingekesselt. So blieb nur ein Ausweg: die Internierung in der freien Schweiz.

Am 19. Juni 1940 überschritten 12 500 polnische und über 30 000 französische Soldaten und Offiziere im Jura die französisch-schweizerische Grenze. Als Internierte kamen sie in verschiedene über die ganze Schweiz verteilte Lager. Mein Vater wurde im Kanton Aargau, unter anderem in Rheinfelden, Gebenstorf und Neuenhof, interniert. Schliesslich wurde er in einer Grossgärtnerei in Würenlos eingesetzt. Als Arbeitskräfte wurden die internierten Polen sehr geschätzt. Sie rodeten Wälder, halfen auf Bauernhöfen aus und waren auch im Strassen- und Wegebau beschäftigt. Viele solche Wege hiessen fortan und bis heute «Polenweg», so auch ein schöner Waldweg in meinem Dorf.

Den jungen Polen war es unter sehr strengen Auflagen erlaubt, auszugehen. Die Uniform war zu tragen und die Sperrstunde strikte einzuhalten. Die Beziehungen zur Bevölkerung, insbesondere zu Schweizer Frauen, wurden in einem speziellen Befehl geregelt. Dieser ging als «oranger Befehl» in die Geschichte ein. Er ging so weit, dass den Internierten jegliche Beziehungen zu Frauen, erst recht eine eheliche, verboten wurden. Zuwiderhandlungen wurden streng bestraft. Doch waren die jungen polnischen Männer in der Bevölkerung gern gesehen, denn sie waren wohlerzogen, höflich und galant. Und nicht nur dies, in ihren Uniformen sahen sie auch fesch aus und liessen ganz gewiss manch Mädchenherz höher schlagen. Für Abwechslung im Dorf sorgten die beliebten Tanzabende. Es war die Gelegenheit, sich zu amüsieren und Bekanntschaften zu schliessen. Auch den Internierten war es erlaubt, abends während einer limitierten Zeit auszugehen, und so besuchten sie solche Anlässe nur zu gerne. Wen wundert es, dass zwischen den jungen Polen und den jungen Schweizerinnen zarte Bande geknüpft wurden, «oranger Befehl» hin oder her.

An einer solchen Tanzveranstaltung begegneten sich meine Eltern zum ersten Mal. Meine Mutter, Frieda Ernst, war damals erst etwas über zwanzig. Sie tanzte gar gerne und genoss es, mit anderen jungen Leuten zu feiern, wenn es etwas zu feiern gab. Gewiss hatte sie auch einige Verehrer aus dem Dorf, aber ein charmanter Pole war natürlich etwas ganz anderes. Der junge Mann in Uniform muss sie irgendwie beeindruckt haben. Ob es Liebe auf den ersten Blick war, wer weiss. Jedenfalls kamen sie sich bald näher.

Ihre Beziehung hatte Folgen, die das Leben beider grundlegend veränderte. Meine Mutter wurde schwanger. Was für eine Schande in einer kleinen Gemeinde, wo jeder jeden kannte und die Kirche streng über ausserehliche Schwangerschaften urteilte. Um die Ehre der Familie zu retten, musste das junge Paar so schnell als möglich heiraten. Leider dauerte es aber viele Wochen, bis die nötigen Dokumente für das Standesamt zusammengetragen waren. Meine Mutter war hochschwanger, als Ende Juli 1946 endlich die zivile Trauung vorgenommen werden konnte.

Eine erste böse Überraschung erlebte sie, als ihr der Standesbeamte nach der Unterzeichnung der Eheurkunde eröffnete, mit ihrer Unterschrift habe sie nun ihr Schweizer Bürgerrecht verloren. Danach kam gleich eine weitere eher unangenehme Überraschung. Da sei noch etwas, meinte er: Ihr Ehemann sei als uneheliches Kind geboren worden. Die kirchliche Trauung fand dann, diesen Umständen entsprechend, in äusserst bescheidenem Rahmen am 1. August 1946 in einer kleinen Kapelle in Baden statt. Zum Feiern war wohl niemandem richtig zumute, aber wenigstens war der Schein gewahrt. Nur zwei Wochen später, am 15. September, brachte meine Mutter ein Mädchen zur Welt. Das war ich, Helena Marzec.

Ihre Ehe hatte also keinen guten Auftakt. Aber glücklicherweise gab es im Elternhaus meiner Mutter genügend Platz. Meine Grossmutter überliess meinen Eltern ein schönes, grosses Zimmer und sorgte auch für die Einrichtung. Die beiden Brüder meiner Mutter lebten ebenfalls noch im Haus, weshalb sich das Zusammenleben zu Beginn etwas schwierig gestaltete. Es gab Verständigungsprobleme und zwei Kulturen, die sich völlig fremd waren, prallten aufeinander. Trotzdem, mit der Zeit arrangierte man sich. Einer meiner Onkel verhalf meinem Vater später zu einer Anstellung in Baden.

Im Januar 1948 kam dann das zweite Kind zur Welt, mein Bruder Bruno. Es waren harte Zeiten für meine Eltern, sie waren nicht auf Rosen gebettet. Zum Glück konnte meine Mutter als ausgebildete Schneiderin mit Näharbeiten zum Lebensunterhalt beitragen. Und da war ja meine Grossmutter; die uns ein Gefühl der Geborgenheit vermittelte. Sie freute sich über uns Enkelkinder und verwöhnte uns – vor allem mich.

Der Krieg war endgültig vorbei. Trotzdem sollte unsere Familie nicht so schnell zur Ruhe kommen. Im Oktober 1948 reichte mein Vater beim

Ein gemeinsames Foto
aus der Verlobungszeit
im Frühling 1946.

Polizeikommando Aargau ein Gesuch um Erteilung einer Niederlassungsbewilligung ein. Es wurde abgelehnt. Das Justiz- und Polizeidepartement
in Bern hatte meine Eltern schon vorher verschiedentlich aufgefordert, die
Schweiz Richtung Argentinien zu verlassen. Zitat: «... da sich im Beschäf-
tigungsgrad verschiedener Industrien starke Rückschläge bemerkbar ma-
chen», sei ein Bleiberecht nicht gegeben. «Sie müssen sich nun mit dieser
Tatsache abfinden und die Ausreise planen.» Mit jedem Schreiben wurde
der Tonfall fordernder. Meine Mutter war Ende 1948 mit meinem Bruder
Toni, dem dritten Kind, schwanger und gesundheitlich sehr geschwächt.
Eine Ausreise war unter diesen Umständen nicht zumutbar, was meine
Eltern in verschiedenen Gesuchen darlegten. «Schwangerschaft ist keine
Krankheit», hiess die lakonische Antwort. Nach der Niederkunft müsse eine
Überfahrt nach Argentinien oder eine Reise in ein Land ihrer Wahl endlich
möglich sein. Die Aufforderungen kamen bis Februar 1949 immer wieder.
    Meine Mutter weigerte sich weiterhin auszureisen. Sie war immer
schon eine Kämpfernatur gewesen und das kam ihr jetzt zugute. Dank ihrer
Hartnäckigkeit und der Unterstützung durch ihren Hausarzt kam es doch
nicht zur Ausweisung. Meine Eltern blieben in der Schweiz, und mein Vater
fand dank der Vermittlung seines Schwagers Arbeit bei Brown Boveri in
Baden. Von diesen Problemen bekamen wir Kinder zum Glück kaum etwas
mit. Wir waren damals noch viel zu klein, für uns war die Welt in Ordnung.

KANTON AARGAU

Polizeikommando

Telefon (064) 2 14 01

Nr. Z/p 6315

AARAU, den 1. November 1948.

2

Herrn
Szymon M a r z e k
Dorfstrasse 351

W ü r e n l o s .

Wir nehmen Bezug auf Ihr Schreiben vom 23. Oktober
1948 an die kantonale Fremdenpolizei und teilen Ihnen mit,
dass dem Gesuche um Erteilung der Niederlassungsbewilligung
nicht entsprochen werden kann, da die Voraussetzungen hie-
für nicht vorhanden sind. Sie müssen sich mit der Tatsache abfinden, dass eine Ausreise aus der Schweiz nicht
zu umgehen sein wird.

Die Unpässlichkeit Ihrer Frau ist nach dem ärzt-
lichen Zeugnis zu schliessen vorübergehender Natur. Eine
Besserung des Zustandes dürfte nach der Entbindung anfangs
1949 eintreten, sodass die Vorbereitungen zur Auswanderung
im kommenden Jahre abgeschlossen werden können.

Da sich in den letzten Monaten im Beschäftigungs-
grad verschiedener Industrien starke Rückschläge bemerkbar machen, können wir Ihnen keine Versprechungen mit Bezug auf Beschäftigungsmöglichkeit im Jahre 1949 geben.
Es liegt damit in Ihrem eigenen Interesse dafür zu sorgen,
dass die Auswanderung nach Argentinien zur Tatsache wird,
bevor einschneidende Gründe Sie hiezu zwingen.

Mit vorzüglicher Hochachtung
Polizeikommando Aargau:

Der Fall ist klar, Familie Marzec soll die Schweiz verlassen. Eines von vielen Schreiben der Behörden.

Gastfreundschaft war in unserem Haus stets etwas Selbstverständliches, auch während des Krieges. Selbst Polen, welche während der Internierung heimlich die Schweiz verlassen wollten, um zu ihren Familien in Frankreich zurückzukehren oder sich nach England zu den polnischen Truppen der Alliierten durchzuschlagen, fanden für kurze Zeit Aufnahme in unserem Haus. So jedenfalls hat es mir meine Mutter erzählt. Was für kleine und grosse Dramen sich in jenen Jahren abgespielt haben müssen, kann ich mir lebhaft vorstellen.

106

Die drei Geschwister sind der Stolz der Familie: Toni, Helena und Bruno (von links); oder, wie der Vater liebevoll nach Polen schreibt: Antoś, Helenka und Bronek (um 1951/52).

Etliche der internierten Polen waren in Baden und Umgebung geblieben und hatten Schweizerinnen geheiratet. Im Laufe der Zeit freundeten sich viele dieser Familien untereinander an. Ich erinnere mich, dass ab und zu polnische Kollegen meines Vaters zu Besuch kamen. Man spielte Karten, rauchte, bis das Wohnzimmer völlig vernebelt war, unterhielt sich lebhaft, was in meinen Ohren damals wie Vogelgezwitscher klang, und sprach reichlich dem Wodka zu. Erstaunlicherweise war nie jemand wirklich betrunken. Vor allem einer der polnischen Besucher – die Freunde nannten ihn nur «den Dicken», weil er etwas rundlich war – kippte Glas um Glas hinunter. Man müsse vorher nur genügend Käse essen, dann gehe der Alkohol in den Käse und nicht in den Kopf, meinte er. Sein Rezept muss gewirkt haben, denn die Herren verabschiedeten sich jeweils sehr höflich und verliessen das Haus aufrechten Ganges. Ob meine Mutter über diese Besuche entzückt war, bleibt dahingestellt. Meinem Vater jedenfalls bedeuteten sie viel und liessen ihn jeweils sein Heimweh vergessen.

Aber auch die Familien pflegten die Kontakte untereinander. Man lud sich gegenseitig ein und nahm an gemeinsamen Anlässen teil. An Weihnachten wurde in der Sebastianskapelle in Baden ein Gottesdienst für die Polen gefeiert. Pfarrer Frania aus Marly (FR), der seine polnischen Schäfchen in Baden und Umgebung regelmässig besuchte, las die Messe. Nachher suchten wir alle gemeinsam ein Restaurant auf, um dort noch ein bisschen zu feiern. Die Polen sangen die Weihnachtslieder aus der Heimat; Lieder voller Melancholie und Sehnsucht, die mir ans Herz gingen.

Ganz besonders in Erinnerung geblieben sind mir die Einladungen bei Vreni und Roman Kwiatkowski, sie war Künstlerin und ihr Ehemann ehemaliger Offizier aus Tarnów. Einmal, zur Fasnachtszeit, organisierten sie eine grosse Party, zu der mich meine Eltern mitnahmen. Etliche schweizerisch-polnische Ehepaare aus der Gegend kamen, einige fasnächtlich kostümiert mit Pappnasen oder Halbmasken, andere mit schrill-bunten Hütchen auf dem Kopf. Roman Kwiatkowski selber trug seine alte Offiziersuniform und Reitstiefel, als wollte er nochmals das Polen der Vorkriegszeit heraufbeschwören. Und man begrüsste, wie bei den Polen üblich, die Damen galant mit Handkuss. Mir wurde diese Ehre leider nicht zuteil, ich war schliesslich noch ein Teenager. Mit den Familien im Dorf pflegten wir kaum Kontakt. Man kannte und respektierte sich, aber wirklich näher kam man sich nicht. Ich kann mich jedenfalls nicht daran erinnern, dass wir jemals bei einer der Schweizer Familien eingeladen waren. Uns Kinder kümmerte das wenig, wir wollten einfach mit den anderen Kindern spielen. Nach dem Kindergarten, der mir nicht in allzu guter Erinnerung geblieben ist, begann der Ernst des Lebens, die Schule. Am ersten Schultag musste sich jedes Kind mit seinem und dem Namen des Vaters bei der Lehrerin vorstellen. Ich fühlte mich unbehaglich, denn die Lehrerin sah sehr streng aus, und ihre schrille Stimme schüchterte mich ein. Hinzu kam, dass meine Klassenkameraden aus bekannten Familien des Dorfes stammten, deren Namen Gewicht hatten und einfacher auszusprechen waren als meiner. Meine anfängliche Schüchternheit legte sich erst, als ich mit einigen Klassenkameradinnen, die den gleichen Schulweg hatten, Freundschaft schliessen konnte. Zwei Jahre später begann auch für meine Brüder der Schulalltag. Da beide im gleichen Jahr geboren waren, traten sie in dieselbe Klasse ein. Und wieder folgte dasselbe Prozedere: «Bruno, wie heisst dein Vater?» «Szymon Marzec.» «Und wie heisst dein Vater, Anton?» «Wir haben nur einen Vater!», kam es prompt aus dem Mund meines jüngeren Bruders. Der Lehrerin war dies mehr als peinlich.

Alles in allem verlebten wir Kinder jedoch eine sorglose Schulzeit. Wir wohnten in einem Haus und hatten einen grossen Garten zum Spielen. Mein Vater hielt Kaninchen und wir Kinder hatten unsere Katzen und Hamster. Der Garten war zwar das Reich meiner Grossmutter, aber mein Vater begann bald einmal, sich nützlich zu machen. Aus Polen hatte er die entsprechenden Kenntnisse mitgebracht. Seine grosse Liebe gehörte den Blumen, vor allem den Rosen, die er selber züchtete. Sie blühten in den schönsten Farben von dunkelrot bis zartrosa und dufteten wunderbar. Im Garten war er glücklich.

Die ungewissen Zeiten nach dem Krieg waren überstanden. Unser Leben nahm seinen gewohnten Gang, genauso wie in vielen anderen Familien auch. Doch die Ehe meiner Eltern stand unter keinem glücklichen Stern, bald zeigten sich Spannungen. Es gab häufig Streit – meistens beim Mittagessen. Die Essgewohnheiten der Schweizer und Polen waren eben sehr unterschiedlich. Es gab die übliche Schweizer Kost, aber mein Vater vermisste die polnischen Gerichte. Es muss einen viel tieferen Grund für die Auseinandersetzungen gegeben haben, doch davon ahnten wir Kinder nichts. Gewiss litten wir Kinder unter diesen Streitereien. Die Stimmung im Haus war oft gedrückt, meine Mutter hob kaum den Kopf von ihrer Näharbeit, Vater war verstimmt und zog sich zurück. So schufen wir uns eben unsere eigene Welt, gingen in der Umgebung auf Entdeckungstouren und bevölkerten unsere Plätzchen mit Feen und Hexen. Meinen Brüdern hatten es die alten Steinbrüche mit ihren Höhlen und Steilwänden aus der Römerzeit angetan. Wenn ich nicht gerade mit den Nachbarsmädchen herumschweifte, hatte ich mit meiner Puppen- und Katzenfamilie alle Hände voll zu tun.

An Weihnachten jedoch traten die Zwistigkeiten für eine Weile in den Hintergrund. Das Schmücken des Weihnachtsbaums war jeweils die Aufgabe meines Vaters. Er liebte es, den Christbaumschmuck zu kaufen, und brachte die schönsten Kugeln mit nach Hause. Wenn dann das Glöckchen klingelte, öffnete sich die Wohnzimmertür, und wir konnten den Tannenbaum in seinem Lichterglanz bestaunen. Ich erinnere mich, dass mir mein Vater einmal zu Weihnachten ein Puppenhaus gebaut und meine Mutter die Zimmer ausgestattet und die Püppchen eingekleidet hatte. Ich war furchtbar stolz, keine meiner Freundinnen hatte je ein so schönes Puppenhaus besessen. Ein anderes Mal fanden meine Brüder je ein Trottinett unter dem Weihnachtsbaum. Diese hatte unser Vater ebenfalls selber angefertigt. Die Gefährte wurden natürlich so rasch als möglich bei passendem Wetter in Betrieb genommen.

Im Dorf hatte man sich an die «Polenfamilie» gewöhnt, nur an unseren Namen nicht. Niemand konnte ihn richtig aussprechen. Verständlich, wer kannte sich schon aus in der polnischen Orthografie? Ich hörte die verschiedensten Versionen, aber wenigstens stimmte immer die Silbenzahl. Leider gab es immer wieder Augenblicke, in denen sich ein leises Gefühl des Fremdseins einschlich. Zum Beispiel wenn wir jeweils die Schulzeugnisse erhielten und darin als Heimatort «Łąkta Górna / Polen» aufgeführt war, wo ich doch in Würenlos daheim war. Es interessierte die Menschen im Dorf nicht, was unser Name bedeutete, woher unser Vater kam oder was an uns denn polnisch war. Das Gefühl, nicht dazuzugehören, war subtil und ich kann es noch heute kaum richtig beschreiben. Es war einfach da …

Am 18. Juni 1953 wurde die «polnische Staatsangehörige» Frieda Marzec-Ernst wieder eingebürgert; wir Kinder erhielten das Schweizer Bürgerrecht erst 1960. So weit, so gut, aber auch das Dokument, das nun offiziell bestätigte, dass wir ebenfalls «Würenloser» waren, brachte das Unbehagen, zwischen zwei Welten zu schweben, nie ganz zum Verschwinden. Meine Brüder und ich wussten sehr wenig über die Heimat unseres Vaters. Man sprach zu Hause kaum über Polen; nur so viel, dass das im Krieg verwüstete Land sehr arm war. Im Geschichtsunterricht in der Schule waren Polen und die Länder Osteuropas kein Thema. Dass Polen einst ein Königreich mit einer glanzvollen Kulturgeschichte gewesen war und eine der ältesten und berühmtesten Universitäten Osteuropas führt, schien nicht zu interessieren, jedenfalls nicht die Bewohner unseres Dorfes. So konnten wir unsere polnischen Wurzeln nie richtig verinnerlichen. Mein Bruder Bruno konnte mit diesem Zwiespalt gut leben; er nahm das Leben etwas lockerer als mein Bruder Toni und ich. Vor allem Toni schrieb Rückschläge, die er erlebte, der Tatsache zu, dass er einen ausländischen Namen trug.

Ob die Tatsache, dass wir nur «halbe» Schweizer oder einfach in einer Arbeiterfamilie aufgewachsen waren, damals in der Schule und später bei der Berufswahl eine Rolle gespielt hat, kann ich nicht beurteilen. Eines ist sicher: Wir wurden in der Schule nicht sonderlich gefördert, sodass unsere Bildungschancen eher klein waren. Eine derartige Bemerkung habe ich viele Jahre später anlässlich einer Klassenzusammenkunft gehört. Wir hatten trotzdem ein bisschen Glück. Mein Vater konnte meinen Brüdern eine Lehrstelle bei BBC besorgen und mir eine Sekretariatsstelle. Es war eine gute Zeit für uns alle. Selbst meine Eltern schienen sich einigermassen arrangiert zu haben.

Eines Tages kam ein Brief aus Polen, der meinen Vater sehr traurig stimmte. Es war die Nachricht, dass seine Mutter gestorben sei. Seit er Polen verlassen hatte, hatte er sie nie wiedergesehen. Es war ihm nie möglich gewesen, seine Familie zu besuchen, denn einen Pass besass er nicht. Aus den Erzählungen meiner Eltern wusste ich, dass unsere polnische Grossmutter ein karges Leben fristete. Wir unterstützten sie, so gut es ging, und schickten immer wieder Pakete nach Polen. Nun war für meinen Vater klar, dass er in der Schweiz bleiben wollte. Und so beantragte er das Schweizer Bürgerrecht, obwohl er doch früher gesagt hatte: «Ich bin Pole und bleibe Pole!» Es wurde ihm ohne Weiteres gewährt. Eine kleine Genugtuung nach dem Ungemach der ersten Jahre in der Schweiz.

Mit dem Schweizer Pass in der Hand war es ihm endlich möglich, seine Heimat und seine Familie wiederzusehen. Zusammen mit meinen Brüdern reiste er nach Łąkta Górna, wo eine seiner Cousinen mit ihrer Familie lebte. Die andere war mit ihrem Ehemann nach Wrocław (dt. Breslau) gezogen. Es war ein Wiedersehen, welches bei allen viele Emotionen, Erinnerungen und auch Wehmut auslöste. Heute bedaure ich es sehr, dass wir nicht schon früher Polnisch gelernt hatten. Der Zugang zu meinen polnischen Cousinen, Nichten und Neffen wäre viel einfacher gewesen.

Und dann, nach fast dreissigjähriger Ehe, trennten sich meine Eltern. Was nun doch noch zum Bruch geführt hatte, kann ich nur erahnen. Mein Vater zog schliesslich in eine kleine Wohnung in Wettingen, meine Mutter blieb bei ihrer Mutter im Haus in Würenlos. Für uns alle begann eine schwierige Zeit. Der Kontakt zu meinem Vater war problematisch, denn meine Mutter war sehr verletzt, und es galt, beide Seiten zu schonen. Einige Jahre blieb mein Vater allein, heiratete dann aber wieder, diesmal eine Polin. Mit Anna schien er glücklich zu sein. Für meine Mutter jedoch war es ein Stich ins Herz.

Im Herbst 1994 traf ein Schicksalsschlag meine Familie aus heiterem Himmel. Mein Bruder Bruno war beim Absturz eines Kleinflugzeuges ums Leben gekommen. Sein Tod hatte ungeahnte, dramatische Folgen für uns alle. Mein Vater hatte nicht die Kraft, zur Beerdigung zu kommen. Aber in den Wochen danach waren immer frische Blumen auf Brunos Grab.

Eines Tages, im Frühling nach Brunos Tod, erfuhren wir, dass unser Vater, ohne eine Adresse zu hinterlassen, abgereist sei. Er hatte immer wieder mal erwähnt, dass er womöglich mit seiner Frau Anna nach Polen zurückkehren wolle. Aber es hatte so vage geklungen, dass ich das nie so recht ernst genommen hatte. Ich war wie vor den Kopf geschlagen. Ich hätte ihn doch besuchen können, jetzt, wo ich ein bisschen Polnisch gelernt hatte. Alle meine Bemühungen, ihn zu finden, waren vergebens. Weder seine Wohnortgemeinde noch die Schweizer Botschaft in Warschau konnten oder wollten mir seine polnische Adresse bekanntgeben. Doch auch wenn ich damals Erfolg gehabt hätte, ich wäre wohl zu spät gekommen. Denn schon im Mai erreichte uns ein Brief von Vaters Frau Anna, dass er kurz nach seiner Rückkehr in die alte Heimat verstorben sei.

Nach vielen Jahren bin ich selber ins Heimatdorf meines Vaters gereist. Das Dörfchen liegt in einer malerischen Gegend mit sanften Hügeln, Flüssen und Seen. Im Hintergrund erhebt sich die Tatra. Ein Paradies für Wanderer und Naturfreunde.

Die Suche nach meinen Verwandten gestaltete sich recht abenteuerlich, denn ich besass kaum Informationen über die Angehörigen meines Vaters. Mit einem Chauffeur fuhr ich also von Kraków nach Łąkta Górna und klopfte zuerst einmal im Pfarrhaus an. Ein freundlicher Pfarrer öffnete. Ob er eine Familie mit dem Namen Marzec kenne. Nein, aber er wolle mal im Telefonbuch nachschauen. Er bat mich herein und zusammen mit der Haushälterin durchblätterten wir das Telefonbuch. Tatsächlich, in Żegocina, dem Nachbardorf, wohnte eine Familie Marzec. Er rief sofort dort an und vereinbarte ein Treffen in einer Bar. Wir fuhren also weiter nach Żegocina, wo auch bald eine Frau Marzec in der Bar erschien. Es stellte sich heraus, dass sie überhaupt nicht mit meiner Familie verwandt war. Ich war entmutigt. Die andern Anwesenden in der Bar nahmen regen Anteil und versuchten zu helfen. Ich probierte es auch hier auf dem Pfarramt, aber diesmal öffnete ein sehr mürrischer Pfarrer die Tür, der irgendetwas schwafelte, was selbst der Chauffeur nicht verstand. Ich war noch enttäuschter. Als wir wieder zum Auto zurückgingen, standen die Gäste der Bar bereits vor der Tür und riefen uns zu, wir sollten ins Gemeindehaus, gleich gegenüber, gehen. Tatsächlich, diesmal klappte es, eine freundliche Beamtin zog eines der Gemeindebücher hervor und zeigte mir die Seiten mit den Eintragungen zu meiner polnischen Familie. «Szymon Marzec, geb. 04. 07. 1915, ill., Mutter: Regina». Eine weitere Kollegin gesellte sich hinzu und meinte, sie hätte meine Grossmutter sogar noch gekannt. Ich konnte mein Glück kaum fassen und mir ging durch den Kopf, wie einfach die Dinge doch sind, wenn man am richtigen Ort nachfragt.

Ich erhielt die Adresse meiner Cousine und ihrer Familie, und wir fuhren gleich dorthin. Als wir ankamen, standen meine Cousine Irenka, ihr Ehemann Andrzej und ihre Kinder Krysz, Wojtek und Anja schon vor der Tür. Man hatte sie bereits von Żegocina aus informiert. Ich war einfach überwältigt. Wenn doch nur meine Eltern auch hätten dabei sein können! Mit meinen dürftigen Polnischkenntnissen versuchte ich, von der Familie in der Schweiz und meinem Leben in Zürich zu erzählen. Irgendwie klappte es mit der Verständigung ganz gut. Später fuhren wir zum Grab meiner Grossmutter. Es liegt auf einer Anhöhe, von wo aus sich ein herrlicher Blick auf die Hügel der Tatra und fast bis nach Kraków bietet. Blumen und ein schmiedeeisernes Kreuz zieren das Grab.

Meine Mutter verbrachte ihre letzten Lebensjahre bis im Herbst 2013 im Altersheim. Bei meinen Besuchen haben wir oft über meinen Vater und unser Leben, als wir alle noch beieinander waren, gesprochen. Die Bitterkeit über ihre problematische Ehe war verschwunden und sie gestand mir, sie würde meinen Vater wieder heiraten.

Helena Marzec

Helena Marzec (2019).

Gerne wäre Helena Übersetzerin geworden oder Spanischlehrerin. Aber Ende der Sechzigerjahre kam ein Studium für sie als Kind aus einfachen Verhältnissen nicht infrage und so wurde Helena Sekretärin und später Direktionsassistentin. Allerdings arbeitete sie fünf Jahre in Madrid – rückblickend eine ihrer schönsten Zeiten. Sie absolvierte anschliessend eine Ausbildung an der Schule für angewandte Linguistik und später wurde ihr Traum doch noch Wirklichkeit, als sie spontan einige Stellvertretungen für Spanisch an einer Sprachschule übernehmen durfte. Daraus ergab sich schliesslich ein befriedigender Nebenjob, der sie lange Jahre abends ausfüllte. Die Vierundsiebzigjährige liebt ausgedehnte Spaziergänge in Wäldern oder in grossen, weiten Pärken, denn sie liebt alte Bäume und Blumen ganz besonders. Immer öfter wird sie dabei von Luna begleitet, einer Yorkshire-Terrier-Hündin, deren Besitzerin sie gemeinsam mit ihrer

Schwägerin Monica ist. In ihrem Zuhause in Zürich liest Helena viel, besonders interessiert sie sich für Geschichte und Kunst. Seit über zehn Jahren lernt Helena Polnisch, ihre Vatersprache. Sie bedauert allerdings, dass ihr persönliche Gespräche und somit etwas Routine beim Sprechen fehlen. Aber die polnische Literatur wie auch die Geschichte und Kultur Polens liegen ihr am Herzen; fast könnte man sagen, die Heimat ihres Vaters ist ein Teil von ihr geworden. Helena ist überzeugt, dass man sich mit der eigenen Geschichte versöhnen kann und das ist ihr persönlich, so scheint es, gelungen.

Australien einfach – und zurück

Józef Eustachjusz Paradowski und Olga Glaus

Unser Vater, Józef Eustachjusz, wurde am 20. Juni 1915 als zweiter Sohn der Eltern Bonawentura und Bronisława Paradowski-Jakubowska in Szewna, einem kleinen Dorf und Vorort der Stadt Ostrowiec, geboren. Er hatte einen um fünf Jahre älteren Bruder Stefan.

Bonawentura, unser Grossvater, betrieb zusammen mit seinen Geschwistern Bronisław und Maria eine Mühle. Die Familie unserer Grossmutter war sehr wohlhabend. Dass ihre Tochter Bronisława einen einfachen Müller geheiratet hatte, gefiel der Familie Jakubowski ganz und gar nicht. 1917 verstarb unsere Grossmutter leider viel zu früh. Grossvater Bonawentura musste nun für zwei kleine Kinder im Alter von zwei und sieben Jahren sorgen. Glücklicherweise unterstützte ihn dabei seine Mutter Katarzyna tatkräftig. Sie war Mutterersatz für die beiden Enkel Józef und Stefan. Halina, die damals dreizehnjährige Cousine unseres Vaters, erzählte uns später auch von unserem Vater und was für ein fröhlicher junger Mann er gewesen sei. Er habe das Tanzen und die Musik geliebt und sei gerne Angeln gegangen. Die Menschen um ihn herum hätten ihn sehr geliebt.

Bei Kriegsausbruch 1939, er war vierundzwanzig, musste unser Vater nach Kielce, der Hauptstadt der Woiwodschaft Świętokrzyskie (dt. Heiligkreuz) im Südosten Polens, einrücken. Sein Bruder Stefan, der an einer akuten Mittelohrentzündung litt, wurde nicht eingezogen. Ein Teil der polnischen Soldaten konnte nach der Besetzung Polens durch Hitlerdeutschland ins neutrale Rumänien fliehen, so auch unser Vater. Die näheren Umstände haben wir nie erfahren. Zwar konnte er sich noch von seiner Familie verabschieden, aber dann verlor sich seine Spur. Einmal noch hätten sie eine Karte aus Rumänien erhalten. Er schrieb, dass er nicht wisse, was mit ihm und seinen Kameraden geschehen würde.

Während des Zweiten Weltkriegs betrieb die Familie weiterhin die Mühle und unterstützte heimlich die Partisanen. Grossonkel Bronisław wurde von einem Landsmann denunziert und wurde deshalb ins Konzentrationslager Auschwitz und später nach Mauthausen in Österreich deportiert. Vaters Cousine Halina erinnerte sich gut daran, wie er nach drei Jahren Gefangenschaft ins Dorf zurückkehrte. Während des Krieges mussten viele polnische Familien deutschen Offizieren eine Unterkunft zur Verfügung stellen. Immer und immer wieder wurde die Familie Paradowski von den Deutschen nach dem Verbleib ihres Sohnes Józef gefragt, es kam

Interne wie Korporal Paradowski erhielten einen Ausweis für die Bewilligung, Gaststätten aufzusuchen. Sie wurde monatlich erneuert.

sogar zu Hausdurchsuchungen. Das belastete sämtliche Familienmitglieder sehr. Halinas Mutter sogar so sehr, dass sie psychisch erkrankte.

Von Rumänien aus gelangte unser Vater auf uns unbekannten Wegen nach Frankreich. Wie viele polnische Soldaten wollte er sich der polnischen Exilarmee anschliessen und an der Seite der Alliierten gegen die Deutschen und für die Befreiung Polens kämpfen. Doch die Deutschen überrannten die Maginot-Linie und nahmen die französisch-polnischen Streitkräfte bei Belfort in die Zange. Es blieb nur die Flucht in die Internierung auf Schweizer Boden, um der Gefangenschaft zu entkommen. So betrat unser Vater in der Nacht vom 19. auf den 20. Juni 1940, an seinem 25. Geburtstag, erstmals Schweizer Boden. Die fast 12 500 Angehörigen der 2. polnischen Schützendivision unter der Führung von General Bronisław Prugar-Ketling wurden beim Grenzübertritt im Jura entwaffnet und anschliessend auf verschiedene Interniertenlager in der ganzen Schweiz verteilt.

Vaters Personalakte ist zu entnehmen, dass er am 19. Juni nach Pruntrut (JU) und dann nach Madiswil (BE) kam. Später war er in verschiedenen Lagern im Kanton Aargau und in der Innerschweiz untergebracht. Wie die meisten polnischen Soldaten blieb er bis zum Kriegsende und noch einige Monate länger in der Schweiz interniert.

Am 4. April 1944 wurde unser Vater in ein Lager nach Reichenburg (SZ) versetzt. Als Korporal durfte er sich auch ausserhalb des Lagers bewegen. So kehrte er im Nachbardorf Benken SG im Restaurant Sternen am Linthkanal ein. Und da begegnete er unserer Mutter, die dort abends im Service arbeitete, um ihre Familie finanziell zu unterstützen. Die beiden jungen Menschen verliebten sich – und hier begann nun unsere polnisch-schweizerische Familiengeschichte.

Unsere Mutter, Olga Glaus, wurde am 8. September 1917 als Tochter von Josef Beat und Maria Christina Glaus in eine Grossfamilie hineingeboren. Zu Hause war die Familie in Benken-Giessen. Mutters Hilfe daheim war gefragt; für die mittlere, ruhige und ausgeglichene Tochter galt es besonders, jüngere Geschwister zu betreuen. Bei siebzehn Kindern gab es für alle genug Arbeit, man war nicht auf Rosen gebettet und jeder hatte mit anzupacken. Vielleicht herrschte aber gerade deshalb in der Familie ein sehr guter Zusammenhalt.

Leicht war es für unsere Eltern nicht. Der sogenannte orange Befehl regelte, ja verbot eigentlich Beziehungen zwischen der Zivilbevölkerung und den Internierten. Und eine Eheschliessung mit einer Schweizerin war den Internierten schon gar nicht erlaubt. Hinzu kam, dass Schweizerinnen, die einen Ausländer ehelichten, zu der Zeit automatisch ihr Bürgerrecht verloren.

Die Internierten des Lagers Reichenburg halfen bei der Melioration der Linthebene und wurden im Pflanzenanbau eingesetzt. Nach vierzehn Monaten wurde Vater in andere Lager abkommandiert. Mutter blieb vorläufig und bis nach Kriegsende weiterhin in Benken bei Eltern und Geschwistern.

Nach dem Kriegsende im Mai 1945 und dem offiziellen Ende der Internierung im Dezember 1945 wurden die Lager bis zum Spätherbst 1946 nach und nach aufgelöst. Vater fand Arbeit als Schlosser bei der Firma Brown Boveri & Co. in Baden (AG). Im November 1947 schliesslich heirateten unsere Eltern in Wettingen (AG) und zogen nach Neuenhof bei Baden. Im selben Jahr, wurde ich, Myrta, in Schänis (SG) geboren. 1948 kam mein erster Bruder Stefan Józef in Baden zur Welt.

In Wettingen fanden sie polnische Freunde, die ebenfalls mit Schweizer Frauen verheiratet waren. Mutter erzählte uns, dass an den Wochenenden viel los war: da wurde miteinander gekocht, gegessen und die legendäre polnische Geselligkeit gepflegt.

Unsere Eltern, wir nannten sie nur Dädi und Mame, hatten eine unsichere Zeit vor sich. Einerseits weil Dädi nach dem Krieg den Interniertenstatus verlor und Mame durch die Heirat staatenlos wurde. Andrerseits war für die Polen und deren Angehörige auch der Aufenthalt in der Schweiz nicht gewährleistet. Und nach Polen zurück konnte unsere Familie auch nicht,

Endlich heiraten dürfen – im November 1947 wird in Wettingen Hochzeit gefeiert.

solange die Kommunisten an der Macht waren. Aber nach reiflicher Überlegung entschlossen sich unsere Eltern, doch auszuwandern – Australien bot einige Möglichkeiten. Was unsere Eltern schlussendlich dazu gebracht hat, wissen wir nicht. Der Staat Australien suchte nach neuen Bewohnern, die helfen sollten, das Land aufzubauen. Australien kam unter anderem für die Kosten der Schiffsüberfahrt der Einwanderer auf und stellte späteren Landbesitz in Aussicht. Dafür verpflichtete sich Dädi, in der neuen Heimat während zweier Jahre in einem Lager Wohnsitz zu nehmen und die ihm zugewiesene Arbeit zu verrichten.

Der nächste Schritt war der in ein Auffanglager in Rheinfelden (AG). Hier, in den Gebäuden und Baracken der alten Bäderanlage, warteten viele Flüchtlingsfamilien, unter ihnen auch ehemalige Internierte und ihre Schweizer Ehefrauen, auf die Weiterreise nach Italien. Ende 1949, so hatten es meine Eltern geplant, wollten sie ausreisen, gemeinsam mit der Familie von Trudy und Zbigniew Majewski, Freunden aus der Internierungszeit. Aber da erkrankte mein Bruder Stefan an einer Gürtelrose und uns wurde die Reise deshalb nicht erlaubt. Familie Majewski trat die Fahrt nach Australien ohne uns an. Wir mussten warten. In diese Zeit fällt auch die Ankunft ehemaliger Zwangsarbeiter aus Deutschland im Lager Rheinfelden. Unter ihnen war die polnische Familie Józef und Janina Nedza mit ihren Kindern Helena und Maria. Es entstand eine Freundschaft zwischen den Familien, die zeitlebens und über die nächste Generation hinweg bis in die heutigen Tage gepflegt wird.

1950, kurz vor der Auswanderung, ein letztes gemeinsames Bild in der Schweiz: Olga mit Myrta und Józef mit Stefan.

Im März 1950 war es dann endlich so weit, unsere Familie fuhr im Zug nach Neapel. 400 Kilogramm wog unsere ganze Habe, verpackt in eine schwere braune Holzkiste. Mit grossen weissen Lettern stand unser Familienname darauf. Diese Kiste hatten Mutters beide jüngsten Brüder, Beni und Leo, extra für uns gezimmert.

In Neapel kam ich wegen eines grossflächigen, starken Ekzems für fünf Tage in ein Kinderspital. Vom Babyalter bis zu meinem fünfzigsten Lebensjahr litt ich am ganzen Körper an einem Ausschlag, der starken Juckreiz verursachte. Ich weinte viel und bereitete dadurch meinen Angehörigen viele schlaflose Nächte. Zu dieser Zeit gab es noch kein Cortison und auch keine rasche und endgültige Linderung. Rückblickend bin ich überzeugt, dass sich die Geschichte und das Schicksal unserer Eltern, ihr Stress irgendwie auf uns Kinder übertragen hatte. Bei aller Fröhlichkeit und obwohl wir doch glückliche Kinderjahre verbracht hatten, habe ich uns auch als oft traurig in Erinnerung.

Aber dann, am 17. März 1950, gingen wir zusammen mit der Familie Nedza an Bord eines umgebauten Frachtschiffes. Frauen und Kinder teilten sich die separierten Kabinen und Kojen; die Männer wurden von den Familien getrennt untergebracht. Mame erzählte uns, dass sie auf der ganzen Reise seekrank gewesen sei und deshalb meistens in der engen Kabine bleiben musste.

Am 13. April 1950 gingen wir am Pier von Melbourne von Bord und betraten zum ersten Mal australischen Boden. Sofort wurden die Immigranten auf verschiedene Lager verteilt. Wir kamen nach West Sale. Das Camp lag etwas ausserhalb der Kleinstadt Sale, etwa 220 Kilometer von Melbourne entfernt, und war eine schlichte Siedlung von Baracken mit Wellblechdächern. Die behelfsmässigen Bauten standen in zwei Reihen. Zwischen den Baracken gab es für uns Kinder genügend Platz zum Spielen. Etwas abseits standen die Gebäude mit Küche und Kantine, Waschräumen und Toiletten, Büros, einer Schule und einem Kindergarten sowie einer Mehrzweckhalle.

Auch hier durfte unsere Familie nicht zusammenbleiben. Die Männer mussten, getrennt von Frauen und Kindern, in separate Baracken ziehen. Wir teilten unseren Raum mit Janina Nedza und ihren zwei Mädchen. Um uns ein wenig Intimsphäre zu verschaffen, wurde der Raum mit einem Vorhang geteilt. Für unsere Mame war die Situation sehr schwierig, nachdem sie schon auf dem Schiff nicht mit ihrem geliebten Józef zusammen sein durfte.

Dädi und Józef Nedza mussten, wie vereinbart, zwei Jahre lang Pflichtarbeiten verrichten. Die Männer wurden mit Lastwagen zur Arbeit abgeholt und blieben die ganze Woche weg. Sie arbeiteten im Braunkohleabbau (Tagebau) in Morwell oder wurden beim Geleise- oder Holzbrückenbau in East Gippsland für das Victoria Railways Department eingesetzt.

An den Wochenenden wurden sie mit dem Lastwagen zurück ins Camp gebracht. Dann wurden in der Mehrzweckhalle Feste gefeiert. Es wurde gegessen, es gab Tanzvorführungen von polnischen Kindern, Gottesdienste wurden abgehalten und die erste Kommunion gefeiert. Die Halle war der soziale Mittelpunkt von West Sale. Ann Synan hat darüber das Buch «We Came With Nothing. Story of the West Sale Migrant Holding Centre» (2002) verfasst.

Wie ich mich an meinen Vater in dieser Zeit erinnere?

An den Wochenenden trug Dädi immer weisse Hemden mit langen oder aufgekrempelten Ärmeln. Und ich erinnere mich an eine markante Narbe hinter seinem Ohr, ein «Andenken» an einen bösen Abszess, den er sich 1944 im Lager Reichenburg eingefangen hatte und weswegen er sogar in der dermatologischen Klinik in Zürich behandelt werden musste. Unvergessen bleibt mir auch der bescheidene Goldring mit den Initialen JP, den mein Vater immer am kleinen Finger trug.

Zu Silvester 1950 kam unser Bruder Bruno (Bronisław) Georg im Gippsland Hospital in Sale zur Welt. Nur drei Wochen zuvor hatte Janina Nedza ihre dritte Tochter Krystyna geboren; Dädi wurde ihr Götti. Mit zwei zusätzlichen Babys war unser Wohnraum noch enger geworden.

Nach dem Kindergarten besuchte ich ab Mitte 1952 die Preschool im Camp. Vor allem eines ist mir da geblieben: Jeden Tag bekamen wir eine kleine Flasche Milch zu trinken. Vielleicht rührt meine Abneigung gegen Milch, die bis heute anhält, von daher. Mein Bruder Stefan besuchte auch den Camp-Kindergarten. Wir Kinder verbrachten aber einen Grossteil Zeit draussen mit Spielen und Radfahren. Es gab sogar einen Spielplatz mit Schaukel und Klettergerüst. Und es gab viel zu entdecken. Einmal gingen Stefan und ich auf ein ehemaliges Militärgelände unweit des Migrant Holding Centre. Ein Camion kam angefahren, und der Fahrer schimpfte mit uns. Stefan war so erschrocken, dass er nach diesem Vorfall etliche Zeit weder nach draussen gehen noch den Kindergarten besuchen wollte. Ich durfte ihn aber im Kindergarten besuchen. Eindrücklich war für mich die Kindergärtnerin, die auch ihren Hund im Zimmer mit dabei hatte.

Später ging ich in die St. Mary's Primary School in Sale. Wir wurden mit einem Bus abgeholt und wieder nach Hause gebracht. Merkwürdigerweise habe ich absolut keine Erinnerung mehr an diese Schule, ausser an meine Schuluniform, ein dunkelblaues Kleid mit einem weissen Bubikragen. 1950 gab es 152 Schüler im Camp, die meisten kamen aus Osteuropa. In der Schule lernten wir Englisch, daheim sprachen wir polnisch und schweizerdeutsch, wir wuchsen also dreisprachig auf, doch entstand so auch ein ziemliches Kauderwelsch.

Mein Ekzem mit dem starken Juckreiz wurde auch in Australien nicht besser. Wieder gab es viele schlaflose Nächte. Unsere Verwandten in der Schweiz schickten uns regelmässig Medikamente, die nur kurzfristig ein wenig Linderung brachten.

Dädis zweijährige Arbeitsverpflichtung war 1952 erfüllt. 1953 wurde das Camp aufgelöst. Die meisten Migranten blieben nur so lange im Camp wohnen, bis sie in Sale und der Umgebung ein Haus fanden oder bauen konnten. Die Familie Nedza, unsere Freunde, fanden bereits 1952 vorübergehend ein Haus in der MacAlister Street in Sale, das sie mit einer andern Familie teilten. Allerdings gab es da nicht einmal fliessendes Wasser, mit drei kleinen Kindern ein sehr mühsames Leben. Auch deshalb war wohl die Freude gross, als unsere beiden Familien am Stadtrand von Sale ein Grundstück erhielten. In Wellington Grove sollte ein Zweifamilienhaus entstehen. Man war dem australischen Traum einen Schritt näher. Abends, nach der Arbeit, fuhren Dädi und Józef Nedza meistens auf den Bauplatz, um zu arbeiten. Der Familie in die Schweiz sandte Mame voller Stolz ein Foto unseres im Bau befindlichen Hauses mit der Bemerkung: «Es gibt noch viel zu tun!»

Am 16. September 1952 fuhren Dädi und Józef einmal mehr mit dem Fahrrad zur Baustelle, um dort weiterzuarbeiten. Józef hatte Material mitgebracht und fuhr recht bald nach Hause. Dädi arbeitete noch etwas länger und machte sich dann mit dem Fahrrad auf den Heimweg Richtung Camp Sale. An der Kreuzung Mac Alister Street/Marley Street wurde er von einem

Ford Sedan angefahren, der von einem örtlichen Farmer gefahren wurde. Schwer verletzt wurde er ins Gippsland Base Hospital gebracht, wo er noch am selben Abend seinen schweren Verletzungen erlag.

Über den Unfallhergang liegen aktenkundige Dokumente der Polizei, des Fahrers und des Arztes sowie einiger Zeugen vor. Die Versicherung verweigerte unserer Familie jegliche finanzielle Leistung, weil sich herausgestellt habe, dass Dädi ins Farmerauto hineingefahren und somit der Unfallverursacher gewesen sei. Mame hat aber zeitlebens darauf bestanden, dass bei der ganzen Angelegenheit viel vertuscht worden und Dädi unschuldig gewesen sei.

Es sollten mehr als fünfzig Jahre vergehen, bis wir mehr über die tatsächlichen Umstände erfahren konnten. Während eines Besuches meines Bruders Stefan bei den Nedzas in Sale versuchte der Polizeisergeant, der seinerzeit den Unfall aufgenommen hatte, mit Stefan Kontakt aufzunehmen, um die Angelegenheit zu klären und sein Gewissen zu erleichtern. Stefan lehnte zwar ab, aber wir erfuhren dann später doch noch einiges: Tatsächlich waren das Unfallprotokoll manipuliert und die Zeugen entsprechend beeinflusst worden, damit der Farmer unschuldig blieb. In einigen Dokumenten fanden sich dann auch widersprüchliche Aussagen, denen man aber nie nachgegangen war. Es scheint, als habe man damals in Kauf genommen, eine Migrantenfamilie ins Unglück zu stürzen, um zu gewährleisten, dass ein eingesessener Farmer mit seiner schwangeren Frau unbescholten bleiben konnte. Dies zeigt ein wenig die damaligen sozialen Verhältnisse in Australien auf: Als billige Arbeitskräfte waren die Migranten willkommen, aber die Bevölkerung distanzierte sich oft von diesen Einwanderern. Für viele waren sie Menschen zweiter Klasse.

Zbigniew Majewski, der Freund meiner Eltern, reiste aus Melbourne an, um Mame in der schwersten Zeit ihres Lebens mit Rat und Tat zur Seite zu stehen. Unsere Familie stand vor dem Nichts.

Nach Dädis Tod wollte Mame dann auch nicht weiter in Australien bleiben. Was sollte sie hier ohne Geld in einem ihr zum grössten Teil noch unbekannten Land mit drei kleinen Kindern ohne Ehemann? Sie schrieb ihrer Familie in die Schweiz, dass sie heimkehren wolle. Die Familie begrüsste ihr Vorhaben und unterstützte sie dabei. Andere hingegen, wie die Familie Nedza, verstanden Mames Rückkehrpläne überhaupt nicht. Mame beantragte beim Schweizer Konsulat in Melbourne das Schweizer Bürgerrecht für sich und uns Kinder. Nun begann ein langer, intensiver und zermürbender Briefwechsel. Etliche Abklärungen mussten getätigt werden, wie etwa bezüglich der Versicherung und des Verkaufs des halbfertigen Hauses. Mames Familie in der Schweiz wurde nach Bern bestellt und musste eine Zusicherung für die Unterstützung unserer Familie abgeben und für den einstweiligen Aufenthalt nach der Heimreise bürgen.

Erst mit dem Vorliegen dieser schriftlichen Bürgschaft erhielt Mame die Einbürgerungsurkunde zusammen mit der Matrikelkarte, die Voraussetzung für den diplomatischen und konsularischen Schutz war. Laut Gesetz jedoch war eine Mitaufnahme der drei unmündigen Kinder ins Schweizer Bürgerrecht nicht möglich, dieses könne sie erst später, nach der Wohnsitznahme in der Schweiz, beantragen. Das Schweizer Konsulat teilte dann auch mit, dass für unsere Rückreise ab Melbourne eine Kabine auf dem Schiff Oceania gebucht worden sei und Mame das Geld zu überweisen habe. Bis auf unsere bescheidene persönliche Habe waren wir aber mittellos. Da Dädi vor seinem Tod bei der Victoria Railway gearbeitet hatte, erhielt Mame von dieser Stelle einmalig 50 Pfund zugesprochen. Sie erhielt auch Unterstützung vom Good Neighbour Council of Victoria beim Besorgen der notwendigen Papiere und Visa. Diese gemeinnützige Vereinigung sammelte für uns Geld und übernahm schliesslich auch die Reisekosten von 270 Pfund.

Ich bedaure sehr, dass ich mich kaum entsinne, wie es nach Dädis Tod weiterging. Oder wie es war, als wir unsere Habseligkeiten einpackten und das Camp, unsere Freunde und Australien verliessen. Eines aber blieb bis heute: das lebenslange Heimweh nach Australien.

An die Zeit vor der Abreise habe ich einige Erinnerungen. So kamen wir für kurze Zeit in ein Auffanglager in Somers im Bundesstaat Victoria. Das Camp lag so nahe am Strand, dass wir die ganze Zeit das Rauschen des Meeres hören konnten. Für die letzte Zeit in Australien wohnten wir noch bei den Majewskis in Melbourne, alle vier zusammen in einem Zimmer. Diese Enge war schwierig auszuhalten und ich spürte öfters, dass dies auch zu Spannungen mit den Majewskis führte.

Dafür unternahmen wir einige Ausflüge, so auch in den botanischen Garten oder nach St. Kilda, einem Vergnügungspark am Meer mit einer kleinen Bahn am Strand. Und dann hiess es Abschied nehmen.

Genau ein Jahr nach Dädis Tod, am Morgen des 16. September 1953, verliess unsere Familie Australien. Mame war sechsunddreissig, Witwe und reiste mit drei Kindern im Alter von sechs, fünf und drei Jahren um die halbe Welt. Mit dabei war auch diesmal unsere grosse braune Holzkiste mit der weissen Aufschrift «PARADOWSKI» mit all unserem Hab und Gut. Auch auf dieser Schiffsreise war Mame dauernd seekrank und blieb deshalb meist in unserer Kabine mit der Nummer 165. Um uns Kinder kümmerten sich glücklicherweise einige liebe Menschen.

Die Oceania legte in den verschiedensten Häfen an. Nach Fremantle in Westaustralien machten wir Halt in Djakarta, Colombo, Aden und Port Said. In all diesen Häfen kamen Händler mit ihren kleinen Booten an unser

Schiff, um ihre Ware zu verkaufen. Fasziniert schauten wir Kinder auf die Boote der dunkelhäutigen Menschen und das bunte Treiben hinunter. Einmal kauften wir kleine schwarze Elefanten mit weissen Stosszähnen, sie begleiteten uns viele Jahre lang. Besonders beeindruckend fand ich den Suezkanal: Ich konnte auf beiden erhöhten Seiten des Kanals nur unendlich viel Sand und Kamele mit ihren Treibern sehen.

Am 15. Oktober, fast genau einen Monat nachdem wir den australischen Kontinent verlassen hatten, setzten wir im Hafen von Genua unsere Füsse aufs europäische Festland.

Von Genua aus fuhren wir mit dem Zug über Chiasso nach Zürich. Uns erwartete das auberginenfarbige Auto von Metzger Schnider aus Benken. Mit diesem fuhren wir zum Elternhaus unserer Mame. Unsere Grosseltern und Mames älteste Geschwister, Onkel Beat und Tante Luzie, erwarteten uns sehnlichst. Zur Begrüssung wurden wir mit selbstgestrickten Pullovern und ich sogar mit einem Jupe eingekleidet. Die Kinder der Schniders, Adi und Oski, wurden später unsere Freunde. Und in des Metzgers Frau fand unsere Mame eine liebe Freundin, die ihr mit Rat und Tat zur Seite stand.

Für uns Kinder war alles neu und fremd. Anfangs sprachen wir Kinder untereinander nur polnisch und englisch. Aber das verlor sich rasch und nach einigen Monaten sprachen wir nur noch unsere Muttersprache Schweizerdeutsch. So kehrte auch bald der Alltag wieder ein. Mame arbeitete im Schichtwechsel mit Tante Luzie in der Weberei Schubiger im Nachbardorf Uznach (SG). Ich besuchte noch während eines halben Jahres den Kindergarten, bevor ich eingeschult wurde. Stefan kam für eineinhalb Jahre in denselben Kindergarten.

Auf erfolgreiches Drängen eines Onkels hin wurde uns Kindern am 28. April 1954 eine erleichterte Einbürgerung ermöglicht. Im selben Jahr erhielt Mame von der Firma Brown Boveri eine kleine Hinterlassenschaftsrente. Hie und da wurde sie auch von Pro Juventute mit einem Zustupf von zwanzig Franken unterstützt.

Vier Jahre blieben wir bei unseren Grosseltern wohnen, danach bezogen wir ganz in der Nähe eine Wohnung in einem Zweifamilienhaus. Auch meine geliebte Gotte Julie, sie war meine jüngste Tante, wohnte ganz in der Nähe. Sie und Mame standen sich schon seit Kindheit besonders nahe. Später fand Mame Arbeit in der Sperrholzfabrik Lignoform in Benken. Dort blieb sie beschäftigt bis zur Pensionierung – und einige Jahre darüber hinaus, denn für eine ordentliche Rente fehlten ihr die Einzahlungen an die AHV während des Australienaufenthalts.

Während unserer Schulzeit und auch später noch litt Mame unter Depressionen, was öfters zu längeren Klinikaufenthalten führte. Während dieser Zeit konnten wir bei Verwandten, so auch bei Gotte Julie, wohnen. Ich habe Mame trotz der grossen Belastung nie klagen gehört. Sie lebte und arbeitete mit grosser Selbstverständlichkeit für uns Kinder. Sechs von Mames Geschwistern wohnten mit ihren Familien in Benken. Da Mame wochentags arbeiten musste, waren wir oft bei ihnen zu Gast. Ich fand es schön, mit meinen Cousinen und Cousins so viele Spielgefährten zu haben. Mames Familie, alle Tanten und Onkel, war immer für uns da und wir wuchsen dank ihrer Unterstützung wohlumsorgt und -behütet auf.

Im Gegensatz zu meinen Brüdern war ich als Kind oft krank. Das Ekzem bereitete mir grosse Beschwerden. Während meiner Schulzeit erlebte ich drei gesundheitsbedingte Aufenthalte: einmal in der Dermatologischen Klinik in Zürich, später im Kurbad Schinznach (AG) und einen längeren Aufenthalt bei einer Gastfamilie in den Bündner Bergen in Trun (GR). All das brachte aber langfristig keine Besserung. Mame wusch mich oft mit Essigwasser ab, um den Juckreiz zu lindern. Tatsächlich wurde ich erst mit rund fünfzig Jahren beschwerdefrei.

Meine Brüder besuchten die Sekundar- und Klosterschule in Näfels (GL); ich ging acht Jahre in die Primarschule in Benken, war dann zwei Jahre Volontärin im Kloster Baldegg (LU) und absolvierte einige Fortbildungen. Mit siebzehn begann ich im Spital Uznach als Schwesternhilfe zu arbeiten. Zwei Jahre später besuchte ich in Zürich die Arztgehilfinnenschule. Während der langen Sommerferien arbeitete ich im Spital Uznach als Ferienablösung. Ausser im Praktikum, während der Ausbildung in Zürich, arbeitete ich nie als Arztgehilfin. Es zog mich wieder zurück ins Spital Uznach, wo ich bis zur Heirat auf der Kinderabteilung tätig war. Mit fünfzig machte ich eine Zweitausbildung in der Langzeitpflege und arbeitete noch fünfzehn Jahre bis zu meiner Pensionierung in der Altenpflege.

Meine beiden Brüder waren sportlich und engagiert. Nach der Jugendriege gingen sie in die Jungwacht. Sie waren sehr aktiv dabei als Gruppenleiter und Stefan später als Scharleiter. Jedes Jahr gab es ein zweiwöchiges Sommerlager und da war ich als Köchin gefragt. So sorgte ich vier Sommerlager lang zusammen mit einer Bekannten für das leibliche Wohl der hungrigen Schar.

Stefan erlernte den Beruf des Typografen in Zürich. Dann besuchte er neben der Arbeit die Abendschule, die er mit der Matura abschloss. Er studierte Kunstgeschichte und schloss mit dem Doktorat ab. Nach dem Studium unterrichtete er an verschiedenen Schulen in Zürich, Chur und an der Bildhauerschule in Peccia (TI). Viele Jahre war er für zwei Umweltorganisationen als Geschäftsleiter tätig.

Bruno wählte die Ausbildung zum Dekorateur und arbeitete mehrere Jahre in grossen Kaufhäusern. Zwei Jahre arbeitete er auch im Swiss Center in London. Später liess er sich an der Schule für Gestaltung in St. Gallen zum visuellen Gestalter ausbilden und machte sich 1988 mit einer Werkstatt für Gestaltung selbständig. Er arbeitete und lebt seither im Elternhaus unserer Mutter in Benken.

1969 heiratete Bruno als Erster von uns und wurde Vater von Juri. Noch im selben Jahr feierte ich mit Christian Hochzeit. Ich kannte ihn schon seit unserer Schulzeit und an einem Dorffest war der Funke gesprungen. Wir lebten erst in Benken, zogen dann vor der Geburt unserer Tochter Vera nach Rapperswil (SG). Stefan heiratete einige Jahre später und lebte mit seiner Frau Karin und seiner Tochter Kasia einige Zeit in Effretikon (ZH), dann während sechzehn Jahren in Glarus und später in Wangen (SZ).

2001 verstarb, mit nur 55 Jahren, mein Mann Christian. Und nur sechzehn Monate später, am 2. April 2003, mussten wir von Mame Abschied nehmen. Sie wurde 86 Jahre alt. Von diesen beiden Schicksalsschlägen habe ich mich nur langsam erholt. Denn nach dem Tod meines Mannes war Mame meine Trösterin und eine gute Zuhörerin gewesen. Sie war eine gütige und tolerante Mutter und wunderbare Grossmutter.

Einen Monat vor meinem fünfzigsten Geburtstag flog ich mit meinem Bruder Bruno zum ersten Mal nach Australien. Wir besuchten die Freunde unserer Eltern, die Majewskis in Tasmanien und die Nedzas in Sale.

Und nun standen wir an Dädis Grab, welches dank der Familie Nedza bis heute erhalten ist. Wir standen an der Kreuzung, an der er verunglückt war. Wir standen vor dem fertig gebauten Haus, das Dädi zu bauen begonnen und in das er viele Stunden Arbeit investiert hatte. Wir standen an der Stelle, wo das ehemalige Camp war und wo nur noch der Wasserturm steht und eine Gedenktafel, die auf die Immigranten hinweist. Jetzt hatte alles ein Gesicht erhalten. Ich erfasste plötzlich das ganze Ausmass unserer Tragödie und ich begriff, was Mame alles hatte erleiden müssen.

Meine Sehnsucht nach Australien lebt weiter und lässt mich immer wieder dorthin reisen. Unsere ganze Familie durfte immer die Gastfreundschaft meiner Schweizer Freundin Rösli Martin, welche seit 1970 am Rand von Melbourne lebt, geniessen. Ohne ihre Unterstützung hätte ich dieses Land nicht bereisen können. Im Oktober 2017 besuchte ich zum siebten Mal Australien – diesmal mit beiden Brüdern.

In Vaters Heimat zog Grossvater Bonawentura 1947 mit der Familie seines Sohnes Stefan nach Modlnica, einem Ort nordwestlich von Kraków (dt. Krakau). Auch dort betrieben sie eine Mühle. Später heiratete er nochmals und unser Vater erhielt fünf Halbgeschwister. Sein Bruder Stefan zog mit seiner Frau Krystyna und den drei Kindern Zofia, Zbigniew und Janusz zurück nach Ostrowiec. Onkel Stefan fand dort Arbeit in der Stahlhütte.

Wir drei Geschwister besuchten zusammen mit unseren Familien auch unsere polnischen Verwandten in Szewna und Ostrowiec. Dort leben noch Cousinen von Dädi mit ihren Kindern. In der Nähe von Kraków leben Dädis Halbbruder und Halbschwester. Bei unserem ersten Besuch in Polen, bei Vaters Cousine Halina, zeigte uns diese Fotos aus unserer Kindheit. Unser Vater hatte die Bilder voller Stolz in seine alte Heimat gesandt. In den letzten Jahren waren wir mehrmals in Polen bei unseren Verwandten zu Besuch. Wir pflegen diese Kontakte bis heute.

Mit etwa fünfzig Jahren erwachte das Bedürfnis, mich mit meiner besonderen Vergangenheit zu beschäftigen. Ein Teil von mir ist polnisch, mein Dädi stammt aus diesem Land, für das ich mich zu interessieren begann. Ich arbeitete etliche Jahre im Polenmuseum an der Kasse, um mehr über Polen und die Internierungszeit Dädis zu erfahren. Denn Mame sprach nie besonders viel über diese Zeit und auch nicht über die Zeit in Australien. Dennoch pflegte sie lange Jahre den Kontakt mit ihren Freunden Nedza und Majewski. Als Mame älter wurde, führte ich den Briefwechsel weiter; er besteht heute noch mit den Kindern der Nedzas.

2011 hatte ich zusammen mit Silvia Bopp-Czernecki die Idee, einen Anlass unter dem Titel «Nachkommen internierter Polen treffen sich» zu organisieren. Dank der Mithilfe meiner Brüder und Anna Piotrowska, die uns Adressen von ehemaligen Internierten und deren Angehörigen zur Verfügung stellte, fand am 6. November 2011 die erste Zusammenkunft im Polenmuseum im Schloss Rapperswil statt. Es war eine logistische Herausforderung, denn es kamen rund 150 Nachkommen. Mit dabei waren auch drei ehemalige Internierte: Mietek Przewrocki, Jan Zbigniew Bem und sogar Włodzimierz Cieszkowski aus Warschau. Für uns war das eine grosse Ehre. Und sogar das Schweizer Fernsehen sendete einen Beitrag über unser Treffen. Von allen Seiten bekamen wir zu hören, dass man schon lange auf so etwas gewartet habe. Deshalb bildeten wir kurz darauf eine dreizehnköpfige Arbeitsgruppe, die weitere Treffen vorbereiten sollte. Die zweite grosse Zusammenkunft fand ein Jahr später, am 17. November 2012, wiederum im Schloss Rapperswil statt, aber diesmal im grossen Rittersaal. Neben ehemaligen Internierten und vielen Nachkommen gaben uns diesmal auch Vertreter der polnischen Botschaft, ein polnischer Minister und sogar der damalige Schweizer Verteidigungsminister, Bundesrat Ueli Maurer, die Ehre. Es war wiederum ein Riesenerfolg. Nach diesem Treffen entschieden wir uns, einen Verein zu gründen, der die Geschichte der Internierung von Polen in der Schweiz während des Zweiten Weltkriegs in Erinnerung halten und den Zusammenhalt der Nachkommen der polnischen Internierten fördern soll.

Zum 75. Jahrestag des Grenzübertritts der 2. polnischen Schützendivision organisierten wir am 20. Juni 2015 eine Gedenkveranstaltung in Saignelégier (JU) mit über 300 Gästen aus Politik, Militär und wieder mit Bundesrat Ueli Maurer. Zur Erinnerung an unsere Väter marschierten wir von Frankreich her über die Doubs-Brücke nach Goumois in der Schweiz. Gemeinsam mit unseren Gästen und Behördenvertretern weihten wir am Zollhaus von Goumois, im Beisein eines Geistlichen, begleitet von je einer schweizerischen und einer polnischen Militärmusik, eine Gedenktafel ein. Diese war von Romuald Polachowski, dem Sohn eines Internierten, gestaltet worden. Auch im französischen Damprichard wurde auf dem Friedhof mit einer militärischen Zeremonie der verstorbenen Soldaten gedacht.

Heute besteht unser Verein aus rund neunzig Mitgliedern. Er wird von acht Vorstandsmitgliedern geleitet, präsidiert von meinem Bruder Stefan. Wir organisieren für unsere Mitglieder jedes Jahr verschiedene Aktivitäten und Gedenkanlässe und sind bemüht, den Zusammenhalt auch zwischen den Generationen, bis hin zu unseren Grosskindern, zu fördern. Unsere gemeinsame Vergangenheit und Herkunft verbindet uns Mitglieder sehr herzlich untereinander, wir fühlen uns wie eine grosse Familie.

Mittlerweile sind meine Brüder und ich pensioniert. Wir arbeiten aber teilweise noch in unseren Berufen, reisen gerne und führen ein erfülltes Leben mit Familie und Freunden. Rapperswil bin ich treu geblieben, ich lebe seit 1970 hier.

Viele sind von uns gegangen. Zuletzt Stefans Frau Karin, mein Schwägerin und enge Freundin. Meine geliebte Gotte Julie starb 2017 im Alter von 93 Jahren. Sie war eine Frau, zu der ich bis zum Schluss eine besonders innige Beziehung pflegte. Von Mutters Geschwistern lebt heute nur noch Onkel Beni, fast hundertjährig, in Benken.

Ich danke meiner Tochter Vera herzlich für ihre Unterstützung beim Verfassen unserer Familiengeschichte.

Myrta Aeschlimann-Paradowski

Die dreiundsiebzigjährige Myrta ist gelernte Altenpflegerin und engagiert sich seit sechs Jahren regelmässig als freiwillige Helferin einer Tagesstätte. Sie geniesst ihren Ruhestand und hält sich fit mit Touren auf ihrem E-Bike und wöchentlichem Aquafit. Zudem ist sie mit Freunden zusammen in einer Wandergruppe und hat sich zum Wandervogel gemausert. Die Witwe und Mutter einer erwachsenen Tochter liebt es auch, kulturelle Anlässe zu besuchen. Sie lebt heute zusammen mit ihren beiden Katzen in Rapperswil. Ihr Bruder Bruno meint, dass Myrta die einzig «normale» unter den drei Ge-

Myrta Aeschlimann-Paradowski (2019).

schwistern ist, weil sie «bloss» Schweizerin sei. Sie hingegen wäre früher einmal gerne nach Australien ausgewandert, denn zu diesem Land fühlt sie sich hingezogen, fast ein wenig zu Hause. In Polen jedoch erkennt sie ihre Wurzeln und pflegt noch immer die Kontakte zum polnischen Teil der Familie. Schon vor ihrer Pensionierung engagierte sie sich lange Jahre für das Polenmuseum in Rapperswil und zusammen mit ihrem Bruder Stefan ist sie im Vorstand der Interessengemeinschaft der Nachkommen internierter Polen in der Schweiz. Ihre Familiengeschichte widmet Myrta zwei starken Schweizerinnen: ihrer Mutter, aber auch Tante Julie. Denn ohne die tatkräftige Unterstützung von lieben Menschen wären wohl viele polnisch-schweizerische Familiengeschichten nicht zu einem guten Ende gekommen.

Schicksalswege

Franciszek Pasek und Yvonne Kohler

Franciszek Pasek kommt am 23. September 1911 in Maksymów, einem Dörfchen bei Radomsko in der Woiwodschaft Łódź, als eines von neun Kindern zur Welt. Seine Eltern Wincenty und Otylia, geb. Delczyk, entstammen dem polnischen Kleinadel und bewirtschaften ein kleines Gut, welches auf eine Geschichte bis ins Mittelalter zurückblicken darf. Allerdings ist das dazugehörige Land in den letzten Jahrzehnten stark zusammengeschrumpft und vermag die Grossfamilie kaum noch zu ernähren. 1938 stirbt sein Vater Wincenty; seine Mutter Otylia verlässt das Gut und zieht ins Nachbardorf Wielgomłyny. Noch im selben Jahr emigriert der siebenundzwanzigjährige Franciszek zusammen mit seiner um fünf Jahre jüngeren Freundin Eleonora Szczepańczyk aus dem nahen Kozie Pole nach Frankreich. Denn zwischen den beiden Weltkriegen ist die bäuerliche Population Polens so gross geworden, dass es fast unmöglich geworden ist, jeden zu ernähren. Und so hat ein wahrer Exodus in Richtung Westeuropa eingesetzt.

Das junge Paar reist nach Frankreich, nach Jessains im Departement Aube. Hier lebt bereits Franziszeks Schwester, Stanisława Żurkowska. Er lässt sich bei verschiedenen Bauern anstellen und arbeitet gleichzeitig noch als Bäcker. Am 15. Oktober 1938 heiraten Franciszek und Eleonora und ziehen anschliessend nach Engenville im Departement Loiret.

Im Spätherbst 1939, einen Monat nach dem Überfall Deutschlands auf Polen, erlässt der polnische Botschafter in Frankreich ein Dekret für seine Landsleute. Demnach haben alle polnischen Männer zwischen siebzehn und fünfundvierzig Jahren vor einem Ausschuss zu erscheinen, der ihre Eignung für den Militärdienst in der polnischen Exilarmee zu prüfen hat. Am 12. März 1940 präsentiert sich Franciszek in Parthenay und wird umgehend eingezogen. Er absolviert die militärische Grundausbildung als Artillerist und wird in das 2. leichte Artillerieregiment unter Oberstleutnant Kus eingeteilt, welches bei Thénezay nordwestlich von Poitiers stationiert ist.

Nach dem Ausbruch der deutschen Offensive gegen Holland und Belgien wird das Regiment Ende Mai mit der Eisenbahn nach Colombey-les-Belles südwestlich von Nancy und nur kurz darauf in die Region von Belfort verlegt. Am 16. Mai beginnt ein kräftezehrender Marsch in Richtung Pontarlier über das Plateau de Maîche. Harte Kämpfe mit den deutschen Verbänden fordern viele Tote und Verletzte. In St-Hippolyte, einem strategisch wichtigen Doubs-Übergang, kommt es am 19. Juni zu heftigem Artilleriebeschuss, bei welchem Franciszek durch Granatsplitter an den Beinen

Noch im März 1940 entsteht in Frankreich das Bild des feschen Franciszek in Uniform.

verletzt wird. Vermutlich überquert er in der Nacht vom 19. Juni 1940 die Grenze bei Chauffour in einem Sanitätsfahrzeug. Nun beginnt die lange Zeit der Internierung, welche fast fünf Jahre andauert.

Franciszek kommt in verschiedene Lager, beispielsweise nach Yens, Büren an der Aare, Lordel, Cudrefin, St-Blaise und Biberen. Seiner Interniertenkarte ist zu entnehmen, dass er einmal im Interniertenspital Oberbüren (BE) ist. Die Militärgefängnisse von Aarberg und Pruntrut lernt er auch kennen – wegen verschiedener kleinerer Delikte, die uns heute etwas schmunzeln lassen: unerlaubte Nutzung eines Telefons und eines Militärpostumschlages, unerlaubte Entfernung von der Arbeit, unerlaubte Reise mit der Eisenbahn und verspätete Rückkehr ins Lager – militärische Disziplin und Gehorsam sind oberstes Gebot und damit lässt sich nicht spassen.

Dank seiner guten Sprachkenntnisse, er spricht neben Französisch noch fünf weitere Sprachen, wird Franciszek im Verlauf des Jahres 1943 im Lagerbüro von Cudrefin (VD) eingesetzt. Er ist nicht nur sprachbegabt, sondern auch ein erfahrener Geigenspieler und seine Violine begleitet ihn während der ganzen Internierungszeit. In Cudrefin macht er Bekanntschaft mit der Familie Thiébaud aus Fleurier, die hier ein Ferienhaus gemietet hat. Der dreizehnjährige Sohn Michel ist beeindruckt von dem stattlichen Soldaten und bewundert ihn, eine herzliche Freundschaft entsteht.

Die langen Jahre der Trennung überschatten Franciszeks Ehe. Seine Frau Eleonora ist es überdrüssig, auf ihn zu warten, und sie zieht ganz offiziell von Engenville ins nahe Vrigny-aux-Bois, zusammen mit Maurice Torrès, einem Spanier. Der dreiunddreissigjährige Franciszek indessen erhält die Bewilligung, seine polnische Cousine Stanisława Leuenberg-Fligiel zu besuchen. Sie lebt mit ihrem Mann, dem Schweizer Georges-Arnold Leuenberg, und ihren sechs Söhnen in Eschert, einem kleinen Dorf nahe Moutier im Berner Jura. Vermutlich lernt Franciszek am Neujahrsball 1945 in Moutier Yvonne Kohler kennen. Er verliert sein Herz an die sehr junge Frau und nur wenige Monate später wird sie schwanger.

Die Eltern des Mädchens reagieren schlecht und abweisend auf den polnischen Soldaten, schliesslich sind Beziehungen zu Internierten verboten. Franciszek hat ein schlechtes Gewissen, nicht nur wegen der unrechtmässigen Situation; es quälen ihn auch Bedenken wegen der unsicheren zukünftigen Situation, in die er die junge Geliebte gebracht hat. Sein Sohn Pierre-Alain erblickt am 27. Dezember 1945 das Licht der Welt.

Mit dem Kriegsende nimmt auch Franciszek Paseks Internierungszeit ein Ende. In Genf muss er am 4. Mai 1945 die Schweiz verlassen und kommt nach Grenoble, wo er am 7. Mai 1945 offiziell demobilisiert wird. Er erhält 3584 alte französische Francs als Kriegsentschädigung und den Befehl, sich einerseits in den Militärkasernen in Paris abzumelden, andrerseits in Troyes im Departement Aube bei der Abteilung für «Aufnahme und Unterkunft für Kriegsgefangene» zu melden, um seine Militäreffekten, «eine komplette Uniform, Hemd, Unterwäsche und Socken», abzugeben.

Franciszek kehrt nach Engenville, seinem Wohnort vor dem Krieg, zurück. Unterstützt vom Bürgermeister von Vrigny-aux-Bois sucht er seine Ehefrau Eleonora in La Croix Allard auf, um sich mit ihr zu versöhnen. Vergeblich – sie will das gemeinsame Leben nicht wieder aufnehmen und fordert ihn auf, zu seiner Schwester nach Jessains zu ziehen. Am 12. Juli 1946 werden die beiden geschieden. In der Zwischenzeit, im Juni 1945, hat Franciszek eine Arbeit in einer Werkstatt in Joncheray bei Delle nahe der Schweizer Grenze gefunden. Das erlaubt ihm, öfters nach Moutier zu reisen und seinen Sohn und dessen Mutter zu besuchen. Aber die Familie Kohler weist ihn immer wieder ab und so verlässt er, völlig entmutigt, nach einem Jahr Delle in Richtung Jessains, um am 8. März 1947 Frankreich definitiv zu verlassen und nach Polen zurückzukehren.

Gerade eben ist der Kalte Krieg ausgebrochen und Franciszek muss erst einmal beweisen, dass er kein Agent der Westmächte ist. Nach ausführlichen Befragungen erhält er einen Ausweis der Kommunistischen Partei. Ohne einen solchen Ausweis hätte er keine Chance im neuen Polen. Man schickt ihn als Feldhüter nach Świerzawa in Niederschlesien, der von der deutschen Bevölkerung verlassenen Provinz im Südosten Polens. Er macht Karriere und wird später Vizedirektor des örtlichen Spitals. Sein Leben entwickelt sich glücklich weiter: Er verliebt sich in eine Bäckereiverkäuferin und heiratet die liebenswürdige Jadwiga. Sie beziehen ein Haus an der Mickiewicza 24. Der glücklichen Verbindung entspringen zwischen 1948 und 1955 fünf Kinder: Witold, Janusz, Wanda, Julian und Eugeniusz. 1973 kommt die Nachzüglerin Jolanta zur Welt.

Einige Jahre später bekommt Franciszek ernsthafte Probleme mit den Spitzen der Kommunistischen Partei, weil er einige mafiöse Praktiken aufgedeckt und angeprangert hat. Er zerreisst ganz offiziell seinen Parteiausweis, verliert deshalb alle seine offiziellen Funktionen und muss sich eine neue Arbeitsstelle suchen. Diese findet er in Złotoryja, in einer grossen Lederwaren- und Schuhfabrik, in der bereits sein Sohn Eugeniusz als Ingenieur arbeitet. 1966, im Alter von fünfundfünfzig, wird er schliesslich Schlossermeister.

Franciszek ist sechsundsechzig, als er an Krebs erkrankt. Nach langem und schwerem Leiden stirbt er am 4. Dezember 1977 im Kreise seiner Familie. Die letzten Jahre haben ihn die Erinnerungen an seine Aufenthalte in Frankreich und der Schweiz geplagt; ganz besonders aber die Gedanken an sein Kind, das er nie mehr wiedergesehen hat. Auf seinem Sterbebett, als er merkt, dass es zu Ende geht, gibt er sein wohlgehütetes Geheimnis seinem Sohn Eugeniusz preis und bittet ihn, seinen Sohn Pierre-Alain zu suchen.

Yvonne kommt, nach Georges, Robert und Germaine, am 17. Juli 1926 als viertes und jüngstes Kind der Familie von Félix und Olivia Kohler zur Welt. Die katholische Familie lebt in Moutier im Berner Jura.

Für einfache Leute ist das Leben zu der Zeit auch in der Schweiz sehr hart. Die Familie lebt äusserst bescheiden, denn der Vater, ein einfacher Arbeiter, ist oft ohne Anstellung und spricht etwas gar häufig dem Alkohol zu. Die junge und intelligente Yvonne schliesst die Schule ausnahmslos mit Bestnoten ab. Die geschickte Arbeiterin findet leicht eine Anstellung in der im Jura ansässigen Uhrenindustrie und verdient bald einmal genügend Geld, um auch den elterlichen Haushalt unterstützen zu können.

1940 trifft ein schwerer Schicksalsschlag die Familie. Ihre Schwester Germaine, noch nicht lange verheiratet, stirbt kurz nach der Geburt eines Sohnes. So wächst der kleine Raymond bei seinen Grosseltern im Kreise seiner Onkel und Tanten auf.

1943 ist die ganze Schweiz mobilisiert: die Männer im Aktivdienst und die Zivilbevölkerung in der Anbauschlacht gemäss dem Plan Wahlen. Die Frauenorganisationen kümmern sich um die aus Frankreich in die Schweiz gelangten Flüchtlinge und Internierten. Die polnischen Soldaten sind bei der weiblichen Bevölkerung gerne gesehen, nicht zuletzt wegen ihres zuvorkommenden Wesens und der exzellenten Manieren wie Verbeugung

Yvonne Kohler ist gerade mal etwas mehr als achtzehn Jahre alt, als sie sich in den dreiunddreissigjährigen polnischen Soldaten Franciszek verliebt.

und Handkuss. Vorteile, die der örtlichen Dorfjugend meist abgehen. Zum Jahresende hin findet in Moutier ein Ball statt und die hübsche Yvonne Kohler verliert trotz ihrer Jugend ihr Herz an den schönen polnischen Soldaten Franciszek Pasek.

Die minderjährige Yvonne wird bald einmal schwanger und sieht damit ihre Zukunftspläne durchkreuzt. Ihre Familie will nichts von diesem ausländischen Soldaten wissen. Ein verheirateter, in Frankreich lebender, fünfzehn Jahre älterer Mann – ein unhaltbarer Zustand! Neben der «illegalen Situation» der Verbindung eines Internierten mit einer Schweizerin kommt noch hinzu, dass die Schweizerin ihr Bürgerrecht verlieren wird, sobald sie einen Ausländer heiratet.

Yvonnes Eltern, die gerade eben schon den Verlust einer Tochter zu beklagen haben, wollen gar nichts von einer Heirat wissen und weisen den Vater des Kindes heftig ab. Yvonne kommt mit Pierre-Alain nieder, einem illegitimen Kind ohne Vater; so besagt es der Eintrag des Standesamts. Zu der Zeit ist das eine Schande für die ganze Familie und man ist bemüht, die ganze Affäre unter den Teppich zu kehren.

1949 heiratet Yvonne Marcel Walther, einen Mann mit einem grossen Herzen, der bei den Schweizerischen Bundesbahnen arbeitet. Die beiden haben drei Kinder: Béatrice (1949), Marcel junior (1950), Nicole (1952). Pierre-Alain bleibt zusammen mit seinem Cousin Raymond bei seinen

Grosseltern. Yvonne ist glücklich an der Seite von Marcel, sie erhält ebenfalls eine Anstellung bei den SBB. Als Stationsleiterin ist sie verantwortlich für die kleine Bahnstation Pontenet. Später übernimmt sie die Station La Heutte und schlussendlich Cormoret. Leider verstirbt ihr Ehemann 1987 mit nur sechzig Jahren. Sie selber wird 85 und lebt bis zu ihrem Tod am 5. Februar 2011 in Saint-Imier.

Nie wieder hat sie etwas von Franciszek gehört und will auch bis zum Schluss nie wieder über ihn sprechen. Einige Monate vor ihrem Tod allerdings, geruht sie, etwas schuldbewusst und der Not des nahen Todes gehorchend, dem Sohn einige Auskünfte zu geben. Allerdings, so behauptet sie, habe sie alles vergessen.

Meine Namensgebung führte zu einigem Hin und Her. Mein Erzeuger wünschte Alexander; aber da der 27. Dezember Johannes' Namenstag ist, fügte man meinem üblichen Doppelnamen auch noch den Namen Jean an.

Erinnerungen an die Besuche meines Vaters habe ich keine. Er verliess die Schweiz noch vor meinem zweiten Geburtstag. So wuchs ich in Moutier bei meinen Grosseltern auf. An meiner Seite der fünf Jahre ältere Cousin Raymond, der mir wie ein Bruder war. Gleichwohl beteiligte sich auch meine Mutter an meiner Erziehung. Bald schon begriff ich, was der Fluch «Dieser unflätige Polenkopf!» bedeutete, wenn es mal wieder Streit gab. Dessen ungeachtet litt ich nie unter der Situation. Auch Marcel, der Ehemann meiner Mutter, den ich «Papa» nennen durfte und der mich gerne adoptiert hätte, war sehr gut zu mir und deshalb verbrachte ich mit meinen Eltern, Brüdern und Schwestern immer gute Zeiten. Meine Grosseltern bestanden jedoch darauf, dass ich bei ihnen blieb.

Ich war fünfundfünfzig, als ich mich für meine Wurzeln zu interessieren begann. Es war schwierig, denn meine Mutter wies vehement jegliche Anfragen ab und wollte nicht über das Thema sprechen.

Menschen, die mir Auskunft hätten geben können, gab es keine mehr in meinem Umfeld, keiner war mehr da. Nach einem ernsten Gespräch mit meiner jüngeren Halbschwester Nicole verriet mir Mutter ohne weitere Angaben den Namen meines Vater. Allerdings gab sie mir nicht an, wie der Name korrekt geschrieben wurde. Trotzdem machte ich mich an die Recherchen. Ich war fest entschlossen, der alten Dame nicht mehr lästig zu fallen. Sie jedoch war neugierig und wollte wissen, ob ich Fortschritte machte. Heute bringt mich besonders eine Warnung immer wieder zum Schmunzeln: «Du wirst schon sehen, was du dir für Ärger eingehandelt hast, wenn plötzlich ein Autobus voller Polen vor deinem Haus halten wird!»

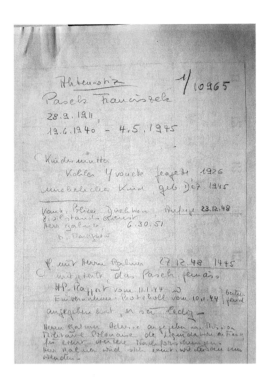

Eine vertrauliche Notiz der Kantonspolizei über den Vater des illegitimen Kindes.

Nach Recherchen beim Roten Kreuz und beim Bundesarchiv hatte ich einige aussagekräftige Informationen beisammen. Unter anderem war auch ein vertraulicher Informationsaustausch zwischen der Berner Kantonspolizei und dem Zivilstandsbeamten von Moutier zu finden. Er erläuterte den Umstand, dass der polnische Internierte Franciszek Pasek der Vater des illegitimen Kindes von Yvonne Kohler sei.

Nun war mir klar, dass ich weitermachen konnte. Ich erinnerte mich daran, dass Jacek Sygnarski, der Präsident der Stiftung Archivum Helveto-Polonicum in Freiburg, an der Sechzig-Jahr-Feier zum Grenzübertritt der Polen in Saignelégier teilgenommen hatte. Dieser konnte mir bestätigen, dass ihm ein sechzig Seiten umfassendes Dossier über meinen Vater vorlag. Dieses sei von einem Michel Thiébaud aus La Chaux-de-Fonds erstellt worden. Er empfahl mir, mit Thiébaud Kontakt aufzunehmen. Das tat ich unverzüglich, musste aber erfahren, dass dieser bereits verstorben war. Wegen des Datenschutzes erhielt ich nirgends weitere Informationen zu seiner Person. Irgendwann jedoch stiess ich auf die Adressen der beiden Kinder Thiébauds. Auf meine Kontaktaufnahme reagierten sie prompt und sehr zuvorkommend. Ich erhielt umgehend einige Dokumente, die für die weiteren Nachforschungen hilfreich waren. Darunter befand sich auch die Korrespondenz mit der Familie meines Vaters in Polen. Irgendwo unter den Zei-

Endlich vereint: Am 20. Juni 2015 kann Pierre-Alain zusammen mit seinen Halbgeschwistern in Damprichard (F) den 75. Jahrestag des Grenzübertritts der internierten Polen begehen. Wanda, Pierre-Alain, Janusz und Julian (vorne von links);
Witold, Eugeniusz und Jolanta (hinten von links).

len fand ich eine rasch hingekritzelte Nummer eines Mobiltelefons. Und so
sandte ich eine SMS an diese Nummer und nannte meine E-Mail-Adresse.

Am 1. Mai 2010 erreichte mich eine E-Mail. Sie kam von meinem Halbbruder Eugeniusz Pasek. Unverzüglich begannen wir, einander Fragen zu
stellen und zu beantworten – der Kontakt hielt an. Wir tauschten Fotos aus
und ich erschrak, als ich die Fotos meiner Halbschwestern und -brüder be-
trachtete. Janusz könnte mein Zwillingsbruder sein, so sehr gleichen wir
uns. Kein Zweifel, wir haben denselben Vater. Im Sommer des darauffolgenden Jahres brach ich in Begleitung meiner Frau zu meiner ersten Reise
nach Polen auf. Wir lernten die ganze Familie Pasek kennen, auch Vaters
84-jährige Frau Jadwiga. Sie nahm mich auf wie ihr siebtes Kind. Ich war
angekommen!

In den darauffolgenden Jahren verbrachten wir immer wieder unsere
Ferien in Polen. Wir bereisten das Land und besuchten die Ostseestrände
und immer wieder verbrachten wir Zeit mit unserer polnischen Familie.
Und natürlich besuchten sie uns in der Schweiz. Sie kamen übrigens nicht
im Autobus ...

Sie begleiteten uns anlässlich der grossartigen Gedenkfeier zum
75. Jahrestag des Grenzübertritts der 2. polnischen Schützendivision. Die
Feiern in Damprichard in Frankreich, in Goumois und Saignelégier genossen wir zusammen im Gedenken an unseren gemeinsamen Vater.

Eugeniusz hatte dreiundzwanzig Jahre lang nach seinem Halbbruder gesucht, den der Krieg hatte verschwinden lassen. Er sieht sich noch heute als Verwahrer des geistigen Nachlasses seines Vaters, dessen Lebensbeichte und Wunsch auf dem Sterbebett ihm so lange keine Ruhe gelassen hatten. Seine Bemühungen wurden lange durch den Kalten Krieg und das kommunistische Regime verhindert und verunmöglicht. Dank Michel Thiébaud gewann er wieder Hoffnung, die jedoch nicht erfüllt wurde. Umso grösser war die Überraschung und Freude, als ich mit meinem Halbbruder Kontakt aufnahm.

Franciszeks Kinder sind alle verheiratet und haben, ausser Jolanta, Kinder. Witold lebt in Poznań, Julian in Lublin, Janusz und Eugeniusz in Złotoryja und Jolanta hat sich in London niedergelassen. Wanda hingegen blieb in Świerzawa, sie pflegt ihre nun über neunzigjährige Mutter Jadwiga und kümmert sich um ihr Elternhaus. Die ganze Familie pflegt schöne Erinnerungen an einen liebevollen und aufmerksamen Vater.

Es ist unmöglich, diese Geschichte zu beenden, ohne einen Mann zu würdigen, dank dessen die Familie Pasek zueinander gefunden hat. Seine Bemühungen während seiner letzten Lebensjahre, den polnischen Soldaten Franciszek Pasek und dessen Schweizer Sohn zu finden, waren schlussendlich ausschlaggebend für das Zusammenfinden.

Michel Thiébaud kam 1930 in Fleurier im Val-de-Travers, wo sein Vater Posthalter war, zur Welt. Nach dem Tod seiner beiden Brüder blieb er der einzige Sohn zusammen mit drei Schwestern. 1943, während der Sommerferien, schloss er Freundschaft mit unserem Vater.

Michel wurde Ingenieur und heiratete 1955 die Französin Arlette, von der er 1990 geschieden wurde. Die beiden hatten zwei Kinder, Claude und Jean-François. Nach einer gut verlaufenen Krebserkrankung 1987 erlebte er 1998 einen schweren Rückfall. Am 18. August 2006 verlor Michel den Kampf gegen die heimtückische Krankheit.

Mit dem Vermerk «repatriiert – Rotes Kreuz» kam nach dem Krieg sein letzter Brief an Franciszek Pasek ungeöffnet zurück. Aber Michel vergass den polnischen Soldaten nie. Als Herzensaufgabe und Pflicht bezeichnete er den Wunsch, Franciszek wiederzufinden. Die Jahre vergingen, bis zur Gedenkfeier zum sechzigsten Jahrestag des Grenzübertritts der Internierten. Der Wunsch erwachte neu. In Saignelégier half Michel mit, sprach mit vielen Persönlichkeiten, sammelte Kontakte und schüttelte viele Hände – auch die von Pierre-Alain. Aber ohne zu wissen, wen er da vor sich hatte. Beide waren ahnungslos, dass da noch ein anderer auf der Suche war. Sie trafen sich nie wieder. Das Schicksal kann manchmal richtig fies sein: Pierre-Alain fuhr mit der Bahn viele Male unter den Fenstern von Michels Wohnung in La Chaux-de-Fonds durch.

Michels Suche detailliert zu beschreiben ist unmöglich. Er verfasste unzählige Schreiben. So an viele Behörden in der Schweiz, in Frankreich und Deutschland, an das Rote Kreuz, den Schweizer Generalstab, das französische Verteidigungsministerium, an Botschaften, Gemeinden und viele andere Instanzen. Er registrierte minutiös unzählige Schreiben, Antworten, Pläne, Krokis, Beschreibungen, Geschichten und historische Dokumente. Er wandte sich an alle möglichen Orte, wo sich Soldat Pasek unter Umständen aufgehalten hatte. Und er dokumentierte soweit möglich alles mit Fotografien. Nachdem er die Kinder Franciszeks gefunden hatte, setzte er die Suche fort, diesmal nach dem Schweizer Sohn. Während dreier Jahre informierte er Eugeniusz fast monatlich schriftlich über seine Fortschritte und Rückschläge. Schliesslich füllte allein die Liste der Dokumente einen ganzen Bundesordner. Die intensiven Nachforschungen nach dem illegitimen Schweizer Sohn führten auf manche falsche Fährte. Nur einmal, als seine Recherchen ihn nach Moutier führten, schien er der Lösung des Rätsels sehr nahe gekommen zu sein, aber es sollte nicht sein. Der fleissige Ingenieur Thiébaud kämpfte immer weiter. Präzise und von Hand bewies er seine aussergewöhnliche Intelligenz auch mit einer fehlerlosen Niederschrift seiner philosophischen, ausserordentlich klaren Gedanken.

Gezeichnet von seiner heimtückischen Krankheit, musste er notgedrungen die Suche einstellen. So schrieb er Eugeniusz Pasek in seinem letzten Brief, dass er nur noch auf die Vorsehung vertraue, dass doch einmal Licht in diese dunkle Angelegenheit gelange. Sein Wunsch erfüllte sich im Jahr 2011.

Wir verdanken den Zweiten Weltkrieg einem schizophrenen, grössenwahnsinnigen Narzissten. Dieser Krieg forderte Millionen von Toten und Verletzten. Es kam zu grösstem Leid, nicht tolerierbaren Demütigungen und beispiellosen Zerstörungen. Ganze Völkergruppen wurden vertrieben, Menschen verschwanden, andere äusserst schmerzhaft getrennt. Mein Bericht mit einem glücklichen Ausgang gleicht einem Tropfen im Ozean der Geschichte.

Pierre-Alain Kohler
Übersetzung Marie-Isabelle Bill

Der Fünfundsiebzigjährige lebt heute mit seiner Frau Jacqueline in einem schmucken Haus in Tramelan. Seine Töchter Valérie und Sophie haben ihn zum vierfachen Grossvater gemacht. Sie sind beide mit einem Immigranten verheiratet, die eine mit einem Chilenen, die andere mit einem Kubaner.

Pierre-Alain Kohler (2019).

Vierundvierzig Jahre, von der Lehre 1961 bis zur Pensionierung, arbeitete Pierre-Alain bei den Chemins de fer du Jura. Seine Karriere führte ihn durch alle Stufen und Funktionen des Unternehmens bis hin zur Betriebsleitung. 2005 trat er wegen eines Herzleidens in den vorzeitigen Ruhestand.

Pierre-Alain ist sozial sehr engagiert und war zweiundzwanzig Jahre lang Mitglied des Stadtrats von Tramelan. Er ist leidenschaftlicher Schachspieler, liebt seinen Garten und bastelt gerne an Elektroapparaten. Seine Frau ist sehr glücklich über die Beziehungen zur polnischen Verwandtschaft. Sie erhalten immer wieder Besuch aus Polen und beide Seiten pflegen einen regen Brief- und E-Mail-Austausch. Auch wenn sich Pierre-Alain nicht als Pole fühlt, bleibt er doch seiner polnischen Familie und Polen sehr verbunden.

Man muss sich zu helfen wissen

Paweł Polachowski und Agathe Schwager

In der ganzen Schweiz läuteten die Kirchenglocken, als sich meine Eltern, Agathe Schwager und Paul Polachowski, in Lommis (TG) das Jawort gaben. Es wurde gefeiert, in ganz Europa und im Restaurant Sonne im thurgauischen Matzingen. Es war der 8. Mai 1945 – Kriegsende. Meine Mutter verlor an diesem Tag ihr Schweizer Bürgerrecht.

Die Behörden forderten nicht nur die Rückgabe des Schweizer Passes, sondern verlangten auch von meinen Eltern, dem Polenpaar, umgehend, die Schweiz zu verlassen. Die Aufforderung war unmissverständlich und wurde mit jedem weiteren Schreiben drängender. Frankreich, an dessen Seite mein Vater gegen Nazideutschland gekämpft hatte, war eine naheliegende Lösung. Denn Frankreich bot Angehörigen der 2. polnischen Schützendivision das Bürgerrecht an. Und so verliessen meine Eltern die Ostschweiz und fuhren Richtung Westen.

Die erste Station war vorerst Belfaux im Kanton Freiburg. Hier kam am 21. September 1945, meine Schwester Jadwiga zur Welt. Kurz darauf ging die Reise weiter nach Mulhouse im französischen Elsass. Die ersten sechs Monate arbeitete mein Vater in den nahen Salzbergwerken, später fand er eine Anstellung als Modellschreiner. Meine Mutter meint, sie seien ordentlich behandelt worden, als Bürger Frankreichs eben. Man habe anerkannt und geschätzt, dass mein Vater für Frankreich gekämpft hatte. Aber meinen Vater plagte das Heimweh nach Polen. Und als sich 1947 die Möglichkeit bot, zu den Eltern ins nördliche Zentralpolen zurückzukehren, nutzte die kleine Familie die Gelegenheit.

Als ich am 13. August 1948 geboren wurde, wohnte die Familie bereits in Złotów bei Bydgoszcz (dt. Bromberg). Ich wurde auf den Namen Romuald Kazimierz Polachowski getauft. Jetzt war unsere Familie komplett.

Mein Vater, Paweł Polachowski, wurde am 13. April 1917 in Rataje bei Poznań (dt. Posen) geboren. Seine Eltern, Dominikus Polachowski und Maria von Mrotek, schickten ihn in ein Gymnasium an ein geistliches Seminar. Er sollte eine theologische Ausbildung absolvieren, um später Missionar zu werden. Und weil Missionare auch eine ganz praktische Ausbildung mitbringen mussten, erlernte er den Beruf des Bildhauers und Schnitzers. 1935, mit achtzehn, absolvierte er seine militärische Ausbildung bis zum Unteroffizier. Vier Jahre später hätte er die Offiziersschule besuchen sollen. Der

Hochzeit am 8. Mai 1945 und alle Glocken läuten! Pawel und Agathe mit den Trauzeugen Józef Piechota und Emmi Schwager (von links).

junge Infanterist wurde aber unmittelbar nach dem deutsch-russischen Angriff auf Polen an die Ostfront geschickt.

Nach erbitterten, aussichtslosen Kämpfen geriet seine Einheit in russische Gefangenschaft. Zusammen mit Tausenden Kameraden hätte er ins Lager Sokol in Sibirien deportiert werden sollen; eines der Zwischenziele wäre Katyń gewesen. Der erste Aufenthalt war aber ein Lager kurz vor Kiew. Von da konnte er glücklicherweise entkommen.

Erst viele Jahre später schilderte er mir die Umstände seiner Flucht und wie es dazu kam: Die Unteroffiziere durften auf Stroh schlafen. Weil er Russisch sprach, wurden er und ein Kamerad zum Strohholen abkommandiert. Während einer Pause der Vorgesetzten gelang es den beiden Männern, ihre Bewacher zu überwältigen und deren Uniformen anzuziehen. «Wir mussten sie erwürgen.»

Auf abenteuerlichen, uns unbekannten Wegen gelang ihm die Flucht über den Balkan bis ins jugoslawische Split. Hier, an der kroatischen Mittelmeerküste, hatten sich viele Polen versammelt, um sich auf dem Seeweg nach Frankreich, zur polnischen Exilarmee, durchzuschlagen.

Im Juni 1940, nachdem die Wehrmacht die Maginot-Linie buchstäblich überrannt hatte, kesselten die Deutschen Belfort ein. Die 2. polnische Schützendivision wurde, gleich den französischen Truppen, in schreck-

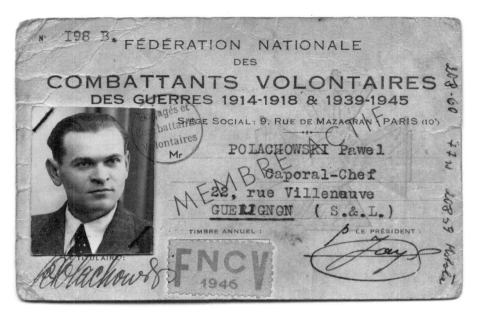

Die nationale Vereinigung der freiwilligen Kämpfer beider Weltkriege stellte den Veteranen einen Ausweis aus. Der Inhaber eines solchen Ausweises profitierte von einer erleichterten Einbürgerung und anderen, kleinen Privilegien.

liche und verlustreiche Kämpfe verwickelt. Sie konnte sich an die Schweizer Grenze im Jura zurückziehen, hatte aber keine Chance, sich zu befreien. Es blieb nur die Anfrage um Internierung bei den Schweizer Behörden. Am 19. Juni 1940 überschritt mein Vater mit dem 6. Infanterieregiment bei Goumois im Jura die Grenze und wurde interniert.

Nach einem Aufenthalt im grossen «Concentrationslager» in Büren an der Aare wurde mein Vater in verschiedene andere Lager zu Arbeitseinsätzen versetzt. Schlussendlich kam er, zusammen mit 245 Kameraden, im Mai 1942 ins Internierungslager Matzingen.

Neben den Einsätzen in der Landwirtschaft in der Region und den Abkommandierungen zu verschiedenen Einsätzen in der ganzen Schweiz verbrachte mein Vater seine Freizeit oft mit der Holzschnitzerei. Viele Schnitzereien entstanden während der Internierungszeit; einige finden sich heute im Polenmuseum in Rapperswil. Er sollte auch seine Kameraden unterrichten, aber der Platz war beschränkt. Also suchten die Männer einen Werkstattraum für ihre Arbeiten.

Meine Mutter kam am 13. Juni 1926 in Sirnach (TG) zur Welt. Zwei Jahre später zog die Familie nach Lommis, wo der Vater in der Schuhfabrik eine Anstellung gefunden hatte. Hier erlebte sie zusammen mit ihren Schwestern eine glückliche Kinder- und Jugendzeit. Nach der Schule begann sie in der Weberei in Wängi zu arbeiten. Zu Beginn des Krieges absolvierte sie den für Mädchen und junge Frauen obligatorischen Landdienst und arbeitete später als Stickereizeichnerin im nahen Flawil.

Und nun kam der junge Paweł (Paul) Polachowski auf der Suche nach einem Arbeitsraum zur Schuhfabrik in Lommis. Emil Schwager unterstützte das Anliegen der Internierten und so erhielten sie ihre Schnitzwerkstatt und Paul konnte seine Kameraden unterrichten. Und weil man sich so sympathisch fand, lud mein Grossvater die jungen Polen zu sich nach Hause ein. Natürlich nur mit Bewilligung und nur bis spätestens neun Uhr abends. So lernten sich meine Eltern kennen und heimlich entstand da eine Liebesbeziehung. Heimlich und im Versteckten blieb das lange, denn den Internierten war offiziell der Kontakt zu Frauen verboten.

Aber die Beziehung blieb nicht ohne Folgen, deshalb beantragten meine Eltern im Winter 1944/45 eine Heiratsbewilligung. Genehmigt! Also wurde am 8. Mai 1945 die Hochzeit gefeiert.

Die junge Rückkehrerfamilie erhielt vom polnischen Staat in Złotów ein kleines Stück Land, das sie frei bebauen durfte. Doch das Leben im zerstörten Nachkriegspolen war nicht leicht. Meine Eltern lebten in der Nähe der Schwiegereltern, wurden Selbstversorger und verdienten sich ein kleines Zugeld durch die Hege von zwanzig Bienenvölkern. Mutter war Hausfrau. Sie musste rasch Polnisch lernen, denn Deutsch durfte sie auf keinen Fall sprechen, man hätte sie sofort als Nazi abgestempelt. Die kommunistische Regierung beherrschte jeden Teil des Lebens und trieb das kriegsgeschädigte und gebeutelte Land noch weiter in den Ruin. 1953 verweigerte man meiner Mutter sogar die Ausreise in die Schweiz zur Beerdigung des eigenen Vaters.

1956 erfuhr meine Mutter, dass sie das Schweizer Bürgerrecht erleichtert beantragen könne. Sofort stellte sie ein Gesuch bei den Schweizer Behörden und noch im selben Jahr erhielt sie den Schweizer Pass zugesandt. Umgehend danach stellte sie in Polen den Antrag, in ihre Heimat ausreisen zu dürfen. Aber die Ausreisegenehmigung galt nur für meine Mutter, meine Schwester Jadwiga und mich. Mein Vater musste, sozusagen als Garantie für das Regime, in Polen bleiben. Schliesslich wollte man, dass die Familie wieder nach Polen zurückkehrte. Trotzdem entschieden meine Eltern, dass wir erst mal zu dritt im Dezember 1956 in die Schweiz reisen und dort bleiben sollten.

Erst ein Jahr später, 1957, gelang meinem Vater, dank eines befreundeten polnischen Anwalts, einmal mehr eine Flucht; diesmal weg aus seinem geliebten Polen. Über Wien, wo er bei einem Bekannten des Anwalts unterkam, ging es weiter Richtung Schweizer Grenze. Er übernachtete bei der Schwester dieses Bekannten in Bludenz und drei Tage später überquerte er nachts, zusammen mit vielen aufständischen Ungarn, illegal den Rhein.

Sein Weg führte ihn zuerst einmal nach Wettingen, wo wir ihn bereits sehnsüchtig erwarteten. Wir waren bei meiner verwitweten Grossmutter untergekommen. Nach langen Monaten waren wir endlich wieder vereint. Schon bald aber zogen wir nach Münchwilen und 1961 zogen wir schliesslich in ein kleines Haus in Aadorf, in dem meine Mutter bis 2019 lebte. Erst 1963 erhielten mein Vater und ich das Schweizer Bürgerrecht und wurden Bürger von Aadorf. Meine Schwester hatte schon vorher einen Schweizer geheiratet und war so automatisch Schweizerin geworden. Auf den Vorschlag, den Namen Polachowski in einen besser aussprechbaren, einfacheren Namen zu ändern, ging mein Vater erst gar nicht ein.

Wir lebten ein traditionelles Familienleben. Mein Vater arbeitete bei Sulzer als Modellschreiner, meine Mutter führte den Haushalt. Die Maria von Częstochowa (dt. Tschenstochau) begleitete unser Leben, denn in unserer Familie wurden der katholische Glauben und die polnischen Werte hochgehalten. Meine Mutter kochte gut und gerne allerlei polnische Spezialitäten: Bigos, den Sauerkrauteintopf, saure Randensuppe und Pierogi, die köstlich gefüllten Teigtaschen, und immer wieder wunderbare Süssigkeiten. Die Feiertage waren auch besonders, so feierten wir Weihnachten bestimmt nicht ohne Oblaten und zu Ostern kam Fischsulz auf den Tisch.

1971 eröffnete mein Vater in Aadorf ein Atelier für Holz- und Steinbildhauerei. Zahlreich sind seine Werke: Holzschnitzereien in polnischen Kirchen, verschiedene Schnitzereien in Privathäusern. Viele sakrale Werke sind darunter, wie Madonnen, die Madonna von Częstochowa, Kruzifixe, Kreuzwege, Darstellungen des letzten Abendmahls und anderes mehr. Auf vielen Friedhöfen finden wir Grabsteine, die seinen Stempel tragen. Viele von ihnen hat er für verstorbene polnische Freunde gestaltet. In der Ostschweiz leitete er zudem in verschiedenen Gemeinden Stein- und Holzbildhauerkurse.

Mein Vater blieb Polen sein Leben lang verbunden. Er sammelte Geld, Kleider und Lebensmittel, um in Polen die schlimmste Not zu lindern. Als Schweizer Bürger reiste mein Vater immer wieder mit den Hilfstransporten aus der Schweiz nach Polen. Sein Schweizer Pass und die polnische Muttersprache öffneten ihm sämtliche Schlagbäume und Parteischranken. Auch für die Kirche in Polen setzte er sich ein. Einmal sammelte er sogar Geld, um in Paterek den Bau einer neuen Kirche zu unterstützen.

Viele Camions mit Hilfslieferungen organisiert Paweł Polachowski für seine alte Heimat. Unterstützt wird er in Polen von seinem Neffen Ryszard (links) und in der Schweiz von seinem Sohn Romuald (zweiter von links). Die Kirche zeigt sich immer wieder dankbar.

Ich lebte fast neun Jahre in Polen und besuchte auch die ersten drei Klassen der Primarschule in Złotów. Nur eine Erinnerung an die Schule ist mir geblieben – meine Schuluniform. Meine Schulzeit in Aadorf war nicht einfach. In der Schule wurde ich viel ausgelacht; ich prügelte mich häufig, schliesslich wollte ich mich nicht «Sau-Polack» nennen lassen. In Geschichte, Geografie, Mathematik, Zeichnen und Religion war ich einsame Spitze. Deutsch hingegen war ein Horror für mich. Nur meines schlechten Deutschs wegen bestand ich die Aufnahme in die Sekundarschule nicht und durfte deshalb keine Grafikerlehre absolvieren. Nach einem Berufswahljahr in Zürich riet mir der Berufsberater zu einer Ausbildung zum Maler-Tapezierer-Gipser. Denn da könne ich trotzdem und auch in der Freizeit mit Farben arbeiten. Die Lehrabschlussprüfungen schloss ich äusserst erfolgreich ab. Trotzdem, ich war nicht sehr glücklich in meinem Beruf, denn ich hatte ein grosses Ziel: Ich wollte möglichst viele Länder der Welt bereisen. Dafür arbeitete ich weiterhin hart und sogar im Akkord. Es galt, möglichst viel zu verdienen und zu sparen. Meinen Traum konnte ich mir teilweise erfüllen. Zwischen 1969 und 1972 bereiste ich fast fünfzig Länder auf drei Kontinenten, in Europa, Afrika und Asien. Aber ganz zu Beginn besuchte ich Polen, die Heimat meines Vaters.

Nach drei Jahren Reisen kehrte ich Anfang 1972 in die Schweiz zurück, um meinen Vater bei seiner Arbeit im Atelier zu unterstützen. Er lehrte mich sein grossartiges Handwerk und weckte mein Interesse für Polen und seine Geschichte. In unermüdlicher Arbeit gestaltete er mit mir zusammen viele neue Werke, die für die Kirche in Paterek in Polen bestimmt waren. Unzählige weitere gemeinsame Werke entstanden. So durfte ich mit meinem Vater viele Gedenktafeln aus Bronze und Gedenksteine für die Internierten der 2. polnischen Schützendivision gestalten. Die erste Gedenktafel aus Bronze erstellten wir für den Aussenhof des Schlosses Rapperswil. Seine bekannteste Tafel als Kriegserinnerung ist in Belfort in Frankreich, wo eine der schrecklichsten Schlachten gegen Hitlerdeutschland getobt hatte. Viele andere Werke folgten, so unter anderem als Dankeschön an die Gemeinden Lommis, Wiesendangen, Huttwil, Büren an der Aare und Matzingen. Zuletzt auch noch 2015 die Gedenktafel aus Stein am Zollhaus von Goumois, zur Erinnerung an den Grenzübertritt vom 20. Juni 1940.

Ich erwarb 1979 Land und erbaute in Guntershausen unser Atelier. Im September 1986 heiratete ich die Thurgauerin Elfriede Büchi und wurde stolzer Vater zweier Töchter.

Nur fünf Jahre später, am 21. November 1991, verstarb mein Vater mit erst 74 Jahren. Gottes Wege sind unerforschlich. Wie schrecklich sind die Kriegszeiten für ihn gewesen? Wir können es drehen und wenden, wie wir wollen, auf diesen verschlungenen Wegen hat mein Vater eine liebe Frau gefunden, mit der er ein glückliches Familien- und Eheleben führen konnte. Ich bin sehr dankbar dafür, dass wir einen lieben Vater und meine Mutter einen lieben Ehemann haben durften.

Meine Mutter pflegt bis heute regelmässig Kontakte zu den Geschwistern, Neffen und Nichten meines Vaters in Polen. Sie verfolgt aktiv das Geschehen in Polen, freut sich, dass sich das Land vom Kommunismus befreien konnte. Vaters Spruch «Noch ist Polen nicht verloren» hat seine Berechtigung, auch für sie. Seit kurzer Zeit ist sie Bewohnerin eines Altersheims und geniesst auch dort das Leben.

Mir bleiben viele Erinnerungen und natürlich die Werke meines Vaters. Beispielsweise ein Spazierstock im Dorfmuseum von Matzingen. Einer von vielen, die er als Internierter geschnitzt und als Geschenk an Privatpersonen verteilt und dafür ab und zu ein kleines Geldgeschenk erhalten hatte, denn verkaufen durften die Internierten nichts. Aber man muss sich zu helfen wissen – wie immer im Leben.

Romuald Kazimerz Polachowski

Er hat viele bunte Seiten an sich, das äussert sich schon beim Namen: «Romek» nennt man ihn innerhalb der Familie und in Polenkreisen, Schweizer Freunde und Bekannte allerdings rufen ihn «Roman». Der Zweiundsiebzigjährige lebt mit seiner Frau Efi in Aadorf und ist noch fast täglich im Atelier

Romuald Kazimerz Polachowski (2019).

im nahen Guntershausen anzutreffen. Dort malt er leidenschaftlich gerne Bilder, pflegt den Garten und kümmert sich um seine Vögel in der Voliere.

Als Ausgleich fährt er gerne Fahrrad und bewegt sich auch sonst viel in der Natur. Der Vater zweier erwachsener Töchter und zweier Enkelinnen sagt von sich, seine Kindheit habe dazu beigetragen, dass er bis heute nicht stromlinienförmig, ja manchmal etwas unbequem sei – ein «alter Hippie» halt. Wie viel Polen er in sich trägt? Vermutlich mehr, als er denkt, auch wenn das heutige Polen nicht mehr viel mit dem seines Vaters zu tun hat. Aber sein Herz schlägt mal für Polen, mal für die Schweiz. Das wird spätestens klar, wenn man mit ihm über Fussball redet: «Ich hoffe einfach, dass sich Polen und die Schweiz nie im Fussball gegenüberstehen – ich wüsste nicht, welche Mannschaft ich unterstützen wollte – es dürfte nur ein Unentschieden geben.»

Polnische Blitzlichter

Mieczysław Przewrocki und Friedel Häusler

Kann man in seiner vorirdischen Existenz seine Eltern auswählen? Falls ja, so habe ich gut gewählt! Als absolutes Wunschkind bin ich 1950 zum Ehepaar Mieczysław Przewrocki und seiner Ehefrau Friedel geb. Häusler gestossen. Er Pole, sie Schweizerin. Ich war ihr erstes Kindlein, eine Tochter mit dem Namen Jolande Barbara.

Warum gerade diese Namen? Erst viel später hat mich das interessiert. Offenbar war der Name Jolanta damals sehr populär in Polen, aber meine Mami bestand auf der etwas weicheren französischen Form. Jolande wurde zwar in der Geburtsurkunde und später im Pass verewigt, genannt wurde ich aber Jolanda oder auch «Joli». Erst kurz vor seinem Tod erfuhr ich von meinem Vater, dass ich meinen zweiten Namen wegen einer Barbara Radziwiłł bekommen hatte. Sie war im 16. Jahrhundert Königin von Polen. Ach so. Gerne hätte ich Mäuschen gespielt und zugehört, als meine Eltern besprachen, wie sie mich nennen wollten. Gab es da unterschiedliche Meinungen oder kulturelle Präferenzen? Ich weiss es nicht. Da war ich nun, ein Polenmädchen – oder ein Schweizer Mädchen? Einfach ein Kindlein, gut aufgehoben bei liebenden Eltern in einer bescheidenen Wohnung in Zürich-Schwamendingen. Wie ist die eheliche Verbindung überhaupt zustande gekommen? Gehen wir weit zurück im Leben der beiden Protagonisten.

Mieczysław Przewrocki, Mietek genannt, kam am 4. November 1921 in Przemyśl im Südosten Polens zur Welt. Er war das Nesthäkchen, das jüngste von sieben Kindern. Seine Mutter Maria führte ein kleines Lebensmittelgeschäft in der Stadt. Sie sah er vorwiegend am Abend, wenn sie ihm jeweils ein paar Naschereien mitbrachte. Sein Vater war Landwirt mit wenigen Tieren, einem Garten und wenig Ackerland. Man war Selbstversorger, alle Vorräte wurden selbst hergestellt; nur Salz und Zucker wurden gekauft. Über meinen Grossvater Michał schreibt Mietek in seiner Lebensgeschichte: *«Meine Erinnerungen an meinen Vater sind unvergesslich. Er weckte mich am Morgen mit gütigen Worten, wusch mein Gesicht und die Hände, bürstete meine Haare, betete mit mir das Vaterunser und nahm mit mir das Frühstück ein. Danach gingen wir zusammen in den Hof, zu den Ställen, in den Obstgarten und auf das Feld. Ich durfte immer etwas tragen. Sogar beim Säen des Korns durfte ich hinter meinem Vater gehen. Seine langen Schritte sind mir immer noch präsent.»*

In Przemyśl führte Mieteks Mutter Maria ein Lebensmittelgeschäft (um Mitte 1920er-Jahre).

Als Mietek sechs Jahre alt war, fand diese Idylle ein jähes Ende. Seine Mutter starb an einer Lungenentzündung, die sie sich, durchnässt in Zugluft stehend, zugezogen hatte. Passende Medikamente gab es zu der Zeit noch nicht. Und nur wenige Monate später starb der Vater an einer Blutvergiftung. Die beiden ältesten Geschwister übernahmen den Laden und die Sorge um die jüngeren Geschwister.

Mietek durchlief die Schulen in Przemyśl bis kurz vor der Matura. Sein Interesse galt besonders der Physik und der Chemie. Seine Freizeit verbrachte er gerne bei den Pfadfindern. Hier lernte er Grundsätze, die ihn sein Leben lang prägten.

Im September 1939 brach der Krieg aus und alle in Przemyśl waren angespannt und verängstigt, unwissend, was das wohl für sie bedeuten würde. Die Pfadfindergruppen wurden angefragt, ob sie bereit wären, Brücken, Tunnels und Bahnstationen zu überwachen. Mietek witterte das Abenteuer und meldete sich. Seiner Schwester Zofia sagte er: «In zwei Wochen bin ich zurück!» Aber es gab niemals ein Zurück. Er sollte für immer im Ausland bleiben.

Nach einem mehrmonatigen Aufenthalt in einem Internierungslager bei Sárvár in Ungarn setzte er sich ab und gelangte auf abenteuerlichen Wegen zu Fuss und per Bahn nach Kroatien und weiter nach Split am Mittelmeer. Im April 1940 erreichte er mit dem Schiff Marseille zusammen mit Jan Bem, einem neu gewonnenen Freund, mit dem er sein Leben lang verbunden bleiben sollte. Kurz darauf wurde er nach Bressuire südlich von Angers verlegt. Dort wurde er zum Infanteristen ausgebildet und in die 2. polnische

Die Unterkunft für Internierte in Ungarn ist alles andere als komfortabel, aber der polnische Adler hängt (Mietek stehend in der Mitte) (Ende 1939).

Schützendivision des 45. französischen Armeekorps eingeteilt. Mein Vater war noch nicht mal neunzehn Jahre alt, als die Wehrmacht die Maginot-Linie überrannte und das Armeekorps nahe Belfort einkesselte. Glücklicherweise stimmte die Schweiz dem Antrag auf Internierung zu. Und so überschritt mein Vater am 19. Juni 1940 die Schweizer Grenze in Brémon-court und marschierte, entwaffnet und als Internierter, Richtung Pruntrut. Für Mietek begann ein neuer Lebensabschnitt. Mit dem Zug und zu Fuss verschob sich seine Kompanie nach Herzogenbuchsee und weiter nach Bettenhausen.

Die Schweizer waren sehr herzlich zu den charmanten Polen und schon bald hatte Mietek ein «Schweizer Mutti», Fräulein Anna Bösiger, eine vermögende, alleinstehende, ältere Dame. Er betreute den Garten ihrer Villa in Herzogenbuchsee und sie nahm sich seiner an. Tante Anni, wie er sie fortan nannte, begleitete ihn bis zu ihrem frühen Tod herzlich verbunden. Sie schrieb fast jede Woche Briefe und sendete dem jungen Mann Pakete mit Obst, Schokolade, Socken, Hemden und anderem. Sie stand ihm ihr ganzes weiteres Leben lang mit Rat und Tat zur Seite. Papi schrieb in seiner Biografie über sie: «Ihr grosses Verdienst ist es, dass ich zu einem guten Staatsbürger, Vater und Ehemann sowie zu einem guten Fachmann herangewachsen bin. Die Philosophie des Schweizers Carl Hilty war ihre Philosophie und diese hat sie auf mich übertragen. Bis heute hilft mir diese Philoso-

151

phie, auf manch schwierige Lebensfrage die richtige Antwort zu finden. Ich bin ihr zu grossem Dank verpflichtet.»

Das Abenteuer ging weiter. In Oberburg bei Burgdorf und später in Wetzikon wurde ein polnisches Gymnasium eingerichtet. Hier konnte Mietek sein letztes Schuljahr absolvieren, unterrichtet von polnisch sprechenden Lehrern nach den Vorschriften des schweizerischen Lehrplans für Gymnasien. Mitte August 1941 fand die Maturafeier statt in Anwesenheit von General Prugar-Kettling, dem Kommandanten der 2. polnischen Schützendivision.

Ungefähr 300 internierte Polen durften im Hochschullager Winterthur ihr Studium absolvieren. Freunde aus dieser Zeit begleiteten ihn ein Leben lang. Im Juli 1946, ein Jahr nach Kriegsende, schloss Mietek sein Studium als eidgenössisch diplomierter Maschineningenieur ETH ab.

Nun galt es die Zukunft zu planen. Sein nächstes Ziel war, eine liebe Frau zu finden und eine Familie zu gründen. Er trat eine Stelle in Aarau an. Und sein Glück liess nicht lange auf sich warten. In einem Restaurant hatte er ein sympathisches Fräulein gesehen. Er arrangierte ein «Zufallstreffen» mit diesem Fräulein Friedel Häusler – es war die sprichwörtliche Liebe auf den ersten Blick.

Meine Mutter, Frieda Häusler, kam im Sommer 1916 in Unterägeri im Kanton Zug zur Welt. Sie war das zweitälteste von sieben Kindern. Der Vater war Metzger, die Mutter Hausfrau, Geschäftsfrau und talentierte Gedichteschreiberin. Die Wirtschaftskrise erschwerte das Leben der Grossfamilie sehr; der Vater war ohne Arbeit und so zogen sie ins Unterland. Später, in der Grossstadt Zürich, schuftete die ganze Familie in der eigenen Wäscherei. An eine Berufsausbildung war gar nicht zu denken, alle mussten im Betrieb helfen. Für einen kurzen Aufenthalt bei einer Familie im Welschland reichte es dennoch. Später arbeitete meine Mutter in diversen Geschäften, so auch bei einem Zahnarzt in Aarau.

Das «zufällige» Treffen im Restaurant Helvetia am 8. Oktober 1946 führte zu guten Gesprächen, gegenseitiger Sympathie, man entdeckte gemeinsame Ziele. Und schon nach einer Woche bat Mietek Friedel um ihre Hand. Sie sagte ja! Und dies, obwohl er angeblich nur Automechaniker und sie doch mit einigen reichen und gebildeten Herren befreundet war. Ihr Chef begutachtete ihn und meinte: «Den können Sie nehmen!» Das war der Anfang einer fast sechzig Jahre dauernden Liebesgeschichte zwischen einem polnischen Internierten und einer Schweizerin. Am 8. Februar 1947 heirateten die beiden auf dem Standesamt in Aarau und genau ein Jahr später kirchlich in Zürich.

1947, das Jahr der Hochzeit. Friedel und Mietek sind ein glückliches Paar.

Die ersten fünf Jahre meines Lebens verbrachte ich in Zürich, genoss die Nähe zu meinen Schweizer Verwandten, Onkel und Tanten, Cousins und Cousinen und meiner lieben Grossmutter Elise. Allesamt typische Schweizer. Was ich in diesem Alter noch nicht wusste: Weder mein Vater noch meine Mutter waren Schweizer. Mami hatte ihr Schweizer Bürgerrecht durch ihre Heirat mit einem staatenlosen Ausländer verloren.

Danach folgte ein nächster, grosser Schritt. Nach der Geburt von Michael und mir wechselte Papi zur Chemiefirma Lonza in Basel. Er entwickelte grosse Projekte in den USA und auch im Wallis. Der Lonza blieb er bis über die Pensionierung hinaus treu. Die Familie fand in Birsfelden, einem Vorort von Basel, ein neues Domizil. Was meine Eltern damals nicht wussten, war die Tatsache, dass Birsfelden die einzige Gemeinde in der Schweiz ohne Bürgergemeinde war. Die Odyssee, die es damals brauchte, um endlich Schweizer zu werden, konnte beginnen.

Der Gemeindepräsident einer anderen Baselbieter Gemeinde setzte sich sehr dafür ein, meinen Vater und seine Familie einzubürgern. Leider starb der Mann unverhofft und die anderen Gemeinderäte wollten die Einbürgerung dieses Mannes mit dem merkwürdigen Namen nicht unterstützen. Die Suche ging also weiter. Freunde aus Birsfelden luden unsere Familie zum traditionellen Banntag an Auffahrt nach Wintersingen (BL) ein. Schon bald kannten wir dort einige Einheimische und vor allem, sie kannten uns. Man ging ins Dorf, in die Beiz, sprach mit den Menschen, interessierte und engagierte sich. Wie viel sollte denn eine solche Einbürgerung kosten? Gab es da einheitliche Regelungen in der Schweiz? «Ich weiss es nicht.» Sie fragten zurück, wie viel Papi denn auf seinem Konto habe. «10 000 Franken». «Also gut, die Einbürgerung kostet 10 000 Franken!» 1963 erhielt die ganze Familie das Schweizer Bürgerrecht und den Schweizer Pass. Endlich nicht mehr staatenlos!

In Birsfelden besuchte ich den Kindergarten und die Schule. Und langsam begriff ich, dass mein Nachname etwas aussergewöhnlich war – Przewrocki. Wie oft in meinem Leben habe ich ihn buchstabieren und erklären müssen, wie man ihn ausspricht. Immer und immer wieder. Dabei kam es aber auch oft zu netten Kontakten und guten Gesprächen. Irgendwie war man interessant. Ich sah nur Vorteile, fühlte mich sogar privilegiert, diesen Namen tragen zu dürfen. Man fiel auf. Witziges Detail: Meine Englischlehrerin am Gymnasium nannte mich immer «Miss Paderewski». Natürlich durfte man hier in der Schweiz nur die männliche Form verwenden, mit dem -i am Ende. Ab meiner Volljährigkeit nannte ich mich jedoch stolz Przewrocka, ausser auf offiziellen Dokumenten. Mami hingegen blieb bei Przewrocki.

Unser Familienleben war nie wirklich langweilig. Velotouren, Wanderungen, Campen. Wir haben immer viel gemeinsam unternommen. Später bereisten meine Eltern im Wohnmobil halb Europa oder verbrachten viel Zeit auf ihrem Segelboot auf dem Hallwilersee. Mein Vater war ein leidenschaftlicher Segler. Und er liebte die Quantenphysik, sie begleitete ihn bis zu seinem Tod. Und bis zuletzt sang er, mit wunderschöner Bassstimme, aktiv in einem Chor mit.

Wie gross war der polnische Einfluss in meinem Leben? Im Gegensatz zu anderen polnisch-schweizerischen Familien wurde bei uns nur Schweizerdeutsch gesprochen. Papi wollte sich assimilieren und Mami bestand wohl nicht darauf, Polnisch zu lernen. Trotzdem spürte ich den Einfluss meiner väterlichen Herkunft immer mehr, je älter ich wurde. Meine polnische Seele schwang mit, wenn Papi beim Rasieren polnische Lieder sang. Immer wieder bekam er Pakete von seinen älteren Geschwistern mit allerlei Polnischem. Da kamen Schallplatten mit Liedern der Tanzgruppen Śląsk und Mazowsze. Ich liebte ihre Melodien, fühlte mich hingezogen zu diesen Klängen. Papi hatte auch alle Klavierstücke von Frédéric Chopin auf Schallplatten. Unser Heim strahlte die polnische Kultur aus, ohne überladen zu wirken. Im Wohnzimmer stand ein wunderschöner Samowar, an den Wänden gab es farbenfrohe Scherenschnitte, Broschen von traditionellen Trachten und natürlich die berühmten kleinen Krippen, die wie Kathedralen aussahen und zum Teil aus verschiedenfarbiger Alufolie gefertigt worden waren. Die Verwandten schickten auch immer wieder Bücher, einige auf Deutsch. «Polnische Volkskunst» hat mich am meisten interessiert. Ich lernte die verschiedenen Trachten kennen und in welchen Gebieten sie getragen wurden. Die Krakauer Tracht fand ich am schönsten. Der Bezug zur polnischen Kultur hat mich dazu bewogen, im Progymnasium meinen Vortrag über Polen und seine Volkskunst zu halten. Dieser dauerte fast drei Stunden. Ich hatte Bilder, Musik, Gegenstände dabei, alles aus dem Fundus unseres Heims.

Zu Weihnachten bekam Papi immer ein Couvert mit Oblaten zugeschickt, die wir dann nach polnischem Brauch verwendeten. Man tat ein wenig Honig auf seine Oblate, reichte sie seinem Gegenüber zum Abbeissen und wünschte ihm alles Gute. Schön fand ich vor allem die unterschiedlichen christlichen Motive, die auf den Oblaten zu sehen waren, allen voran die Krippenszene. Nicht nur zu Weihnachten ging man zur Messe, sondern auch an vielen Sonntagen des Jahres, wie es halt schon in Polen üblich war.

Pfingsten war ein weiterer polnischer Höhepunkt im Jahr. Wir fuhren mit unserem Auto und dem Zelt Richtung Ostschweiz, wo Zdzisław Pręgowski, ein befreundeter Pole aus Winterthur, auch er ein ehemaliger Internierter, ein kleines Stück Land auf einer Anhöhe bei Neunforn (TG) besass. Es gab Platz genug für seinen Wohnwagen und unsere Zelte. Der Blick auf den Fluss Thur, die Felder des Thurgaus bis ins Zürcherland, es war wunderschön.

Hier trafen sich alljährlich ehemalige polnische Internierte mit ihren Familien. War das ein Fest! Da hörte ich Namen wie Buja, Żaba, Kostrz, Ziemba etc. Wir Kinder spielten im nahen Wald Räuber und Polizist, plauderten oder ruhten uns aus. Und wenn Herr Pręgowski mit seinem riesigen Amerikanerschlitten – war es ein Cadillac? – vorfuhr, dann waren wir Kinder mächtig beeindruckt. Mit ihm fuhren wir zu einem nahe gelegenen Seelein. Der Barchet-See ist ein Toteissee, wie es nur eine Handvoll in Europa gibt. Dort gibt es kleine schwimmende Inseln aus bewachsenen Torfbrocken. Je nach Windrichtung konnte man auf sie aufspringen oder musste warten, bis sie vom anderen Ufer herübertrieben. Ein absoluter Höhepunkt war immer der Abend: Alle sassen um das Lagerfeuer und sangen polnische Lieder. Wir Jungen kannten zwar den Text nicht, aber ich kann mir gut vorstellen, dass sich unsere Väter wohl etwas wehmütig an ihre ferne Heimat erinnerten. Herr Pręgowski als ehemaliger Opernsänger begeisterte uns mit seiner wunderschönen Stimme und seinen Arien. Nur zu schnell waren die Pfingsttage vorbei, aber es hiess immer «Auf ein Wiedersehen im nächsten Jahr!».

Als ich älter wurde, ging ich nicht mehr mit. Vielleicht haben die Treffen auch nicht mehr stattgefunden. Mich zog es als Austauschstudentin in die USA. Ich lebte bei einer jüdischen Familie mit drei Mädchen in Skokie, einem Vorort von Chicago mit einer jüdischen Population von 95%.

Das gefiel mir. Mein Vater war in seiner Heimatstadt Przemyśl mit Juden aufgewachsen. Und meine Mutter hatte mehrere jüdische Freundinnen hier in der Schweiz. Sie interessierte sich für deren Kultur und sie sprach immer nur positiv über diese Menschen. An der High School fiel mein Name nicht allzu sehr auf. Zu meiner Freude überraschten mich ein polnischer Verwandter, ein Cousin meines Vaters, und dessen Frau an meiner Highschool-Abschlussfeier. Ich lernte einen ganz neuen Zweig meines Stammbaums kennen und ich spürte eine starke verwandtschaftliche Verbundenheit mit ihm. Die amerikanischen Nachkommen dieses Cousins durfte ich später bei einem Besuch in Michigan kennenlernen.

Dass sich diese Begegnung mit meinen polnischen Wurzeln noch intensivieren würde, konnte ich nicht wissen, als ich mich entschloss, auch zum Studium in die Vereinigten Staaten zu gehen. Ich wollte an die Brigham Young University in Provo im Bundesstaat Utah, denn dort studieren Menschen aus aller Welt. Polnische Studenten gab es zwar keine, aber einen Polish Club. Hier trafen sich Studenten mit polnischen Namen, deren Vorfahren aus Polen stammten. Was für eine Freude für mich. Ich schloss mich dem Club an. Wir feierten polnische Feste, sangen Lieder, präsentierten die polnische Kultur an diversen Anlässen. Als das Warschauer Philharmonische Orchester an der Uni konzertierte, bereiteten wir ihnen einen Empfang. Wir durften sogar während eines Jahres die polnische Sprache erlernen. Unsere Lehrerin, Maria Królikowska, war eine echte Polin. Geblieben ist mir leider nicht viel, aber der Samen für die Liebe zur polnischen Sprache war gesät. Polnische Trachten liehen wir von der Volkstanzgruppe der Uni aus, bis ich dann von meinem polnischen Onkel eine echte Krakauer Tracht geschenkt bekam. Heute tragen sie meine Töchter und schon bald die Grosskinder. Die Tradition geht weiter.

Die Begeisterung für Ahnenforschung habe ich von meinem Vater geerbt. Über viele Jahre hat er die Daten seiner weitläufigen Familie gesammelt und im Computer festgehalten. Es war ein grosses Geschenk für mich, als er mir seine Ordner mit gesammelten Namen und Stammbäumen überreichte. Dank dieser Aufzeichnungen kann ich meine polnische Verwandtschaft besser kennenlernen und mit der jüngeren Generation Kontakte knüpfen. Mit einigen von ihnen bin ich auch durch Facebook verbunden.

Als Teenager reiste ich einmal nach Polen, um die Geschwister meines Vaters und deren Familien zu treffen. Wir besuchten das Elternhaus in Przemyśl, welches immer noch der Familie gehört. Einige Verwandte kamen auch in die Schweiz auf Besuch. Für mich allerdings war die Sprache ein kleines Hindernis, aber man fühlte sich trotzdem verwandtschaftlich verbunden. Mein Mann und ich beabsichtigen, schon bald einmal nach Polen auf Spurensuche zu gehen.

2016, Mietek (rechts aussen) ist stolz auf seine Grossfamilie: Tochter Jolanda mit Ehemann Franz, sieben Enkelkinder mit Ehemännern und -frauen und neun Urenkel. Inzwischen sind es bereit zehn.

2006 verstarb Mami im Alter von neunzig Jahren. Obwohl er seine geliebte Friedel sehr vermisste, behielt Papi stets seine positive Lebenseinstellung. Er führte den Haushalt, arbeitete im Garten, empfing Gäste, verschlang Bücher über Quantenphysik, korrespondierte mit Verwandten und Freunden in aller Welt und interessierte sich für alle Menschen, die ihm begegneten.

Papi wollte eigentlich 101 Jahre alt werden wie sein lieber Freund Jan Zbigniew Bem, mit dem er auf demselben Schiff von Jugoslawien nach Frankreich geflohen war. Fast wöchentlich pflegten die beiden den Kontakt zueinander und er unterstützte den allseits bekannten «Bem», wo er konnte. Mein Vater, Mieczysław Przewrocki, starb am 16. Juli 2018 ganz unerwartet im 97. Altersjahr. Genau einen Monat nach ihm durfte auch Jan Bem heimgehen.

Jolanda Wiesner-Przewrocka

Die ehemalige Primarlehrerin ist nunmehr seit sieben Jahren pensioniert und lebt mit ihrem Ehemann Franz in einem alten Haus mit Garten in Liestal. Die Mutter der fünf Töchter Sariah, Rahel, Esther, Noëmi und Deborah und

Jolanda Wiesner-Przewrocka (2019).

der beiden Söhne Daniel und Simon liest in ihrer Freizeit gerne und viel. Seit einiger Zeit widmet sie sich der Ahnenforschung und ihrer Familiengeschichte. Seit zwanzig Jahren spielt sie leidenschaftlich gerne Geige im Kammerorchester der Pro Senectute beider Basel. Wichtig und erfüllend in ihrem Leben ist Jolanda das Leben des christlichen Glaubens. Deshalb ist sie seit fünfzig Jahren Mitglied der Kirche Jesu Christi der Heiligen der Letzten Tage. Die inzwischen zehnfachen Grosseltern reisten im Mai 2019 zum ersten Mal gemeinsam nach Krakau, um polnische Luft zu schnuppern. Die Kinder fühlen sich Polen auch verbunden und so haben sie Jolanda zum 70. Geburtstag ein wundervolles Geschenk gemacht: Jolanda und Franz werden gemeinsam mit ihren sieben Kindern das Heimatland des Grossvaters und Vaters erkunden. So bleibt das Gefühl der Verbundenheit mit den polnischen Wurzeln auch in der nächsten Generation bestehen.

Der verlorene Vater

Jerzy Radliński und Rita Gubler

Silvester 1917, am Vorabend zum letzten Jahr des Ersten Weltkriegs, kommt mein Vater, Jerzy («Jurek») Radliński, in Lublin als zweiter von drei Buben zur Welt. Die Familie wohnt in der Wienjawska-Strasse; der Vater arbeitet in der Rechtsabteilung der Stadtverwaltung. Die Radlińskis sind gesellschaftlich sehr angesehen. Vater Leon ist zeitweise Präsident der Jagdgesellschaft; die vier Jahre jüngere Mutter Wacława («Wasia») wird geschätzt als ausgezeichnete Gastgeberin. Man lebt eine sozialistisch-demokratische Grundgesinnung in einem konservativ-traditionellen Stil und engagiert sich für die freiheitlichen Rechte in Polen und im ganzen slawischen Raum.

Jurek besucht das Staszic-Gymnasium; er ist sehr sportlich, sprachlich begabt und gut in den Fächern Geografie und Geschichte. Nach der Matura absolviert er die Militärakademie. Sport bleibt weiterhin seine Leidenschaft, seine Hauptdisziplin ist der 1500-Meter-Lauf. Ein Olympiatrainer ist der Überzeugung, er könne es weit bringen. Viel später wird Jurek lachend und ehrlich zugeben, dass es ihm an Disziplin gefehlt habe, und dazu sagen: «*Ich hatte ein paar nette Freundinnen, ein bisschen Geld und konnte mir ein paar Drinks leisten. Also war meine Karriere bald zu Ende.*»

Als im September 1939 die deutsche Wehrmacht Polen überfällt, ist Jurek gerade mal einundzwanzig Jahre alt, Offizier der polnischen Armee und Teil der sogenannten Intelligentsia. Unter diesen Bedingungen muss er untertauchen, er gilt als gefährdet. Mit der Absicht, sich der Exilarmee anzuschliessen, flieht er im Spätherbst zusammen mit zwei Kollegen, einem Ehepaar und einigen weiteren Personen über die grüne Grenze nach Ungarn.

Jurek hat geplant, seinen jüngeren Bruder Bruno mitzunehmen. Aber die Mutter will ihren Jüngsten auf keinen Fall gehen lassen. Ein fataler Fehler, denn am 7. Mai 1940 wird Bruno während einer willkürlichen Vergeltungsaktion der Nazis von der Strasse weg verhaftet. Der Vater unternimmt grösste Anstrengungen, seinen Sohn über seine vielen Beziehungen, auch die deutschen Jagdkontakte, frei zu bekommen. Vergebens – nach acht Wochen Haft bringen die Deutschen am 3. Juli 1940 den erst Neunzehnjährigen im Schlosshof von Lublin um. Es ist nicht auszuschliessen, dass sich die Besatzer an der Familie rächen wollten, weil sich der ältere Bruder abgesetzt hatte. Diese Vermutung beschäftigt nicht nur die Eltern zeitlebens, auch Jurek fühlt sich schuldig. Wir sind im Besitz eines Abdrucks des bewegenden Abschiedsbriefes von Bruno. In Lublin wurde eine Ge-

Jureks Militärpapier, das ihn als Angehörigen der polnischen Exilarmee ausweist.

denkmauer errichtet, auf der all die Namen der im Zamek von Lublin getöteten Menschen stehen.

Wie die Reise von Lublin aus erfolgt – wir wissen es nicht genau. Jedenfalls geht es über die Tatra und die erste Etappe ist Budapest. Während des Marsches nimmt sich Jurek einer erschöpften Frau an und ein Kollege schleppt die Koffer des Paares. Später, in Budapest, sehen sie die Frau wieder, im schönsten Pelz. Das also hat der Kollege getragen. Der weitere Verlauf von Jureks Reise nach Frankreich ist ebenfalls unklar.

Jureks militärischem Ausweis ist zu entnehmen, dass er am 11. Dezember 1939 in Frankreich zur polnischen Armee gestossen ist. Als die Deutschen am 5. Juni 1940 die Maginot-Linie angreifen, gehört Sous-Lieutenant Jerzy Radliński, inzwischen zweiundzwanzigjährig, zu einer Mitrailleurkompanie der 2. polnischen Schützendivision und ist in der Champagne stationiert. Die Deutschen sind in der Übermacht und nur zwei Wochen später muss sich seine Einheit zur Internierung in die Schweiz retten. Er überschreitet am 19. Juni 1940 bei Saint-Ursanne die Schweizer Grenze, wird entwaffnet und interniert.

Er wird in verschiedenen Internierungslagern untergebracht: Zuerst im «Concentrationslager» Büren an der Aare, später in Kleindietwil, Matzingen, Heinrichsbad, Herisau, Wiesendangen und La Tour-de-Peilz. Jurek ist ein etwas unbequemer Lagerinsasse oder, wie die Schweizer Behörden schreiben, «un élément difficile». Er setzt sich ein für seine Leute. Wenn es nicht genügend Essen gibt, reklamiert er die unpassenden oder fehlenden Rationen. Oder er nutzt unerlaubt ein Diensttelefon, um mit einer befreundeten Dame in Chur zu sprechen. Seine Personalkarte weist einige Arresttage auf. Oft wird er bei den Arbeiten an den «Polenwegen» als Bauoffizier eingesetzt. Auch hier ist er dickköpfig, manchmal aufsässig und selten derselben Meinung wie seine Schweizer Vorgesetzten.

Die dreiundzwanzigjährige Rita Gubler mit den schönen grünen Augen ist eine engagierte Primarschullehrerin aus Zürich. Die Familie Gubler ist über die aktuellen weltpolitischen Verhältnisse gut informiert und will, wo immer möglich, aktiv helfen. Also besucht Rita einen Polnischkurs, um später internierte Polen in der Schweiz in Deutsch zu unterrichten. Sie beabsichtigt auch, polnischen Waisenkindern zu helfen.

Rita ist öfters in Pfäffikon (ZH) bei Verwandten und besucht ab und zu im nahen Lager einen polnischen Internierten, einen Freund von Jurek. Im Frühling 1944 lernen sich Jurek und Rita näher kennen und lieben. Sie treffen sich immer wieder, verbringen viel Zeit mit Spaziergängen oder schwimmen nachts heimlich im Pfäffikersee. Für beide ist es die grosse Liebe. Viele poetische Liebesbriefe bezeugen die Gefühle, die sie beide füreinander haben. Auch in Gedichten beschreibt Jurek das Hingezogensein und dann wiederum die Trennungen der Jungverliebten. Weitere Gedichte, auch zu den grossen polnischen Themen, folgen. Es sind wunderbare Dokumente.

Mein Vater erkundigte sich später bei mir nach einem Pressspanheft mit seinen Gedichten. Nicht dass er meinte, sie seien von grossem literarischem Wert. Aber es hätte ihm viel bedeutet, sie nochmals lesen zu können. Leider kam das Heft erst 2005, nach dem Tod unserer Mutter, in ihrem Nachlass zum Vorschein.

Jurek, er wurde früher schon als Basilisk der Familie bezeichnet, hält nichts in der Internierung – auch die Liebe nicht. Er flieht aus dem Lager La Tour-de-Peilz am Genfersee und versucht, die Schweiz zu verlassen. Auf seiner Personalkarte im Bundesarchiv steht als letzter Eintrag: «Evadé» – entflohen am 3. November 1944. In einem Brief an Rita schreibt er, dass er froh sei, der ständigen Bevormundung durch die Lagerleitung entkommen zu sein.

Er durchwatet die Rhone, erreicht das französische Ufer, schlägt sich bis Annecy durch und schafft es, von da mit einer Militärmaschine nach Neapel zu fliegen. Im Dezember schliesst er sich dort einer polnischen Einheit der Alliierten an. Diese wird nach Oberitalien, in die Region Bologna, verlegt und Jurek ist an einigen militärischen Kommandooperationen beteiligt.

Nur eine Ziviltrauung im Sommer 1947 mit einer kleinen, bescheidenen Hochzeitsfeier in Ryedale (GB).

Vor der Flucht verloben sich Rita und Jurek. Der briefliche Kontakt während der letzten Kriegsmonate ist schwer aufrechtzuerhalten, unterliegen doch sämtliche Schriftstücke der Zensur. Es kommt vor, dass ein Brief acht Wochen unterwegs ist, bis Rita wieder ein Lebenszeichen von ihrem Geliebten in den Händen halten kann. Auch nach dem Kriegsende dauern die Schwierigkeiten an, Jurek bleibt bei den alliierten Truppen in Italien. Im November 1945, so belegen ihre Briefe, sehen sich die beiden endlich wieder. Aus dem Tessin reist Rita ins norditalienische Como, er kann Urlaub nehmen. 1946 scheint Jurek öfter reisen zu dürfen, Briefe und Karten aus San Remo, Monaco und Cannes zeugen davon. Dann trifft sich das Paar kurz in Paris. Aber die Zeit des Abschieds ist noch nicht vorbei. Jurek darf nicht in die Schweiz kommen, das Kontingent für Polen ist erschöpft. Und als Berufsoffizier hat er für die Schweiz keinen gewinnbringenden Nutzen. Nach Polen kann er nicht, er würde von den Russen wohl umgebracht.

Es folgten weitere Monate bei den alliierten Truppen in Italien, dann wird die Einheit nach England verlegt. Das ist nicht das, was Jurek sich vorgestellt hat. Noch weiter weg von seiner Verlobten, feucht-nebliges Klima ... Also fährt Rita in den Sommerferien nach Helmsley. Mehrere Briefe zeugen von immensen Schwierigkeiten, Geduldsproben und Verschiebungen, bis es endlich so weit ist. Eine beschwerliche Reise damals, ganz besonders, als

1954: Im südwalisischen Corrws findet die Familie ein Zuhause; Rita und Jurek mit Kryś und Zosia.

meine Mutter beschliesst, ganz zu ihrem geliebten Jurek zu ziehen. Rita bereitet in der Schweiz ihr Hab und Gut vor, bemüht sich um Ausreisepapiere. Sie verliert ihr Schweizer Bürgerrecht und wird eine «displaced person».

Der Start in ihr gemeinsames Leben ist nicht einfach; Träume müssen in Realität gewandelt werden. Dies fällt beiden schwer. Die Trauung auf dem Standesamt in Ryedale (York): keine grosse Feier. Nur ein Hochzeitsfoto – Jurek in Uniform und Rita im geblümten Kleid. Im April 1948 kommt Kryś, der Sohn, zur Welt. Doch wovon soll die junge Familie leben?

Die Idee eines eigenen Bauernhofes hat sich schon früh in den Köpfen von Rita und Jurek festgesetzt. Andere Polen haben es schon probiert, in Südwales, wo das Land billig ist. In Corrws schliesslich finden sie ein hübsch gelegenes, jedoch renovierungsbedürftiges Haus und ein schönes Fleckchen Land dazu. Es gibt kein fliessendes Wasser im Haus, von einer Toilette ganz zu schweigen. Ausser Schafzucht ist hier nicht viel zu machen, es regnet viel. Immer wieder fällt die Kartoffelernte buchstäblich ins Wasser. Aber die Liebe soll doch alles richten ... Sieben harte Jahre verbringt die kleine Familie dort, immer unterstützt durch Lebensmittelpakete von den Schweizer Eltern. Man kommt auf keinen grünen Zweig. Die Mutter will Wasser ins Haus ziehen lassen – der Vater kauft lieber zwölf silberne

Obstmesser beim Antiquitätenhändler. Jetzt ist der Punkt erreicht, an dem Rita aufgeben und zurück will. Die Kinder sollen in der Schweiz zur Schule gehen. Denn inzwischen ist die Familie zu viert. Da sind nun auch die beiden Kinder Kryś und Zofia. Denn an Silvester 1952, auf den Tag genau 35 Jahre nach meinem Vater, bin ich, «Zosia», zur Welt gekommen.

Zurück in Zürich, findet unsere Mutter 1955 sofort eine Stelle als Lehrerin, während der Vater in Corrws vergeblich versucht, Haus und Hof zu veräussern. Einige Tiere und einiges Mobiliar kann er verkaufen, so muss er uns wenigstens nicht ganz mittellos nachreisen. Doch in der Schweiz findet sich unser Vater nie zurecht. Die ganze Familie lebt im Haus der Grosseltern. Als ehemaliger Berufsoffizier findet er, im Gegensatz zu seiner Frau, keinen Job und wertet es als Makel, wieder vor dem Nichts zu stehen. Die Arbeit in einer Kartonagenfabrik macht ihn unglücklich. Ein eigenes Stück Land zu besitzen und zu bewirtschaften hat ihm viel bedeutet und fehlt ihm nun. Und dann dieses Deutsch – die Sprache der Nazis, die Sprache der Peiniger des polnischen Volkes – es fällt ihm schwer, diese Sprache zu lernen. Wenigstens findet er ein Stückchen Heimat in Gestalt der kleinen Polengemeinschaft in Zürich; hier fühlt er sich wohl. Hierhin kann er sich ratsuchend wenden, wenn wieder einmal ein polnisch-schweizerisches Beziehungsproblem ansteht.

Doch dann fordert ihn Ritas Familie mit dem Satz *«You may go, we don't need you anymore»* auf, die Schweiz wieder zu verlassen. Und so kehrt er, bereits im Juni 1956, nicht ganz freiwillig, alleine nach England zurück. Die Schweizer Familie finanziert ihm die Rückreise und unterstützt ihn für die erste Zeit mit etwas Geld.

Jurek versucht erst mal, alleine in Corrws zu leben, wird aber bald Kellner-Assistent im Hydepark-Corner-Hotel in London, hilft in Küche und am Empfang aus. Jurek pflegt zu dieser Lebensperiode zu sagen: *«Each work is fine, if it's done decently.»*

Mein Bruder und ich bleiben bei meiner Mutter und den Grosseltern in Zürich. Ich vermisse meinen Vater sehr, denn mit dreieinhalb Jahren verstehe ich nicht, weshalb er plötzlich weg ist. Oft stehe ich am Fenster und warte vergeblich auf seine Rückkehr. Obwohl mein Vater heftig unter der Trennung von der Familie leidet, wird der Kontakt immer spärlicher. Zu jedem Geburtstag bedenkt er uns mit einem Geschenk. Den wundervollen Brokatstoff, die hellgrüne Porzellantasse und den bestickten Lederbeutel hüte ich als meine grössten Schätze. Doch langsam ebbt der Kontakt ab, bis er schliesslich in den Sechzigerjahren ganz abbricht.

1957 reicht meine Mutter die Scheidung ein. Mein Vater hat zu dem Zeitpunkt Corrws bereits aufgegeben und verlassen, lebt in London und antwortet in einem Brief an das Gericht, dass es ihm nicht möglich sei, in die Schweiz zu reisen. Die Scheidung wird in seiner Abwesenheit vollzogen. Meine Mutter arbeitet weiterhin als Lehrerin. Meine Grossmutter, eine zu der Zeit sehr emanzipierte Frau, ist auch viel unterwegs und mein Grossvater ist noch berufstätig und vielseitig engagiert. Wir haben ein Hausmädchen, aber keine Eltern – mich quält eine wahnsinnige Einsamkeit.

«Aktives Vergessen», so nenne ich heute, was meine Familie getan hat. Meine Mutter spricht deutsch mit uns, ausser wenn sie uns massregeln will. Sie – und auch die Grosseltern – schweigen den Vater tot – Polnisch stirbt für unsere kleine Welt. Sie findet neue Freunde, hat vielleicht mal kurze Liebschaften, aber in ihrem Leben ist kein Platz mehr für einen Mann.

1973, kurz nach meinem zwanzigsten Geburtstag – ich stecke in einer grossen persönlichen Krise –, rät mir ein begnadeter Psychiater bei der ersten Sitzung, meinen Vater zu suchen. Das ist nicht einfach, mit meiner Mutter kann ich nicht darüber sprechen. Aber ich finde ihn über eine Freundin, die in England weilt. Ich bitte sie schlicht, im Londoner Telefonbuch nach einem «Radliński» zu schauen – und da gibt es nur einen einzigen. Sie treffen sich im polnischen Club und er ist überglücklich. Kurz darauf fliege ich nach London. Ich komme ganz aufgeregt in Heathrow über die Rolltreppe und dort wartet er. Offensichtlich zwei, die sich lange vermisst haben – sie finden sich wieder.

Er lebt mit seiner neuen Lebenspartnerin Irena in Earls Court in einem Haus, welches er nach einer gut bezahlten Tätigkeit hatte kaufen können. Ein paar Zimmer werden vermietet. Viel Geld hat er in den Sechzigerjahren in Libyen verdient, wo er für Shell ein Minenentschärfungslager leitete, seinen Worten nach war es ein Himmelfahrtskommando. Aber das Klima in der Wüste habe ihm zugesagt. Wieder zurück in London, arbeitet er in einem Delikatessengeschäft, wo man ihm dessen Leitung anbietet. Er aber zieht es vor, im Freien zu arbeiten. Deshalb ist er, als ich ihn 1973 zum ersten Mal treffe, auf dem Bau. Was genau seine Funktion ist – ich weiss es nicht. In meiner Erinnerung sehe ich diesen attraktiven, charmanten Mann in einer Maurerkluft mit Käppchen zur Arbeit gehen. Abends hingegen gehen wir stilvoll aus, in die Oper, ins Theater oder zu einer Ausstellung.

Der Spagat für mich zwischen seiner von Abhängigkeiten mehr oder weniger befreiten Lebensart und der meiner Mutter, in eher geordneten Bahnen als Lehrerin und Laienrichterin, ist sehr schwierig. Umso mehr als ich meiner Mutter jahrelang nichts von den Besuchen beim Vater erzählen kann. Mein Bruder dagegen weiss Bescheid, er besucht Jurek auch einmal in London, findet aber den Draht zu seinem Vater nicht mehr. Sie sind zu verschieden und Kryś will den Kontakt nicht unbedingt aufrechterhalten.

1992, zum Abschluss des einzigen Besuches von Jurek in der Schweiz, gibt es noch ein Farewellfoto von Vater und Tochter.

1976 kehrt Jurek mit Irena nach Polen zurück, nachdem sie vorher einige Jahre jeweils die Sommerferien bei den Verwandten verbracht haben. Zuerst nach Zakopane, wo die Nachbarn ihnen das Leben schwer machen. Man neidet den beiden, dass sie recht gut mit den Devisen aus England leben können. Viele Schikanen bringen die beiden dazu, das Haus an den Staat zu übergeben, allerdings mit der Auflage, dort einen Rückzugsort für Schriftsteller einzurichten. Sie ziehen um nach Podkowa Leśna und später nach Lublin, Jureks Heimatstadt.

Achtzigerjahre in Osteuropa: Mit Irena und Jurek besuche ich, wie auch zuvor in London, gemeinsam Konzerte, Opern und Ausstellungen. Einmal wollen wir uns in der Warschauer Oper zu unseren sehr guten reservierten Plätzen im Parkett begeben. Da heisst es plötzlich, hohe Parteifunktionäre und eine Delegation Offizieller würden die Plätze belegen. Nein, eine Entschädigung für den Verlust sei nicht vorgesehen, aber wir könnten für den zweiten Rang Karten kaufen. Mein Vater ist kaum mehr zu halten!

Im Gedenken an seinen Bruder Bruno lässt Jurek am Staszic-Gymnasium in Lublin einen Fremdsprachenpreis für besondere Talente in Französisch und Englisch einrichten. Bis zu seinem Tod vergibt er diesen Preis einmal jährlich an zwei Schüler, es muss ein junger Mann *und* eine junge Frau sein.

Ich hatte Glück, dass ich auch von Irena immer sehr willkommen geheissen wurde. Ich habe die beiden mehrmals in Polen besucht, zuerst in Podkowa Leśna, später in Lublin. Dort lernte ich auch Vaters alte Tante Michalina und deren drei Kinder kennen. Eine herzliche, liebevolle Familie, die immer bereit war, Familienforschung zu betreiben. Auch andere, weiter entfernte Verwandte kamen zu Besuch und so erstellten wir gemeinsam einen Familienstammbaum.

Bei jedem Treffen erfuhr ich mehr über meinen Vater und seine bewegende Geschichte. Ich konnte alle, auch unangenehme Fragen stellen und er war stets um eine ehrliche Antwort bemüht. Er war ein grossartiger Erzähler und schmückte seine Geschichten immer aus. Voller Respekt sprach er über meine Mutter und war mit seinem Leben recht versöhnt.

Immer wieder erkundigte sich unser Vater nach seiner Uniform; aber wir wussten nichts über deren Verbleib. Als meine Mutter im Frühjahr 2000 in eine Alterswohnung umzog, mussten wir das Haus in Illnau räumen. Auf dem Estrich fanden wir seine Uniform, fein säuberlich verschnürt in einer Truhe. Mein Bruder Kryś besuchte zusammen mit seinen beiden jugendlichen Kindern unseren Vater und ich gab ihm das Paket mit. Dass Jurek dieses wertvolle Erinnerungsstück drei Monate vor seinem Tod nochmals in die Hände nehmen konnte, erfüllte ihn mit grosser Genugtuung und innerer Zufriedenheit. Er soll sie dem Staszic-Gymnasium oder einem Museum übergeben haben.

Ich war schon verheiratet, als ich entschied, meiner Mutter zu sagen, dass ich den Vater in Polen besuchte. Meine Mutter war erst schockiert, wollte es mir verbieten und warf mich aus dem Haus. Doch irgendwann einmal fragte sie: «Gehst du wieder nach Polen?» Und als ich bejahte, überreichte sie mir einen Brief für meinen Vater. Er hat sich unwahrscheinlich darüber gefreut und gab mir bei meiner Abreise auch einen Brief für sie mit. So haben sich die beiden nach vielen Jahren doch noch versöhnt.

Im Juli 2000 verstarb mein Vater in Lublin. Ich wusste von seinem Bronchialtumor, er hatte zu keiner Zeit ein Geheimnis daraus gemacht und bereitete uns Kinder darauf vor. Als mich die Nachricht von seinem Tod erreichte, war es trotzdem ein Schock. Ich hatte nur so wenig Zeit mit ihm verbringen können und schon musste ich ihn wieder hergeben. Ich schrieb ihm einen Abschiedsbrief, den der Pfarrer bei der Beisetzung spontan übersetzte. Diesen Brief gab ich meinem Vater mit ins Grab. Er liegt im Familiengrab der Radlińskis in Lublin begraben. Jerzy Radliński war, obwohl in jungen Jahren Berufsoffizier, am Ende seines Lebens ein überzeugter Pazifist.

Zofia Schmückle-Radliński

«Zosia» hatte ihr Vater Jurek sie genannt. Als Kind sprach sie noch Polnisch, heute bedauert sie, dass sie nur noch einzelne Worte versteht. Mit ihrem Vater hat sie nur Englisch gesprochen. Zofia lebt zusammen mit ihrem

Zofia Schmückle-Radliński (2019).

Mann Frieder in einem Haus mit einem schönen Garten in Zollikon am Zürichsee. Die pensionierte Sekundarlehrerin liest, näht und gärtnert in ihrer Freizeit, geht leidenschaftlich gerne in die Oper, ins Ballett oder ins Konzert. Die achtundsechzigjährige, energische und zierliche Zofia und ihr Mann hatten schon immer Hunde. Fanny, die Kleine Münsterländer Vorstehhündin, gehört seit einigen Jahren zur Familie und im Sommer 2019 stiess auch noch die junge Mia zum «Rudel». Die Arbeit geht dem Paar also nicht aus.

Die heutigen Verhältnisse in Polen verfolgt sie sehr aufmerksam und zu ihrer kleinen polnischen Verwandtschaft pflegt sie nach wie vor einen regelmässigen und herzlichen Kontakt. Sie war auch schon mehrmals in Lublin. Vermutlich schlägt ihr polnisches Blut durch, wenn sie Gäste bewirtet oder an der Familiengeschichte schreibt. Und Schreiben ist wohl eines der Vermächtnisse ihres Vaters.

Ausgegrabene Wurzeln

Józef Roczniak und Ida Honegger

Die vielen Gespräche über den nicht vorhandenen Vater meiner Mutter prägen meine Kindheitserinnerungen wie ein roter Faden.

Zudem hatte meine Mutter auch keine wirklich gute oder gar keine Beziehung zu ihrer Mutter. Dies widerspiegelt sich in verschiedenen Anekdoten, die ich zusammen mit ihr als Kind und manchmal sogar heute noch immer wieder erlebe. Beispielsweise wenn wir beim damals üblichen Samstagseinkauf im Nachbarort, dort, wo auch meine Grossmutter daheim war, auf bekannte Gesichter trafen. Es spielte sich häufig gleich ab. Jemand wollte uns begrüssen und meinte: «Warte, ich weiss genau, wer du bist, ich muss nur kurz überlegen.»

Manchmal rannen meiner Mutter in diesem Moment schon die Tränen über die Wangen. Wir hörten dann bestimmt: «Genau, du bist doch die Schwester von Ida, stimmt's?» Die Erklärung, dass meine Mutter die Tochter von Ida sei, wurden meistens mit verlegenem Gemurmel und einer Entschuldigung quittiert. Ich kannte diesen Ablauf schon, und ich wäre als Kind so gerne eingeschritten und hätte meine Mutter vor diesen peinlichen Momenten beschützt. Mich machte es richtig wütend und auch traurig.

Meine Mutter kam als Hedwig Honegger am 1. April 1942 auf die Welt. Ihr Vater, Józef Roczniak, kam als polnischer Internierter in die Schweiz und arbeitete auf dem Bauernhof meiner Urgrosseltern in Rüti (ZH) als Arbeiter. Aus Erzählungen habe ich aufgeschnappt, dass Józef ein schöner Mann gewesen sein muss und auch den anderen Töchtern auf dem Bauernhof gefallen hatte. Wie es zur Liebschaft zwischen meiner Grossmutter Ida und Józef kam, ist mir nicht bekannt. Meine Grossmutter erzählte mir nur, dass ihr Vater sehr ungehalten auf ihre Verbindung und ihre Schwangerschaft reagierte. «Ich bringe dich um! Du hast hier nichts mehr zu suchen!» Die letzten Monate der Schwangerschaft verbrachte sie bei ihrer Gotte. Und auch die ersten Monate nach der Geburt blieb sie mit ihrem Baby da. Erst nach einiger Zeit wurde wahrscheinlich ausgehandelt, dass es doch am einfachsten sei, wenn das Kind auf dem Bauernhof aufwachsen und die junge Mutter wieder Arbeit suchen würde. Ida war die Drittälteste von zehn Geschwistern. Das jüngste Kind war gerade mal acht Jahre alt, da fiel es gar nicht besonders auf, dass ein Kind mehr auf dem Hof lebte und versorgt werden musste.

An Hedis Taufe am 28. Februar 1943 kommen ihre Eltern Ida und Józef für einmal zusammen.

Meiner Mutter war lange nicht bewusst, dass die Tante, die oft am Sonntag zu Besuch kam, ihre Mutter war. Auch die regelmässigen Besuche des Vormundes gehörten einfach zum Alltag. Die seltsamen Bemerkungen der älteren Kinder konnte sie nicht verstehen oder einordnen. Erst Jahre später wurde ihr einiges klar. Im Konfirmationsunterricht flog dann die Geschichte auf und das Geheimnis war keines mehr: Die Eltern waren eigentlich ihre Grosseltern und Tante Ida ihre Mutter! Mit dieser Erkenntnis musste meine Mutter alleine klar kommen. Eine spezielle Aufklärung oder gar eine Psychotherapie gab es damals nicht. Es war, wie es war, und das galt es zu schlucken und zu akzeptieren. Etwas anderes war zu dieser Zeit ja leider nicht üblich.

Als Teenager besuchte meine Mutter Hedi ihre Mutter ab und zu in Wülflingen. Diese war inzwischen verheiratet und hatte einen Sohn. Hedi wurde jedoch nie als Tochter vorgestellt, sondern immer als Schwester. Daher rührten auch die vielen Verwechslungen. Für die Familie war das einfach die bequemste Lösung und niemand stellte sich dagegen. Wie sich meine Mutter dabei fühlte, interessierte niemanden. In all den Jahren bis zum Tod der Grossmutter im Jahr 2013 kamen sich Mutter und Tochter nie näher. Mir beantwortete meine Grossmutter die Fragen nach ihrer Vergangenheit jeweils mit: «Es war keine einfache Zeit!»

Meine Mutter Hedi war um die fünfzig Jahre, als ihr eine alte Tante einen Umschlag mit Fotos, Briefen und Dokumenten überreichte. Man hatte all die Jahre die Post abgefangen und «verschwinden» lassen. Nun fand sie es an der Zeit, alles meiner Mutter zu übergeben. Und so erfuhr

Für sie steckt so viel Liebe in diesem Foto. Hedis kostbarste Erinnerung an den Vater: Sein letzter Besuch bei der dreijährigen Tochter im Frühling 1945.

sie Näheres über ihren Vater und auch, dass Józef Roczniak von der Geburt seines Kindes wusste und sich in einem Vaterschaftsvergleich zu Unterhaltszahlungen bereit erklärt hatte. Er hatte Ida sogar heiraten und mit ihr eine Familie gründen wollen. Grundsätzlich war das den Internierten damals nicht erlaubt; es hätte einiger Anstrengungen bedurft und meine Grossmutter hätte ihr Schweizer Bürgerrecht verloren. Offenbar war die Liebe meiner Grossmutter zum Erzeuger des Kindes dann doch nicht so gross, dass sie den Schritt ins Ungewisse wagen wollte. Fotos belegen, dass Józef bei der Taufe seines Kindes Hedwig anwesend war und auch später seine Tochter besucht hat. Es sind berührende Fotos, die für meine Mutter sehr wichtig geworden sind.

Meine Grossmutter hat sich zu ihrer Liebesbeziehung nie geäussert und hat das Geheimnis mit ins Grab genommen. Mit etwas Abstand und nach einigen Gesprächen mit den Tanten und ihrem Halbbruder scheint uns, dass die mütterlichen Anlagen meiner Grossmutter nicht sehr ausgeprägt waren. Das Berufsleben scheint sie weit mehr interessiert zu haben als das Familienleben.

Während meiner Kindheit hörte ich immer wieder vom Wunsch meiner Mutter, zu erfahren, woher ihr Vater stamme. Nach dem Ende des Kalten Krieges stand dem nichts mehr im Weg. Aber auf der Wunschliste musste das Vorhaben immer wieder Wichtigerem weichen. Vom Tisch verschwand das Thema nie, die gesammelten Unterlagen blieben aber wohlbehütet liegen.

Im Januar 2015 wurde ich fünfzig Jahre alt. Meine Mutter schenkte mir eine Reise nach Krakau. Natürlich mit ihr zusammen, denn für sie war immer klar gewesen, dass, wenn sie auf Wurzelsuche ginge, dann nur gemeinsam mit mir. Wir legten das Reisedatum auf Oktober fest und ich buchte gleich den Swiss-Flug, weil diese Fluggesellschaft einen Direktflug von Zürich nach Krakau anbot. Als wir wegen einer heftigen Grippe meines Mannes die Skiferien um ein paar Tage verschieben mussten, nahm ich mir Zeit, einmal zu googlen, wohin wir überhaupt reisen würden. Bis dahin war es mir nie in den Sinn gekommen, im Internet nach der polnischen Familie zu forschen. Ich bin seit Jahren mit dem Internet vertraut und ich frage mich heute noch, weshalb ich nicht früher mit Nachforschungen begonnen habe.

Dazu fehlten mir aber noch die genauen Unterlagen über die Herkunft ihres Vaters, welche meine Mutter in den letzten Jahren gehütet hatte. Ich wusste, dass irgendwo ein Brief aus den Kriegsjahren mit einem polnischen Absender von Józefs Mutter Maria an Ida vorhanden war. Meine Mutter brachte den Brief und gemeinsam sassen wir an einem verschneiten Nachmittag am Computer und gaben zum ersten Mal diese Adresse in Polen ein. Mit Google Earth waren wir plötzlich vor Ort, mitten im polnischen Dębno (dt. Neudamm in Westpommern). Am Bildschirm konnten wir die Strassen entlanggehen, die weiten Felder bestaunen und einfach einen Eindruck bekommen, wie es in der Heimat unserer polnischen Vorfahren aussieht.

Bei der Internetsuche war mir aufgefallen, dass die Gemeinde Dębno, woher mein Grossvater allem Anschein nach stammte, eine aktive Facebook-Seite betrieb. Voller Euphorie fotografierte ich den Absender auf dem polnischen Brief aus dem Jahr 1944 und postete diesen auf der Seite von Dębno mit der Erklärung, dass wir unsere Vorfahren suchten. Nach einigen Stunden am Computer, einem gebuchten Flug und mit groben Plänen, wie wir dann im Herbst in Krakau bei unserem ersten Besuch vorgehen wollten, beendeten wir unseren virtuellen Ausflug in die polnische Heimat.

Kaum in den Skiferien angekommen, erhielt ich über Facebook eine Freundschaftsanfrage von einem Krzysztof Roczniak. Diese unerwartet schnelle Reaktion auf meine Anfrage erschien mir suspekt und ich löschte die Anfrage. Am nächsten Tag erschien die Meldung wieder auf meinem Handy. Ich sagte mir, ich kann ja mal schauen, was er will, und dann immer noch entscheiden, ob er Freund oder Feind ist. Es stellte sich sehr schnell heraus, dass Krzysztof ein Cousin meiner Mutter ist. Der Zufall wollte es, dass er auf Facebook mein Foto des Briefumschlages mit seiner Wohnadresse gesehen hatte und sich, ganz neugierig, den Text dazu übersetzen liess. Er staunte nicht schlecht, als er las, dass jemand aus der Schweiz

Der ominöse Brief aus Dębno, mit dem die Suche begann.

seine Familie suchte. Er selber wusste nichts von der Vergangenheit seines Onkels Józef. Natürlich stellte ich Krzysztof ein paar Fragen über Józef, um herauszufinden, ob er wirklich der richtige Roczniak war.

Und dann rief ich meine Mutter an. Aufgeregt und mit Tränen in den Augen erzählte ich ihr von der Kontaktaufnahme, fragte sie nach weiteren Details und nach den wichtigsten Fragen, die ihr schon lange auf der Seele lagen.

Vom ersten Moment an spürten wir eine tiefe Herzensverbundenheit mit Krzysztof. Dass wir unsere Reise nach Polen schon geplant und gebucht hatten, steigerte die Vorfreude auf beiden Seiten. Bis zu unserem Abflug im Oktober waren wir immer wieder über Facebook im Kontakt. Wir liessen die Fotos von unserem Leben sprechen und kamen uns immer näher.

Fast zur selben Zeit, wie wir unsere neu gewonnene Familie in Polen fanden, stellten wir per Zufall fest, dass eine Nachbarin und Turnerkollegin gebürtige Polin ist. Wir hatten uns vorher nie Gedanken über ihre Nationalität gemacht. Nun hatten wir unsere persönliche Dolmetscherin, die auch mit Krzysztof telefonierte und ihm nochmals von unserem geplanten Besuch in Krakau erzählte. Krzysztof wollte unbedingt, dass wir während des Aufenthalts bei ihm und seiner Familie wohnen. Mir war das dann schon etwas gar viel Gastfreundschaft ... Meine Mutter wollte das Angebot aber unbedingt annehmen, also nahm ich ihr das Versprechen ab, dass wir ins Hotel zögen, wenn es vor Ort nicht passen würde.

Endlich kamen die Herbstferien und wir reisten nach Krakau. Für eine Nacht blieben wir in der Stadt und liessen das neue Land auf uns wirken. Nach einer Stadtbesichtigung fuhren wir mit dem gemieteten Auto die sechzig Kilometer Richtung Dębno. Wir kamen ohne Probleme an, aber wo und wie fanden wir die angegebene Adresse? Es begann schon zu dunkeln und wir wandten uns an eine Passantin. Diese sprach glücklicherweise

Französisch und bot uns an, Krzysztof anzurufen. Sie berichtete ihm, dass wir eingetroffen seien, aber nicht mehr weiter wüssten. Wir vereinbarten, uns auf dem Parkplatz bei der Kirche zu treffen. Es war wie ein Blind Date. Wir standen kurz vor dem lang ersehnten Treffen und hatten beide einfach nur Herzklopfen. Endlich würden meine Mutter und ich unsere polnischen Wurzeln kennenlernen. Ein blauer Subaru fuhr auf den Parkplatz, Krzysztof stieg aus und wir fielen einander in die Arme.

Die nachfolgenden vier Tage waren ausgefüllt mit dem Kennenlernen der Familie und der Umgebung. Zwei Cousins, drei Cousinen, Kind und Kegel und viele Geschichten rund um die Familie. Alle hatten auf uns gewartet und freuten sich mit uns. Die Verständigung war leider sehr schwierig. Glücklicherweise war Krzysztofs Tochter auch gerade zu Besuch und mit ihr konnte ich mich auf Englisch verständigen. Wir beide übersetzten dann jeweils für unsere Eltern. Zusätzlich nutzten wir die moderne Technik. Mithilfe einer Übersetzerapp auf unseren Handys konnten wir sprachliche Engpässe überwinden. Die herzliche Verbindung jedoch war vom ersten Augenblick an da.

Und die Familie hielt noch eine Überraschung für uns bereit: Cousine Krystyna hatte sich im Vorfeld unseres Besuchs die Mühe gemacht, die Familiengeschichte und den Stammbaum der Familie Roczniak niederzuschreiben. Józefs Mutter Maria hatte einmal ihre Enkelin Krystyna, zu der sie ein inniges Verhältnis hatte, in die Familiengeheimisse eingeweiht, nachdem diese mal einen Brief aus der Schweiz zu Gesicht bekommen hatte. Grossmutter Maria hatte ihr damals erzählt, dass dort eine Enkelin lebe. Diese Dokumente liessen wir später zu Hause übersetzen und erfuhren so etwas über das Leben meines Grossvaters. Krystyna zeigte uns auch alte Postkarten, die Józef nach Hause geschickt hatte.

Józef wurde am 1. März 1912 als Sohn des Jan und der Maria Roczniak in Dębno geboren. Er besuchte die staatliche Gärtnerschule in Tarnow und arbeitete später im Gewächshaus der Gräfin Ponińska in Dębno. Er war sehr musikalisch, spielte Akkordeon, Geige und Mandola, eine Art Mandoline. Als junger Mann liebte er Maria Wasil, sah aber im damaligen Polen keine gemeinsame Zukunft. Er verabschiedete sich mit einem Rosenstrauss von ihr und wanderte nach Frankreich aus. Nicht überliefert ist, wie er zur 2. polnischen Schützendivision kam. Aber auf seiner Interniertenkarte im Bundesarchiv fand ich noch weitere Informationen und ein Fotoporträt: Korporal Józef Roczniak hatte am 19. Juni 1940 mit dem III. Infanteriebataillon in Goumois die Schweizer Grenze überschritten. Er war in einigen Lagern untergebracht, unter anderem 1941 und 1942 in Gyrenbad bei Hinwil und in Wald (ZH), also nahe von Rüti (ZH), wo meine Urgrosseltern ihren Hof hatten. Drei Monate nach der Geburt meiner Mutter wurde Józef nach Pfäffikon verlegt. In diese Zeit fällt auch ein langer Aufenthalt im Interniertenspital Wiesendangen. Nur drei Tage nach Kriegsende, am 11. Mai 1945, wurde er in Genf nach Frankreich «heimgeschafft», wie auf der Interniertenkarte vermerkt ist.

Wie wir den Postkarten, die uns Krystyna gezeigt hatte, entnehmen konnten, heiratete Józef in Frankreich bald nach Kriegsende Barbara, eine Polin aus einer vormals vermögenden Familie aus Łódź. Die beiden hatten, so scheint es, fünf Kinder: Janina, Maria, Teresa, Henryk und eines, dessen Name nicht bekannt ist. Józef vermisste seine Familie in Polen sehr. Seine Sehnsucht drückte er in unzähligen Gedichten, die er seiner Mutter schickte, aus:

«Wenn ich traurig bin, schaue ich in die Ferne
Zu den Wiesen und Wäldern, die ich so sehr vermisse
So viele Gedanken und meine Mandola.
In einem französischen Eichenwald höre ich den Kuckucksruf.
Das Echo geht und kommt, wie meine Gedanken,
Wälder, Berge und Flüsse in meiner Heimat fliegen,
meine Heimat, so lieblich und so fern.
Und am Abend unter dem Schlehdorn singt eine Nachtigall.
Ich erinnere mich an die angenehmen, aber auch an die dornigen Momente.
In diesen Gedanken höre ich ein Geläut.
Es ist ein Maiglöckchen, das meine Gedanken in die Ferne trägt.
Es ist ein leises Geläut, aber es kommt bei Euch an.
In diesem Eichenwald schwebt meine Trauer umher
Es ist ein trauriges Lied, weil ich hier ein Fremder bin.»

Mein Grossvater starb 1961 an einem Herzleiden.
Im Oktober 2015 hatten wir dazu keine weiteren Informationen erhalten.

Maria Wasil, die einmal Józef geliebt hatte, heiratete später seinen Bruder Stanisław. Krystyna, ihre gemeinsame Tochter, ist also die Cousine meiner Mutter. Wir sind sehr dankbar, dass Krystyna sich die Mühe genommen hat, einen Stammbaum zu erstellen, und dazu die Erzählungen von Grossmutter Maria festgehalten hat. So konnten wir die vielen Informationen, die wir während unseres Aufenthalts erhalten hatten, etwas einordnen. Berührt hat uns die Erklärung zum Vornamen meiner Mutter. Sie wurde auf den Namen Hedwig getauft, zu polnisch Jadwiga, wie die kleine Schwester meines Grossvaters.

Nach unserer Rückkehr aus Polen begann ich sofort, die Halbgeschwister meiner Mutter in Frankreich zu suchen. Schliesslich hatte ich auf der Rückseite von Krystynas Postkarten einige Namen und Orte gefunden. Ich schaltete sogar die Schweizer Fernsehsendung «Happy Day» ein und bat sie um Unterstützung. Leider verliefen alle unsere Nachforschungen im Sande und ich musste meine Mutter ein wenig enttäuschen. Es war aber nicht so schlimm, denn wir waren alle glücklich, hatten wir doch eine wunderbare Familie gefunden. Also hätten wir alles so belassen können.

Kasia, Krysztofs Tochter, allerdings hörte nicht auf zu recherchieren. Im Herbst 2018 meldete sie sich und meinte, sie habe einige Roczniaks in Frankreich gefunden. Ohne meine Mutter zu informieren, begann ich wieder, Namen und Orte zu vergleichen, kam aber zu keinem befriedigenden Ergebnis. Ein einziger Name schien für mich infrage zu kommen. Schlussendlich nahm ich meinen Mut zusammen und schrieb im September einen Brief an diesen Mann. Ich wollte es ein letztes Mal versuchen. Zwei Wochen später erhielt ich eine E-Mail mit der Information, dass ich zwar die richtige Familie gefunden hätte, aber die ganze Familienangelegenheit sehr kompliziert sei. Trotzdem nahm die Euphorie in mir überhand. Voller Freude informierte ich noch am selben Abend «Happy Day», dass es uns gelungen sei, einen Halbbruder meiner Mutter zu finden. Schon am nächsten Tag nahm der Fernsehsender mit mir Kontakt auf; man war begeistert und wollte mich bei der Zusammenführung unterstützen. Mutters Halbbruder jedoch versank in Schweigen. Nach lähmend langen Tagen nahm ich all meinen Mut zusammen und rief ihn an. Er war sehr nett und erklärte mir die tatsächlich etwas spezielle und traurige Familiensituation. Und nun klärte sich einiges: Die Namen der Kinder waren allesamt in französische Namen geändert worden: Aus Janina war Jacqueline geworden, aber sie war bereits früh verstorben. Maria und Teresa, das war ein einziges Kind mit dem Namen Marie-Thérèse. Und auch die Namen der drei Jungen hatten geändert. Einer wurde beispielsweise von seiner Mutter ganz anders genannt, als er getauft worden war. Die Familie war tatsächlich bitterarm gewesen, Józef war sehr oft krank und die Mutter überfordert. So wurden die Kinder den Eltern weggenommen und in verschiedenen Familien und Institutionen fremdplatziert. Nach dem Tod meines Grossvaters war die Familie buchstäblich auseinandergebrochen. Ich hätte noch lange vergeblich suchen können. Auf keinen Fall wollte dieser Halbbruder weiter mit der Geschichte zu tun haben. Allerdings war er sehr hilfsbereit und gab mir die französischen Namen seiner Geschwister und eine Kontaktadresse mit Telefonnummer bekannt. Diese Adresse in den Vogesen schrieb ich sofort an: Nicolas Roczniak. Aber auch hier herrschte vorerst Funkstille. Ich wartete und wurde ungeduldig; so nah vor dem Ziel wollte ich doch nicht aufgeben; also rief ich kurzerhand an. Nach kurzen Erklärungen war die Freude auf beiden Seiten riesengross.

Nun hatte ich plötzlich zwei anstrengende Monate vor mir, denn alles musste sehr schnell organisiert werden. Mit «Happy Day» wurde die Familienzusammenführung für Anfang Dezember in der Schweiz geplant. Also telefonierte ich sehr oft mit Nicolas' Tochter Sandrine und hatte die Termine mit allen Beteiligten abzusprechen. Für mich war das eine aufregende Zeit: Meine Mutter durfte noch immer nichts erfahren, denn die Sendung «Happy Day» basiert auf Überraschungen. Und diese grosse Überraschung wollte ich meiner Mutter schenken. Sie und ihre Geschichte mussten im Vorfeld für das Fernsehen «getestet» werden. Dazu ging eine falsche Geschichtsstudentin mit Kamera und Mikrofon bei ihr vorbei, um sie zu interviewen. Nichtsahnend machte meine Mutter mit. Das Fernsehen fuhr für Filmaufnahmen nach Frankreich zu Nicolas. Und irgendwann mal fanden die Sendungsproduzenten, dass es doch eine wunderbare Sache wäre, wenn wir die polnische Familie hinzunähmen. Aber wohin mit all den Gästen? Nach einigen schlaflosen Nächten organisierte ich mit der Unterstützung meines Arbeitgebers für neun neue französische und zehn polnische Familienmitglieder Hotelzimmer – weiterhin alles hinter dem Rücken meiner Mutter. Anfang Dezember war es so weit, für mich schon fast eine Erlösung, ich überraschte meine Mutter mit ihrem persönlichen «Happy Day». Vorwand war ein fingiertes Treffen mit der Geschichtsstudentin und vorher ein «spontaner» Besuch auf dem Zürcher Weihnachtsmarkt. Im Verlauf des Tages kam es dann zu dieser wunderbaren Familienzusammenführung und ich erlebte meine Mutter überglücklich. Kurz vor Weihnachten wurde die ergreifende Geschichte im Schweizer Fernsehen ausgestrahlt. Einige Zeit später betonte meine Mutter immer wieder, eine Zusammenführung mit dem französischen Teil der Familie wäre nur halb so schön gewesen, wenn die polnische Familie gefehlt hätte. So war es für sie perfekt.

Es folgte ein fantastisches Wochenende mit vielen berührenden Momenten. In der Velowerkstatt unserer Familie folgte dann eine ganz private Feier. Krzysztof betrat das Haus, hielt die Nase in die Luft und rief: «Endlich bin ich hier! Ich rieche Hedi! Ich liebe das!» Die Sprache war kein Hindernis, es war die Sprache des Herzens, die uns allen half, und manchmal verstanden wir uns auch ohne Worte. Was entdeckten wir alle doch für Gemeinsamkeiten! Es wurde viel gesungen und musiziert; Krzysztof spielt, wie ich, E-Piano. Nicolas war immer wieder ergriffen, dass er seine Halbschwester in die Arme nehmen konnte. Wir alle lachten viel, weinten manche Glücksträne und immer wieder herzten wir einander. Es war überwältigend. Voller Dankbarkeit und Glück erinnern wir uns an diese wertvollen Momente.

Unsere Familie ist gross geworden: Wir haben unzählige neue Familienmitglieder und Freunde hinzugewonnen und fast täglich haben wir Kontakt mit irgendeinem von ihnen. Die Erfahrung, in einer Familie mit of-

Hedi mittendrin: Polen, Frankreich und die Schweiz – die vereinte Grossfamilie im Dezember 2018.

fenen Armen aufgenommen zu werden, ist ein besonderes Geschenk für meine Mutter und wirkt bis heute nach. Über ihr Facebook-Konto bleibt sie recht intensiv mit allen verbunden und ab und an wird sogar telefoniert. Meine Mutter und ich haben unsere Wurzeln und eine tolle, grossherzige, polnisch-schweizerisch-französische Familie gefunden. Mit dem Schicksal haben wir uns versöhnen können und sind dankbar. Es ist einfach gut so. Und die Geschichte geht weiter ...

Silvia Weidmann-Baumann

Silvia, die Tochter von Hedwig und Hansruedi Baumann-Honegger, lebt zusammen mit ihrem Ehemann Ernst in Neftenbach. Der gemeinsame Sohn lebt noch daheim; die beiden Kinder aus erster Ehe sind bereits ausgezogen. Silvia ist stolze Grossmutter zweier Mädchen.

Die Weidmanns betreiben ein Velofachgeschäft, allerdings arbeitet Silvia noch Teilzeit in einem Hotel. In ihrer Freizeit ist sie meist sportlich unterwegs: Velofahren, Biken, Turnen und Tanzen. Gastgeberin sein liege ihr im Blut, meint die ehemalige Gemeinderätin. Sie ist sehr hilfsbereit und

Silvia Weidmann mit Mutter Hedi Baumann (2019).

übernimmt gerne Verantwortung. Vielleicht ist dies mit ein Grund für ihre Umtriebigkeit, wenn es um die polnische Verwandtschaft geht? Seit sie ihre Wurzeln kenne und schätzen gelernt habe, sei sie zufriedener geworden und auch eine Spur glücklicher. Sie ist und bleibt Schweizerin, aber der polnische Teil in ihr, so hat sie beim Besuch der Verwandten in Dębno entdeckt, ist mitverantwortlich für ihre Leidenschaft für die Musik und das Tanzen. Wenn sie bei «lüpfiger» Musik nichts mehr auf dem Stuhl hält, betont sie immer wieder, dann gehe ihr polnisches Blut mit ihr durch.

Ein Lehrer im Fricktal

Edward Stanisław Słania und Irma Vogel

Mein Vater, Edward Stanisław Słania, wird am 11. November 1914 in einem kleinen Dorf namens Siemonia in der Nähe von Katowice in Schlesien geboren. Er ist das zweite Kind von Vincent oder Vincenty und Bronisława Słania. Der ältere Bruder Stanisław war nur drei Tage nach der Geburt gestorben und seine Mutter hat dem Pfarrer versprochen, das nächste Kind der Kirche zu «schenken», wenn es gesund zur Welt komme. So ist Edward schon früh bestimmt, Priester zu werden. Und so kommt der Knabe aus einfachen Verhältnissen ans Gymnasium nach Tarnowskie Góry (dt. Tarnowitz). Bereits mit zwölf aber merkt Edward, dass er viel lieber Lehrer als Priester sein möchte. Er hat Glück und darf später ans Lehrergymnasium. Der sportliche junge Lehrer ist auch im Militär ehrgeizig. So kommt es, dass er 1939, unmittelbar nachdem die Deutschen Polen überfallen haben, als einer der Ersten einberufen wird. Die Ereignisse überstürzen sich und wenige Tage später begleitet meine Grossmutter ihren Sohn zur Busstation. Er verabschiedet sich von ihr mit der Überzeugung, in vier Wochen wieder zurück zu sein. Es sollten dreiundzwanzig Jahre vergehen, bis er sein Dorf wieder sehen kann.

Kaum in der Kaserne eingerückt, muss er zuerst einmal einen Spezialauftrag für einen höheren Offizier ausführen. Als er in die Kaserne zurückkehrt, erfährt er, dass seine Einheit im Kampf gefallen ist. Die restliche Truppe macht sich Richtung Lwów (dt. Lemberg) auf. Auf der Fahrt und während des Marsches ist sie immer wieder Flugzeugangriffen ausgesetzt. Das Grauen ist gegenwärtig, die Männer kommen durch Dörfer, in denen kein einziger Mensch mehr am Leben ist. Irgendwie muss man sich Essen besorgen und Spionen aus dem Weg gehen. Alles geht so schnell nach diesem Angriff von Hitlers Wehrmacht im September 1939. Die polnischen Truppen werden an die russische Grenze gedrängt und haben danach die Wahl: entweder russische Kriegsgefangenschaft oder eine Flucht über Rumänien und dann vielleicht weiter nach Jugoslawien. Letzteres ist die Rettung. So bleibt er zwei Monate im Norden Rumäniens interniert. Danach führt sein Weg Richtung Bukarest und weiter an die jugoslawische Adriaküste, nach Split. Hier sammeln sich die Polen, um auf dem Seeweg nach Frankreich zu kommen. Am 4. Dezember besteigt der junge Wachtmeister das Schiff, um sich, nach einigen Tagen auf dem Mittelmeer, in Marseille bei der französischen Armee zu melden und sich für den Kampf in

Als Lehrer im Interniertenlager Oeschgen (fünfter von links); Edward führt die Lagerschule (1942/43).

der 2. polnischen Schützendivision zur Verfügung zu stellen. Er wird in den Nordosten Frankreichs verlegt und erlebt die erbitterten Kämpfe um Belfort. Die Übermacht der Deutschen ist gross und seine Truppe wird eingekesselt. In der Nacht vom 19. auf den 20. Juni überquert er bei Goumois den Doubs und somit die Schweizer Grenze. Er wird entwaffnet und wird nun als Internierter ein weiteres Mal überleben.

Mein Vater hat nie über die ersten Wochen der Internierung gesprochen. Dafür umso mehr von Rüderswil im Emmental, wo er erst einmal bei einer Familie einquartiert wird. Bis zum Tod des Ehepaars Oberli bleibt mein Vater den beiden liebevoll verbunden; Frau Oberli ist sein Schweizer «Grossmueti». Fünf Monate später wird er zusammen mit 250 Kameraden ins aargauische Fricktal verlegt, zuerst ins Lager Wölflinswil-Bächlimatt, fünf Monate später nach Oeschgen. Seinen Notizen ist zu entnehmen, dass die «Leute gut mit uns sind». Die Internierten werden zu Arbeiten auf Bauernhöfen, im Bergwerk Herznach und beim Bau von Strassen- und Panzersperren eingesetzt. Der Lohn: ein Franken pro Tag. Ihre Arbeit wird sehr geschätzt, besonders in der Landwirtschaft. Die Beziehungen zur Zivilbevölkerung sind im Allgemeinen recht gut; die Fricktaler wollen den

Kriegsvertriebenen helfen. Man kümmert sich um deren Wäsche, hilft ab und zu mit Lebensmitteln aus und richtet eine Soldatenstube ein. Viele der jungen Soldaten haben bei Kriegsausbruch noch nicht einmal die Schule beendet und auch keine Lehre absolvieren können. Als Lehrer erhält mein Vater den Auftrag, die Schulbildung der Internierten zu verbessern, und so führt er während dreier Jahre die Lagerschule. Er singt im Soldatenchor mit und zeichnet für das kulturelle Leben im Lager mitverantwortlich.

Als Sergent-Major geniesst er die Vorteile eines Offiziersgrades und somit im «Ausgang» etwas mehr Freiheit. Und so trifft er bei einem Tanzanlass auf Irma Vogel. Diese blauen Augen! Schon beim ersten Tanz fragt er sie: «Andere Polen kehren mit ihren Ehefrauen nach Polen zurück, würden Sie auch?» Sie entgegnet ganz klar: «Nein.» Meine Mutter hat bereits mit siebzehn Jahren ihre Mutter verloren. Ihr älterer Bruder ist wegen eines schweren Unfalls invalid. Und da ist auch noch ein Vater, der unter Depressionen leidet, eine Sägerei und ein Bauernbetrieb. So viel Arbeit und Verantwortung – sie könnte dem nicht entfliehen.

Beide können diese erste Begegnung nicht vergessen. Obwohl der «orange Befehl» den Internierten jeglichen Kontakt mit der Bevölkerung, insbesondere den Frauen, verbietet, will Edward Irma wiedersehen. Durch eine Bekannte meiner Mutter erfährt mein Vater, auf welchem Feld bei Oberfrick meine Mutter gerade arbeitet. Er geht hin und fragt sie, ob er ihr helfen könne. Ihre Antwort ist klar: «Ich kann niemanden gebrauchen, der keine Heugabel in die Hand nehmen kann.» Und siehe da, flugs packt er die Heugabel, hilft mit – und gewinnt so Irmas Herz. Von da an besucht er sie, wann immer er kann, oft heimlich. Er hilft überall mit und erobert auch das Herz meines Grossvaters Otto. Allen ist klar, sie gehören zusammen.

Doch vorerst kommt die Zeit der schmerzlichen Trennungen. Im Frühsommer 1944 wird das Lager nach Bergdietikon verlegt. Dort und am Uetliberg bei Zürich werden die Polen bis zum Kriegsende im Strassenbau eingesetzt. Als die Internierten den Befehl ihrer Generäle aus England erhalten, die Schweiz wieder zu verlassen und in ihre Heimat zurückzukehren, heiraten recht viele Polen. Teilweise auch in der Hoffnung, mit Ihren Frauen in der Schweiz bleiben zu können. Sie wissen oft nicht, ob ihre Familie überlebt hat, und Polen steht nun unter sowjetischer Kontrolle. Längst nicht alle können ins kommunistische Land zurückkehren.

Ein Schicksalsschlag hindert Irma und Edward daran, zu heiraten. Im März 1945, elf Jahre nach dem Tod meiner Grossmutter, nimmt sich mein Grossvater das Leben, weil er den Verlust seiner geliebten Frau Frieda nie hat überwinden können. Für meine Mutter ist eine Hochzeit im Trauerjahr schlicht unmöglich. Und so entschliesst sich mein Vater, für die Demobili-

Die französische Aufenthaltsbewilligung, welche ausschliesslich für das Departement Haut-Rhin gilt. Interessant: Edek wohnt an der rue Kosciuszko 10; Tadeusz Kościuszko war ein polnischer Nationalheld des 18. Jahrhunderts, der unter anderem auch in Frankreich und in der Schweiz lebte.

sierung nach England zu fahren, den Dienst ordentlich zu quittieren und so bald als möglich wieder regulär ins Fricktal zurückzukehren.

Er erhält jedoch keine Einreisebewilligung für die Schweiz mehr und entschliesst sich deshalb im August 1945, in eine polnische Kolonie im Elsass zu ziehen. So kann er nahe der Schweizer Grenze bleiben. In Wittelsheim bei Mülhausen wird er wieder als Lehrer tätig. Auch hier ist er sehr aktiv und unterstützt vielfältige kulturelle Vereine.

Aber er gibt nicht auf. Während fast dreier Jahre reist er, wenn immer möglich, in Basel «schwarz» über die Grenze, um meine Mutter zu besuchen und sie zu unterstützen. Einmal wird er erwischt und wandert für fünf Tage ins Gefängnis im «Cholehof» in Basel. Aber er lässt sich nicht abhalten und kommt trotzdem immer wieder zu seiner Irma. Meine Mutter besucht ihn ebenfalls im Elsass. Sie kämpft inzwischen bei der Fremdenpolizei in Aarau dafür, dass ihr geliebter Pole wieder in die Schweiz einreisen darf. Doch da beisst sie auf Granit, sogar in Bern. Ein Oberst Zumbrunn schreit die junge Frau in seinem Büro an: «Gehen Sie doch ins Ausland mit Ihrem Ausländer, wir brauchen diese Fremden nicht.»

Zur Hochzeit des beliebten Lehrers im Sommer 1948 reisen viele Menschen aus dem Elsass an. Die Wittelsheimer ehren das Brautpaar mit Tanz- und Trachtengruppen.

In ihrer Verzweiflung wendet sie sich an einen ehemaligen Berner Offizier, der während der Grenzbesetzung in ihrem Elternhaus einquartiert war. Der Mann ist Jurist und, welch göttliche Fügung, in der Zwischenzeit bei der Fremdenpolizei in Bern tätig. Er muss sich sehr für meine Mutter und meinen Vater eingesetzt haben, denn im April 1948 darf mein Vater offiziell in die Schweiz einreisen. Und am 14. August 1948 schliessen meine Eltern in der Pfarrkirche St. Peter und Paul in Frick den Bund fürs Leben. Aus dem Elsass kommen gar zwei Busse mit Schülerinnen in polnischen Trachten, um diesen Anlass zu mitzufeiern. Meine Mutter weint bei der Hochzeit viele Tränen des Glücks und der Erleichterung.

Durch die Heirat mit einem Ausländer verliert Irma, wie alle Frauen in dieser Zeit, ihr Schweizer Bürgerrecht und wird staatenlos. Denn ihr Edward ist ein sogenannter desertierter Pole, der nicht in seine Heimat zurück kann. Da meinem Onkel Otto das halbe Erbe zusteht, er aber auf die Hilfe seiner Schwester angewiesen ist, darf meine Mutter auch als Staatenlose die Sägerei und den Bauernbetrieb weiterführen. Und nun wird sie auch von ihrem Edward unterstützt. Dem fällt allerdings die Umstellung vom Lehrer auf die Führung der Sägerei nicht ganz leicht. Aber mein Vater will unbedingt mit der neuen Situation fertig werden und sich so rasch als möglich in seiner neuen Heimat integrieren.

Edek, wie man meinen Vater nennt, ist sportlich und sehr musikalisch. Also tritt er umgehend der Männerriege bei und singt im Männerchor mit. Aufgenommen wird er erst mal mit viel Skepsis. Aber dann fängt man an, ihn zu schätzen, ja, er ist geradezu beliebt. Er singt die schwersten Soli im Chor, wird Vizedirigent. Später wird er sogar Präsident der Männerriege – die Zeit vergeht und endlich ist er aufgenommen als einer der ihren im Dorf.

Polen bleibt er dennoch sehr verbunden. Meine Eltern besuchen oft die polnische Kirche in Baden, pflegen ein polnisches Beziehungsnetz und unterstützen das Polenmuseum. Nach siebzehn Jahren wird die Sägerei verkauft und der Bauernbetrieb eingestellt. Für sechs Jahre arbeitet mein Vater als Teilhaber einer Möbelfabrik, bevor er für die letzten acht Jahre seines Berufslebens noch für die Buchhaltung einer örtlichen Bank zuständig ist. Zu Hause gibt es auch nach der Pensionierung viel zu tun: ein grosses Haus mit einem grossen Garten, und er geniesst es sogar, als Pensionierter einkaufen zu gehen. Bis zu seinem siebzigsten Geburtstag spielt er aktiv Faustball.

1953 erhält Irma das Schweizer Bürgerrecht zurück. Meine Mutter wollte immer sechs Kinder – es blieb bei einem. 1956 komme ich zur Welt, nachdem meine Eltern schon vier Kinder durch Fehlgeburten verloren haben. Ich habe einen Zwilling, der leider auch nicht überlebt. Ich bin ein Polenkind, bis sich mein Vater zusammen mit mir, seiner zweijährigen Tochter, im Oktober 1958 in Gipf-Oberfrick einbürgern lassen kann. Er liebt mich, seine einzige Tochter, über alles, und als ich dann noch Lehrerin werde, ist er einfach nur stolz.

Ich bin sechs Jahre alt, als unsere Familie 1962 zum ersten Mal all unsere Verwandten in Polen besucht. Dreiundzwanzig Jahre sind seit dem Abschied meines Vaters am Bahnhof vergangen. Mein Grossmueti lebt noch, mein Grossvater Vincenty hingegen ist 1944 bei einem der letzten Luftangriffe auf freiem Feld getötet worden. Mein Vater hat noch zwei Schwestern und zwei Brüder, die den Krieg als Kinder überlebt haben. Und ich habe auf einen Schlag elf Cousinen und Cousins. Lange Zeit treffen wir uns alle drei Jahre, entweder in der Schweiz oder in Polen. Inzwischen sind viele verstorben und ich habe nur noch zu einem Cousin regelmässigen Kontakt.

Über den Krieg und seine Erlebnisse spricht mein Vater kaum mit mir. Das ärgert mich oft. Besonders wenn er in einer Schule einen Vortrag hält oder bei Kindern der nächsten Generation Kriegsgeschichten zu erzählen anfängt. Erst später stelle ich fest, dass es seine Liebe zu mir ist, die ihn schweigen lässt. Dass das Schweigen, welches ich als verletzend empfinde, aus dem Willen heraus entstanden ist, mich zu schützen. Mein Vater ist der geborene Diplomat und ergänzt meine Mutter, die eher eine Frau der raschen, klaren Worte ist. Glücklicherweise trage ich von beiden etwas in mir.

Mein Vater stirbt 1991 mit siebenundsiebzig Jahren an seinem vierten Herzinfarkt. Meine Mutter ist sechsundachtzig, als sie 2004 verstirbt. Sie hat ihn sehr vermisst und nie mehr einen anderen Mann angeschaut. Ihr Pole war der schönste und liebenswerteste Mensch. Sie hat die schwere Zeit, die sie erlebten, nie bereut. Sie waren sehr glücklich zusammen und durch ihr Schicksal tief miteinander verbunden.

So bin ich ein durch sie beide geprägtes, glückliches Kind. Jetzt natürlich, mit über sechzig Jahren, ihr erwachsenes Kind, das zwei Seelen, eine polnische und eine schweizerische, in sich trägt. Schön, beides zu haben, vielen Dank, liebe Eltern!

Daniela Slania

Daniela bewohnt in fünfter Generation das elterliche «Vogel-Haus» in Gipf-Oberfrick. Als junge Frau verfolgte sie eine pädagogische Laufbahn und wurde Handarbeits- und Hauswirtschaftslehrerin. Doch sie wollte sich auch auf einer anderen Ebene weiterbilden und so absolvierte sie verschiedenste Aus- und Weiterbildungen. Sie wurde Mentaltrainerin, Coach, Körpertherapeutin und Pilates-Care-Trainerin. Heute betreibt sie ein eigenes Zentrum für integrative Körperarbeit. In ihrer Freizeit pflegt sie den grossen Garten, strickt und häkelt und verbringt mit ihren Hunden Bea, Beily und Ela viel Zeit in der freien Natur.

Sie half mit, die Interessengemeinschaft der Nachkommen internierter Polen in der Schweiz aufzubauen, und war längere Zeit Vorstandsmitglied. Schon vor einigen Jahren begann Daniela Geschichten von «Polenkindern» zu sammeln, was sich schliesslich zur Grundidee für das vorliegende Buch entwickelte.

Mit ihren polnischen Verwandten unterhält sich Daniela in der Regel auf Englisch, denn sie spricht leider nur sehr wenig Polnisch. Ihren Eltern ist sie dankbar für die beiden Seelen in ihrer Brust und sie ist stolz auf ihre polnischen Wurzeln. Für sie bleiben die Schweizer und Polen auf immer verbunden.

Daniela Slania (2019).

Magna res libertas –
Freiheit ist eine grosse Sache

Wiktor Stefaniak und Emma Holenstein

Gedanken von Michał Stefaniak und
ein offener Brief von Andrzej Stefaniak

Wiktor Stefaniaks Biografie, ja, die der Familie Stefaniak-Holenstein, zeigt zahlreiche Phasen, Konflikte und Prozesse der Integration auf. Anfangs in Richtung Schweiz, dann, in einer späteren Phase, eine Rückbewegung der Nachkommen Richtung Polen; vom Schweizertum zum Polentum. Die Bezeichnung «Schweizertum» existiert im Word-Vokabular nicht, wohl aber «Polentum» – offenbar scheint es für andere Länder kein Schweizertum zu geben. Schweizer sind schweizerisch oder eidgenössisch.

Im Gedenken an unsere Mutter Emma Holenstein (1917–2001) will ich ihre ungeheure Leistung nennen: als Berufsfrau – sie war Filialleiterin eines Coop-Ladens –, als Freundin und Verlobte eines internierten Hochschulstudenten und späteren Doktoranden, als Ehefrau eines Bürolisten und polnischen Kulturschaffenden im Exil und als Mutter zweier Buben, zweier «unerziehbarer Buben», so Mutter, und zweier «Spielkinder», so die schulärztliche und -psychologische Untersuchung von 1965. Ohne diese enorme Leistung wäre die Integration eines internierten Polen in der Schweiz fast unmöglich gewesen.

Wiktor wollte zunächst Historiker werden. Der Studienbeginn fiel jedoch ins Jahr der Weltwirtschaftskrise 1929 und so entschied er sich für ein Ökonomiestudium unter dem englischen Professor Taylor an der Adam-Mickiewicz-Universität in Poznań (dt. Posen). Anlässlich einer Begegnung unseres Vaters in späten Lebensjahren mit dem polnischen AK-Aktivisten, Politiker, Publizisten und Patrioten Tadeusz Nowak-Jeziorański in Zürich kam es zu einer rührenden Szene, als beide wahrnahmen, dass sie in Posen ehemals Studienkollegen gewesen waren. Unser Vater hatte eine hohe menschliche, geschichtliche und nationale Sensibilität. Er war eine Künstlernatur – als kultivierter Klavierspieler, Zeichner und Journalist. All dies, verwoben mit seiner patriotischen Erziehung, die trotz Lust am Lager- und Soldatenleben im Grunde mehr weiblich-sensitiv geprägt war als männlich-martialisch, liess ihn jede Phase seines Lebens intensiv erleben. Ebenso intensiv wie er seine Mitmenschen, das Geschehen in Polen und

Als Internierter arbeitet Wiktor oft in den Bergen, so auch zuhinterst im Safiental beim über 300-jährigen Walser-Berggasthof «Turrahus» auf 1700 Metern über Meer.

auf der Welt miterlebte, persönlich-subjektiv, aber auch politisch objektiv, vom Standpunkt des Hobbywissenschaftlers.

In der Schweiz engagierte er sich in zahlreichen Organisationen wie etwa dem Verein Freunde des Polenmuseums. Hier gehört er zu den fünfundzwanzig Mitgliedern, die vom Verein der Freunde des Polenmuseums für ihren Einsatz und ihr Wirken zur Erhaltung der polnischen Kultur und des Ideals eines freien und demokratischen Polen ausgezeichnet wurden. Ganz besonders lag ihm das «Polenhaus» (Dom Polski), ein Verein polnischer Emigranten in Zürich, am Herzen. Er nahm aktiv an der Organisation von kulturellen Anlässen oder von Festlichkeiten anlässlich von Weihnachten, Ostern, Nationalfeiertagen etc. – gelegentlich auch der Teilnahme polnischstämmiger Kinder am Sechseläutenumzug – teil. Dafür zog er über vierzig Jahre lang bei Anlässen der ehemaligen Kombattanten fast wie ein Sakristan mit einem silbernen Kässeli durch die Sitz- und Tischreihen. Seine Freunde warfen Münzen, manchmal ein Nötli durch den Schlitz und man hielt noch minutenlang und manchmal länger einen Schwatz. Nicht selten endete alles nach polnischer Sitte in einer herzlichen Küsserei. Ende der Achtzigerjahre konnte in Zürich-Oerlikon das Lokal «Polenhaus» erworben werden. Fast zu spät, da die Generation der Kombattanten bereits im Greisenalter stand und die polnische Emigrantengeneration der Siebziger- und Achtzigerjahre ganz andere gesellschaftliche Formen der Freizeitgestaltung pflegte, als sie das «Polenhaus» bot. Innerhalb des Vereins entstand deshalb auch eine Jugendgruppe, «Koło Młodych» genannt, die den jungen Polen und Polenstämmigen kulturelle Events anbot, unter anderem eine Tanzgruppe, mit der auch wir an Hochzeiten und anderen Anlässen in der ganzen Schweiz «Krakowiaks», «Polonesy», «Mazury» und andere Tänze darboten.

Die Erziehung von uns Söhnen, Michał Witold, geboren im Januar 1956, und Andrzej Stanisław, geboren im Dezember 1956, war unterschwellig doch sehr polnisch geprägt. Wir fungierten als Gesprächspartner für die polnische Sache, die in meinem Vater, für Dritte oft unfühlbar, in Herz, Seele und Hinterkopf flammte. In der Dämmerung sassen wir an Wochenenden oft noch stundenlang am halbgeräumten Esstisch. Und zum x-ten Mal wollten wir Buben Episoden aus seiner Geburtsstadt Leszno, der Studienzeit in Posen und natürlich der Flucht nach Frankreich erzählt bekommen. Endlich kamen, zu vorgerückter Stunde, Mamis Erdbeerbödeli mit Schlagrahm auf den Tisch, beendeten diskret die Polenrunde und brachten den Männerclub wieder auf schweizerischen Mutterboden. Als wir in die Pubertät kamen, entdeckten wir ungeöffnete Flaschen in Vaters Spirituosenversteck. Besonders angetan hatte es uns ein gelblicher italienischer Likör namens «La Strega». Nach dem Genuss eines kleinen Wodkakelchs aus geschliffenem Kristall («handmade in Poland») voll Strega zogen wir dann in Richtung Bett. Polnischer Wodka kam selten und nur für polnische Gäste auf den Tisch. Bei unseren Diskussionsrunden erörterten wir aber auch die politischen Phänomene des Sowjetkommunismus und des Nationalsozialismus, vor allem die psychologische Deformation und politische Denunziation des «gutgläubigen Bürgers» durch totalitäre Ideologien.

Äusserlich waren wir eine typische, ja konventionelle Schweizer Mittelstandsfamilie. Unsere Bindung an den Katholizismus brachte intelligente Freunde und die ersten Theatererfahrungen, zum Beispiel die Freundschaft mit Józef Maria Bocheński, eminenter Geistlicher, Philosoph und Professor an der Universität Freiburg, die intellektuell anspruchsvolle Beziehung zu Pater Robert Hotz sowie unsere langjährige Karriere als Ministranten in der Pfarrei Dreikönige, wo Pfarrer Peter Wittwer verschiedentlich Theateraufführungen organisierte. Mein Vater fungierte in der Revisionsgruppe unserer Pfarrei und bezeichnete sich trotz seiner kreativen Fähigkeiten und kulturellen Engagements als «Bürolist und Durchschnittsbürger». Das Kreative und Künstlerische aktivierte sich im Zusammenhang mit polnischen Angelegenheiten und in Bezug auf unsere Erziehung. Wir lasen Literatur- und Geschichtsbücher und lernten lesen, zeichnen, malen, musizieren, dich-

Ein Ausflug mit Verlobung: Auf einem Ausflug auf das Rütli am 28. Mai 1944 hält Wiktor um Emmas Hand an. Sie sagt ja.

ten, aus dem Stegreif spielen, diskutieren. Vaters Bescheidenheit nervte uns Söhne manchmal. Wir hatten vor, unser Polentum öffentlich zu zelebrieren. Vorbild waren uns hierbei polnische Künstler, Medienschaffende und Intellektuelle, mit denen wir in Polen in Kontakt kamen.

Langhaarig und bärtig wie die Söhne Kosma und Damian Kiemlicz aus Sienkiewiczs Roman «Sintflut», mit roten Hirschlederstiefeln, einem Geschenk polnischer Folkloretänzer an unsere Zürcher Tanzgruppe, knöchellangen dunkelfarbigen «Kosakenmänteln» aus dem Ausverkauf von Naphtaly und bearbeiteten Damenpelzmützen aus dem Brockenhaus, marschierten wir ins Gymnasium und als Lektoren in die sonntägliche Messe. Mutter bekam Migräne. Betreffend Säbel pflegten wir gute Kontakte zu Zürcher Antiquaren. Ab und zu gelang es uns, vom Taschengeld preisgünstig polnische, türkische, persische oder arabische Säbel zu erwerben. Wir hatten vor, Kreativität beruflich auszuüben, wobei das Theater als Medium Platz Nummer eins einnahm. Damals offerierte das Handelsgymnasium Freudenberg noch Rezitationskurse durch einen Schauspieler. Dieser integrierte uns als Gäste in den Sprechchor und die Rezitationsgruppe des Literaturgymnasiums Rämibühl – er war überwältigt von unserer Theaterbesessenheit, zehn Jahre bevor mir dies auch der «Tages-Anzeiger», etwas zweideutig, attestierte.

Als wir von 1966 bis Mitte der Siebzigerjahre praktisch jeden Sommer in Polen weilten, sei es bei Verwandten oder in von der polnischen Botschaft in Bern und der Organization Polish Abroad in Polen organisierten Sommerkolonien und der Sommeruniversität, trat Polen aus seiner historischen und nostalgisch-erzählerischen Sphäre heraus und nahm reale Züge an. Dort kamen wir nicht nur mit polnischen Secondos aus aller Welt, vom Libanon über Neuseeland bis zu den USA, zusammen, sondern auch mit Polen und Polinnen aus ländlichen Gymnasien, die mit uns zusammen die Ferien in der Grossstadt verbrachten, in Danzig, Gdingen, Breslau, Warschau.

1974 sieben Wochen Warszawa. Warschau, das war ein eindrückliches Erlebnis! Die Metropole eines «finsteren» Ostblockstaats. Ich erkannte den eitlen Schein und falschen Glanz Zürichs. Die geheimnisvollen Schätze einer Millionenstadt gegenüber diesem «Dorf», wo Millionenschätze an der Bahnhofstrasse feilgeboten werden. Die Magie Warschaus hat seither ein bisschen nachgelassen. Heute eile ich mit der U-Bahn vom Łazienki-Park, wo ich 1974 auf einer Bank unter dem Chopin-Denkmal ein Mittagsnickerchen machte und von ferne Arthur Rubinsteins Open-Air-Recital zu Gemüte bekam, in die Starówka. Es ist ein später Nachmittag im August mit wenig Touristen. Carpe diem! Ich nehme Platz in diesem Altstadtcafé und bestelle für mich allein denselben Eiskaffee und träume mich wehmütig vierzig Jahre zurück. Eiskaffee damals, in Begleitung einer polnischen Gymnasiastin im Maxirock, im Supermini. Sie zierte sich lange, bis ich die Getränke bezahlen durfte. Polen ist poetisch – Polen ist sexy.

Die Schweiz hingegen besitzt für mich heute überhaupt keine Magie mehr. Ich sitze zu Hause an meinem Fender-Rhodes Mark I und klimpere Bluesakkorde. Ich umgebe mich mit Vintageinstrumenten, flüchte in polnische Nostalgie nach den Siebzigerjahren in Zürich und Polen – Liebeleien, Hoffnungen, Ambitionen, Ulanenfantasien ...

Nach der Wende 1989 entstand für mich das, was 1945 meinen Vater an der Rückkehr nach Polen hinderte: eine als totalitär erlebte Bürokratie, welche dem im Grunde einfachen Gemüt der Stefaniaks abträglich war. Dem Druck der Sachzwänge versuchte mein Gemüt durch grosse Imagination, plastisch-szenische, akustisch-visuelle Gebilde und durch Produktion künstlerischer, wissenschaftlicher und publizistischer Art zu erwidern. Auch mein Vater hat in jahrelanger Arbeit, zuerst handschriftlich, später, durch Lähmung bedingt, praktisch im Einfingersystem auf einer Schreibmaschine seine Erinnerungen an sein Heimatland, an seine Flucht, seinen Einsatz als «Combattant» der polnischen Armee in Frankreich und endlich an seine Integration in die Winterthurer und Zürcher Gesellschaft zu seinem zweibändigen Buch «Freiheit ist eine grosse Sache» (Simon Verlag 1988) zusammengetippt.

Für mich persönlich entstand in der Schweiz in den Neunzigerjahren, getarnt unter Stichworten wie «Integration» und «Frauenförderung», ein Klima der beruflichen und familiären Destabilisierung, welche, zusammen mit der mangelnden Anerkennung des künstlerischen Talents durch das Umfeld, zur Emigration nach Polen führte.
Meine Rückkehr 2010 aus Polen nach Bern brachte mir, im Rahmen eines siebenjährigen Vegetierens, nur den Verlust all dessen, was ich mir zwischen 2000 und 2010 in Polen aufgebaut hatte, in letzter Konsequenz den Verlust der Gesundheit.

Ich möchte die Familiengeschichte strukturell betrachten. Seit hundert Jahren ergeben sich die Konflikte dieser Welt aus den Spannungen linker und rechter Ideologien und deren totalitärer Systeme. Solange die Linke in der Opposition war, fungierte sie kreativ, zwang den Staat oder das Regierungssystem zum Aufbau sozialer Strukturen. Ein totalitäres System vereinnahmt den Bürger, insbesondere den Künstler, zur Propaganda seiner Ideologie. Profilierte, innovative Künstler werden notorisch eliminiert, da sie für ideologische Zwecke ungeeignet sind. Ich halte ein liberales Wirtschafts- und Gesellschaftssystem für die günstigste Lösung. Es ermöglicht zahlreiche Kultur- und Kunstformen vom Starkult und Megaevent bis zu alternativen Formen. Es besteht die Möglichkeit, auch alternative Formen zu kommerzialisieren, wie es die Pop- und Punkkultur zeigt. Das heisst, der Erfolg hängt nicht von der Ideologisierung oder Politisierung des Künstlers durch das System ab, sondern von seiner Wahl, sich in kommerzielle Strukturen einbinden zu lassen oder eben im Rahmen eines «Undergrounds» eine eigene Kunstkultur zu pflegen, zu zelebrieren etc. Diese Wahl ist es, welche wir Stefaniaks als politische und gesellschaftliche Freiheit des Bürgers bezeichnen möchten, sei er Arbeiter, Angestellter, Unternehmer oder Künstler. Mit diesem Exposee möchte ich zur Publikation unserer Familiengeschichte animieren.

Michał Witold Stefaniak Bern, St. Johannis 2017

Offener Brief von Andrzej Stefaniak

Liebe Söhne und Neffen, liebe Nichte

Ihr habt soeben den Text meines Bruders Michał, den er kurz vor seinem Tod geschrieben hat, gelesen. Ich glaube, dass ich euch einiges erklären und euch in das einweihen sollte, was mein Bruder im Text verschwiegen hat. Ich möchte den Text meines Bruders aber nicht zensieren, ich möchte ihm seine persönlichen Ansichten zur Politik, Kultur und auch zum Feminismus lassen, wenn ich sie auch nicht teile. Passagen über sein Privatleben, die uns vom Thema zu weit entfernen, habe ich herausgenommen.

Mein Bruder schildert in einer trefflich zusammengefassten und selbstkritischen Analyse die Problematik der spannungsreichen Integration unserer Eltern und des bikulturellen Zusammenlebens, das von tiefer gegenseitiger Achtung und grosser Kompromissbereitschaft beiderseits gezeichnet war. Er versteht es, in wenigen Worten unser Polenbild und somit auch die Vorstellung unserer eigenen Identität als Polenschweizer zweiter Generation darzustellen und zu analysieren.

Der Titel «Magna res libertas – Freiheit ist eine grosse Sache» ist kein Zufall, steht er doch als Motto auf der Säule zu Rapperswil, die der Konföderation von Bar von 1768 gedenkt und den jahrhundertelangen Kampf um Freiheit symbolisiert. Einen Kampf, den mein Bruder während seines ganzen Lebens auf seine Weise als Theaterschaffender, als Künstler führte. Dass man seinen Text nicht versteht, verstehe ich. Haben die Leute denn meinen Bruder je verstanden? Vielleicht sagte er in seinem Leben und in seinem Text das, was man nicht wahrnehmen wollte und will; besonders heute, da unsere Konsumgesellschaft ja nur die Funseiten des Lebens in Betracht zieht. Vielleicht drückte mein Bruder das aus, was meine Eltern nicht sagen konnten oder wollten, das, was sie uns manchmal nur so beiläufig von ihrem Leben erzählt haben. Vielleicht erlebte mein Bruder öfters die Schattenseiten des Lebens einer Familie, deren Eltern, obwohl aus ganz unterschiedlichen Kulturkreisen stammend und charakterlich sehr verschieden, sich doch in jeder Hinsicht zu ergänzen schienen. Und vielleicht stiess seine Suche nach einer Existenz und Identität, die auch mein Vater im Innersten durchlebt hat, in der 41 285 Quadratkilometer grossen Schweizer Welt überall an die engen und stets bewachten Grenzen.

Dabei hätte mein Bruder Grund genug gehabt, die Steine, die unserer Familie in den Weg gelegt wurden, zu erwähnen. Beispielsweise die Fichenaffäre: Der Skandal, dass während Jahrzehnten unbescholtene Schweizer Bürger bespitzelt und über sie Fichen erstellt worden waren und wurden, war ein grosser Stein auf dem Weg zur Integration unserer Familie. Es kamen plötzlich fundamentale Zweifel am Schweizer Rechtstaat, am so sprichwörtlichen Schweizer Freiheitsgedanken, am Ideal einer demokratischen Gesellschaft auf. Die Bespitzelung erschütterte die ganze Familie und besonders meinen Vater und meinen Bruder, da sie in einem schlechten Licht, als Trunkenbolde und kommunistische Agitateure, dargestellt wurden. Der empfundene Schaden an Ruf und Ehre war umso grösser, als mein Bruder als Schauspieler und Regisseur öffentlich eine Rolle spielte und auch staatlichen Stellen gegenüber, besonders denen aus der Kulturpolitik, die über Subventionen und andere finanzielle Unterstützung entschieden, auftreten musste. Ich persönlich gehe davon aus, dass die über ihn angelegten Fichen die Absage versprochener Defizitgarantien der Zürcher Kulturbehörden von damals erklären könnten. Jedenfalls war diese Absage ein Schlag, von dem sich mein Bruder nie mehr richtig erholen konnte, weder psychisch noch materiell. Es hat ihn viel mehr als die Ersparnisse seines ganzen Lebens gekostet. Ich glaube, dass er, wie ein Michael Kohlhaas, zeitlebens diese von ihm als ungerecht empfundene Absage nie verkraften konnte. Dies erklärt zu einem grossen Teil die darauf folgende pessimistische Lebenshaltung meines Bruders und den etwas merkwürdig anmutenden Vergleich, den er zwischen zwei Gesellschaftssystemen zog: dem der damaligen Schweiz mit ihrer Geheimpolizei und wenig transparenten Kulturpolitik und dem des kommunistischen Polen. Die Fichenaffäre hatte besonders auch meinen Vater sehr mitgenommen. Er arbeitete tagelang an einer Verteidigungs- und Begründungsschrift, um die Verleumdungen von sich abzuschütteln, welche in diesen Fichen, die ihm stark zensuriert zugestellt wurden, zu lesen waren. Ich hingegen hatte gut daran getan, jegliche Zustellung der mich betreffenden Fichen, die wegen der Druckerschwärze nicht einmal als WC-Papier tauglich gewesen wären, strikte abzulehnen. Somit hat sich bei mir bis heute ein verhältnismässig positives Bild meiner alten Heimat erhalten. Während ich die ganze Fichenaffäre unter den Teppich der Zeit wischen konnte, war es für meinen Vater eine grosse Enttäuschung, er, der als internierter Soldat und später als Schweizer Unteroffizier doch stets bereit gewesen war, für die Verteidigung seiner neuen Heimat die Waffen zu ergreifen. Das Misstrauen des Schweizer Politapparats, aber auch vieler anderer Personen und Organisationen gegenüber den polnischen Internierten wirft die grundlegende Frage auf, ob die Schweiz an einer Integration der Ausländer wirklich interessiert war. Ja, diese Fichenaffäre rief unwillkürlich traumatische Erinnerungen an die KGB-Methoden Osteuropas wach.

Hinzu kam der Umstand, dass die Schweiz unserer Mutter bei ihrer Heirat mit unserem Vater 1951 das Schweizer Bürgerrecht abgesprochen und sie in regelmässigen Schreiben sehr aufdringlich aufgefordert hatte, mit ihrem Mann ins kommunistische Polen auszureisen. Doch nahm unsere Mutter all diese Schwierigkeiten in Kauf. Treu und standfest hielt sie sich an ihr Jawort, wie eine richtige Eidgenossin an ihren Eid. So patriotisch dies heutzutage klingen mag, es entsprach den Werten und Gedanken der Generation unserer Eltern. Unterstützt wurde sie von ihrem willensstarken Vater Otto, der, nach kurzer Skepsis, den polnischen Internierten mit Freude als Schwiegersohn aufnahm.

Meinen feinfühligen Bruder beschäftigten diese existenziell schwierigen Ereignisse sicher mehr als mich und trugen bedeutend zu seinem kritischen Blick auf die Schweiz bei. Ist es nicht erstaunlich, wie die Kinder selbst Teil des Schicksals ihrer Eltern sind, wie weit sich das Leben einer Generation auf das Leben der Nachkommen – euch, liebe Söhne und Neffen, liebe Nichte – überträgt?

Wenngleich mein Bruder und ich in unserer Kindheit uns so glichen, dass selbst die Nachbarn uns oft für Zwillinge hielten und wir die ganze Jugend hindurch all unsere Gedanken, Gefühle und Erlebnisse in Polen und der Schweiz, bei den Pfadfindern und als Ministranten teilten und uns bei Streitigkeiten körperlich und intellektuell massen, gingen wir später getrennte, eigene Wege. Mein Bruder als Schauspieler nach Deutschland, ich als Student nach Frankreich.

Während vieler entscheidender Jahre meines Erwachsenwerdens war mir mein Bruder ein Vorbild in Wissensdurst und kritisch-kreativem Denken. Er hat bestimmt viel tiefer als ich das Polentum meines Vaters mitbekommen, schon früh die geschichtlichen und kulturellen Hintergründe des Schicksals Polens und der damit verknüpften Familiengeschichte meines Vaters erfasst und verarbeitet. Er hat mit mir das geistige Erbe unserer polnischen Ahnen geteilt, mich mitgerissen in seiner Leidenschaft für Säbel, Barockmusik und die polnische und russische Literatur. Vielleicht war ich zu jung oder zu naiv, die Schwere der Existenz messen zu können. Ich sah mich als Geissenpeter in einer heilen Welt, in der lebensbejahenden, klaren, einfachen, optimistischen Welt der Familie Holenstein. Polen und die Schweiz waren für mich als kleiner Bub eins. Die Schweiz war fünfsprachig: Schweizerdeutsch, Französisch, Italienisch, Rumantsch und Polnisch. Während mein Bruder im Sofa und in Sienkiewczs «Quo vadis» versank, sang ich mit meiner Mutter fröhliche Postillonslieder beim Abtrocknen. Mein Vater lehrte mich die wehmütig-feurigen Lieder seiner Jugend, die ich bald auf einer in Gdańsk (dt. Danzig) gekauften Mundharmonika spielte, während sich Michał an Chopins «Nocturnes» oder Bachs «Wohltemperiertem Klavier» übte. Verkörperte meine Mutter die rationelle, praktische und unkomplizierte Seite des Lebens, so erahnte ich im Vaterbild ein geheimnisvolles, abenteuerlich-märchenhaftes und von dunklen Feinden bedrohtes Leben.

Wir hatten kein Auto. Auf unseren Eisenbahn- und Busreisen durch die Schweiz, vom Berner Oberland und Emmental bis ins hinterste Inn- oder Verzascatal, vermittelten uns beide Eltern die Liebe zur Natur und zu den Bergen. Als mir mein Vater ganz oben auf dem Piz Muraun das letzte Stückchen Schokolade reichte, das noch im Rucksack zu finden war, wurde ich mir als Kind der Bedeutung meines Vaters bewusst. Fotografien, auf denen ich ihn als internierten polnischen Soldaten bei der Anbauschlacht im Safiental sah, in schwindelnder Höhe, Pickel und Karren in der Hand – sie tauchten immer wieder während meiner beschwerlichen Fussmärsche als Mitrailleursoldat in den Alpen, vor meinen Augen auf und gaben mir Mut und Kraft.

Dennoch erschien uns das Leben unseres Vaters vor dem Zweiten Welt- krieg in Polen stets von Geheimnissen umwoben: seine Schulzeit unter preussischer Besetzung in Leszno (dt. vor 1918 Lissa), wo er 1909 gebo- ren wurde, seine Streiche und Witze als Schulbub, sein gestrenger Bruder Wacław und die lieben Schwestern. Oder seine liebende Mutter mit ihrem Mohnkuchen und sein friedfertiger, schwerhöriger Vater. Später seine Aus- bildung zum Matrosen auf dem Dreimaster Dar Pomorze und dann sein Studium in Posen. Und seine Geistererlebnisse als reisender Versicherungs- kaufmann, der auf einer der ersten Harley-Davidson-Maschinen vor dem Zweiten Weltkrieg halb Grosspolen durchfuhr – all das erscheint mir heute fast wie ein Roman. Noch spannendere Kapitel sind seine abenteuerliche Flucht aus Polen über die Tatra nach Ungarn in Begleitung von Studien- kollegen im Oktober 1939 und seine unheimlichen Erlebnisse in Gyöngyös. Als Flüchtlinge wurden sie von den Ungarn ganz herzlich aufgenommen – woran sich mein Vater immer mit grösster Dankbarkeit erinnerte – und in den Kellerräumen eines alten, verlassenen und heruntergekommenen Schlösschens untergebracht. Da stand dann plötzlich eines Abends die Ge- stalt des adeligen Besitzers, in seinen Kontusz gekleidet, mit einer Karabela an seiner Seite hängend, auf der grossen Marmortreppe, die in den ersten Stock führte. Er warnte meinen Vater vor dem Überqueren der Drava auf seiner Weiterreise nach Kroatien, Italien und Frankreich – warnte ihn, ver- schwand und niemand hat ihn je wieder gesehen. Mein Vater aber befolgte seine Anweisungen und rettete sich so vor einer Überquerung des Grenz- flusses, bei der alle seine Kameraden ertranken. Dann seine Einteilung in die 2. polnische Schützendivision bei Thénezay und Parthenay in Frankreich und sein Einsatz als Artillerist beim Clos-du-Doubs gegen die deutschen Panzereinheiten. Und schlussendlich sein Übertritt in die Schweiz und die darauffolgende Internierung. Wir haben sicher in unserer Erziehung einen wichtigen Abschnitt der Geschichte Europas mitbekommen, als ob es unsere eigenen Erlebnisse gewesen wären. Frankreich und die französische Sprache spielten dabei eine gewisse Rolle. Unsere Mutter sprach recht gut Französisch, hatte sie doch ein, zwei Jahre als Au-pair-Mädchen, wie es damals Tradition war, in einer reichen Genfer Familie verbracht. Mein Onkel Wacław, der Bruder unseres Vaters, wurde aus dem KZ Dachau von französischen Einheiten befreit und kam somit nach Paris, wo wir ihn oft besuchten und von unserem Vater bei dieser Gelegenheit die ersten Französischlektionen erteilt bekamen. Bestimmt trug dieser frühe Kontakt zur französischen Sprache und Kultur dazu bei, dass ich, zur Freude meiner Eltern, das Studium der Romanistik an der Universität Zürich aufnahm und, 1981, die Suisse romande mit ihrer grosszügigen Landschaft und ihrem Savoir-vivre zu meiner neuen Heimat machte.

Wir wuchsen also in einer sprachlichen und kulturellen Vielfalt auf und das Verlangen nach der weiten Welt – für Michał war es der Osten, für mich der Westen – wuchs in uns. Michał zog es zurück nach Polen, auf der Suche nach den Wurzeln seiner Identität, sodass er die letzten Jahre seines Lebens stets pendelnd zwischen Polen und der Schweiz verbrachte. Mich aber zog es immer weiter westwärts, in die weite, unergründliche Bergwelt der Anden.

So versteht ihr jetzt vielleicht, warum es mir so schwer fällt, auf die Frage des Taxifahrers in Lima, woher ich denn komme, zu antworten. Sage ich «Aus der Schweiz», so steigt der Tarif um fünf Soles, sage ich «Aus Polen», so schwärmt er die ganze Fahrt von Grzegorz Lato, Juan Pablo II oder Lech Wałęsa …

Ihr werdet – soweit mein Wunsch – den Reichtum eurer vielfältigen Identität und Persönlichkeit für den Aufbau einer neuen, besseren Gesellschaft, die sich ihrer Geschichte bewusst ist, einsetzen können.

In Liebe
Euer Tatuś und Wujek Andrzej   Lima, am Tag der Kartoffel, 2019

Michał Witold Stefaniak

Der erste Sohn von Wiktor und Emma Stefaniak besuchte das Wirtschaftsgymnasium Freudenberg. Noch vor seiner Maturaprüfung entschloss er sich, eine Ausbildung zum Schauspieler an der Schauspielakademie Zürich zu absolvieren, die er auch erfolgreich abschloss. Nach einer Anstellung am Schauspielhaus in Zürich spielte er während mehrerer Jahre in Deutschland, am Schauspielhaus Dinkelsbühl, wo er auch in der Regie ausgebildet wurde. Zwischen 1983 und 1991 verwirklichte er in Zürich verschiedene Projekte im Rahmen des «primitiven Theaters». Später führte er in Polen und an deut-

Michał Stefaniak in den 1980er-Jahren.

schen Theaterfestivals deutsch-polnisch-sprachige Performanceprojekte durch, mit denen er zivilisatorische, kulturelle und politische Strukturen der Beziehungen Polen – Europa ortete. In der Schweiz wandte er sich im Projekt «Inicjacja – Initiation» insbesondere der Figur Walsers zu und fand sich in der Rolle Schwendimanns, eines Wanderers und Heimatvertriebenen, wieder. Michał pendelte auf der Suche nach Heimat zwischen Polen und der Schweiz, wo er sich in seinen letzten Projekten «Berner Bär» oder «Exhibition» als Mensch anderer Zeiten darstellte.

Noch trieb es ihn mit seinem alten Motorrad zwischen Polen, Tschechien, Ungarn und Deutschland auf der Suche nach sich selber umher, bevor er am 22. Juni 2018 unerwartet an Krebs starb. Er hinterlässt drei Kinder: Bogdan, Halina und Cabuś.

Andrzej Stanisław Stefaniak
Der um nur elfeinhalb Monate jüngere Bruder Michałs studierte Romanistik, Germanistik, Altfranzösisch, die provenzalische Sprache, mittelalterliche Literatur und Kunstgeschichte. Nach seinen Studien arbeitete er zuerst als Repräsentant der polnischen Fluggesellschaft Lot am Genfer Flughafen, danach als Deutschlehrer in verschiedenen Gymnasien und später sieben Jahre beim Schweizerischen Roten Kreuz als Sozialassistent für die Aufnahme und Betreuung von Asylbewerbern. Sechs Jahre arbeitete er beim polnisch-schweizerischen Verlag Noir sur Blanc, wobei er sich wieder vermehrt der kulturellen und literarischen Zusammenarbeit zwischen Polen,

Andrzej Stefaniak mit den beiden Söhnen Constantin (links) und Alexandre (rechts) 2017 am Pazifik in Larcomar, Lima.

der Schweiz und Frankreich widmete. 2005 wanderte Andrzej nach Peru aus. Der vierundsechzigjährige Vater der beiden erwachsenen Söhne Alexandre und Constantin arbeitet heute als Deutsch- und Französischprofessor an verschiedenen Schulen und Universitäten und leitet verschiedentlich Konferenzen im Bereich französisch- und deutschsprachige Literatur. Andrzej ist seit 2006 in zweiter Ehe verheiratet und lebt mit seiner Frau und dem gemeinsamen elfjährigen Sohn Ignacy in Lima.

Nach seinem Verhältnis zu Polen befragt, gibt er eine ausführliche Antwort: «Ich habe natürlich ein idealistisches Bild von Polen. Für mich ist Polen eine ‹grosse Sache›, vielleicht zu gross für mich. Die Beziehung zu Polen ist so unergründlich wie mein embryonales Dasein, das nur manchmal in Form einer Collage von nostalgischen Gefühlen ins Bewusstsein dringt.»

Vatersprache

Tadeusz Stupka und Paula Meier

Aus dem Zimmer kam ein tiefes Schluchzen. Wer da wohl so weinte? Völlig aufgelöst sass mein Vater auf dem Bett und hielt verzweifelt einen Brief aus Polen in den Händen. Sein Vater war gestorben, und er durfte nicht an dessen Beerdigung reisen. Polen war ein kommunistisches Land und die Grenze blieb für geflüchtete Angehörige der polnischen Truppen gesperrt. Der Brief war zensuriert worden und bestand grösstenteils aus dicken schwarzen Streifen. Ich umarmte meinen Vater, spürte seine tiefe Traurigkeit und weinte mit. Weinte wegen des tiefen Kummers meines Vaters um einen Menschen, den ich kaum gekannt hatte, dessen Geschichte mich jedoch geprägt hat. Während des Krieges war mein Grossvater Leopold sechsundzwanzig Monate im Konzentrationslager in Auschwitz inhaftiert gewesen. Er war gelernter Friseur und taub. Und es scheint, dass genau dies ihm das Leben rettete. Denn die deutschen Offiziere im Lager liessen sich gerne von ihm rasieren und schätzten es, dass er von ihren Gesprächen nichts mitbekam. Er wurde bei Kriegsende, kurz bevor er zu sterben drohte, befreit. Bis heute ist unklar, weshalb mein Grossvater ins Konzentrationslager kam. Meine Grossmutter Wiktoria lebte jahrelang im Ungewissen über Leben oder Tod ihres Ehemannes und ihrer beiden Söhne Tadeusz und Józef.

1968, ich war gerade vierzehn Jahre alt, durfte ich zum ersten Mal mit meinen Eltern Polen besuchen. Zu den Reisevorbereitungen gehörte auch die Ausbürgerung aus Polen. Denn es bestand die Gefahr, dass wir nicht wieder hätten ausreisen dürfen. Ich bedauerte sehr, dass ich meine polnische Staatsbürgerschaft aufgeben musste, denn ich war stolz auf meine Zugehörigkeit zu Polen.

Beim Besuch des Museums in Auschwitz fanden wir den Namen meiner Tante aufgeführt, welche im Untergrund für die Insassen des Lagers gekämpft hatte. War dies der Grund für Grossvaters Inhaftierung gewesen?

Noch heute rieche ich die Armut, welche die feuchte Altbauwohnung meiner Grossmutter ausstrahlte. Und noch immer glaube ich den Druck zu spüren, den die allgegenwärtigen bewaffneten und uniformierten Männer ausübten. Aber ich bewunderte die Gastfreundschaft, die meine Verwandten uns angedeihen liessen: Sie bereiteten uns Menüs zu, deren Zutaten sie sich selber nicht leisten konnten. Mein Vater war Krakauer und unsere Verwandten leben noch heute teils in Krakau (pol. Kraków), teils in Auschwitz (pol. Oświęcim). Bei unserem Besuch erzählten sie, dass sie lange noch menschliche Knochen fanden, wenn sie den Garten in der Nähe des ehemaligen Konzentrationslagers umgruben. Das Essen dort wurde zur Qual für mich.

Diesen Polenbesuch hatte ich so düster in Erinnerung, dass ich zweiundvierzig Jahre brauchte, bis ich 2010 mit meinem Mann Axel und unserer zwanzigjährigen Tochter Nadine wieder in das Land reisen konnte. Nun endlich konnte ich einen Teil der Gefühle aufarbeiten.

In der ersten Septemberwoche 1939, kurz nach dem deutschen Überfall auf Polen, flüchtete mein Vater, Tadeusz Stupka, geboren am 11. Juli 1918, dessen Studium durch den Krieg verunmöglicht worden war, zusammen mit seinem Bruder Józef, geboren am 28. Januar 1920, aus Krakau. Gerade noch rechtzeitig, bevor die Deutschen am 6. September die Stadt besetzten. Die Flucht der beiden verlief abenteuerlich und war mit vielen Strapazen verbunden. Auf Pferdewagen bewegten sie sich mit der flüchtenden polnischen Armee gegen Osten, erlitten Hunger und Erschöpfung und wurden sogar voneinander getrennt. Der glückliche Zufall wollte es, dass die beiden in einem Waldstück unerwartet wieder aufeinandertrafen. Sie beschlossen, sich erneut gemeinsam auf den Weg zu machen, aber diesmal Richtung Westen, da sie vom Einmarsch der russischen Armee vernommen hatten. Sie erreichten schliesslich Ungarn und wurden in ein Lager aufgenommen. Aber das Warten wurde den beiden zur Qual; sie wollten sich lieber wehren, als tatenlos herumsitzen. Und so versuchten sie, über Jugoslawien und Italien nach Frankreich zu kommen. Dort wollten sie sich der neu formierten polnischen Exilarmee anschliessen und gegen Hitlerdeutschland kämpfen. Unterwegs jedoch erkrankte Józef schwer an einer Grippe, Tadeusz musste alleine nach Frankreich weiterreisen, um sich der 2. polnischen Schützendivision anzuschliessen. Auf Umwegen gelangte auch Józef zur polnischen Truppe und wurde ins 6. Infanterieregiment aufgenommen. Die beiden Brüder hatten sich aus den Augen verloren und wussten nichts voneinander. Wieweit sie beide in Kämpfe gegen die Wehrmacht verwickelt waren, weiss ich nicht, schlussendlich wurden beide in der Schweiz interniert, ohne voneinander zu wissen.

Mein Vater war in verschiedenen Internierungslagern untergebracht: Nach dem Überschreiten der Grenze bei Goumois im Jura kam er nach Büren an der Aare, später nach Rohrbach im Emmental; es folgten in der Ostschweiz Sirnach, Gossau, Schiers und schliesslich das Hochschullager Herisau. Während der Semesterferien wurde er unter anderem beim Bau des «Polenweges» im oberen Safiental eingesetzt.

Onkel Józef kam in Brémoncourt über die Grenze, wurde nach Bollo-
dingen und anschliessend ebenfalls nach Rohrbach gebracht. Er blieb, mit
wenigen Ausnahmen, bis zum Ende der Internierung in Lagern im Emmental und im bernischen Oberaargau. Während ihrer Internierung bei Rohrbach wussten die beiden Brüder nicht, dass sie, nur durch einen Hügelzug
getrennt, innerhalb der gleichen Gemeinde lebten. Dank eines Suchauf-
trages beim Roten Kreuz fanden die Brüder in Rohrbach zusammen. Zuerst verweigerte man eine Verlegung von Józef zu Tadeusz. Aber dank
der Unterstützung einer engagierten Bäuerin, bei der mein Onkel wohnte
und arbeitete, durften sie wieder zusammenkommen. Doch nur für kurze
Zeit, denn sie sollten wieder getrennt werden – diesmal allerdings, ohne
sich wieder aus den Augen zu verlieren. Denn mein Vater wurde im Hochschullager Herisau interniert und bekam die Gelegenheit, ein Studium als
Lizenzökonom an der damaligen Handelshochschule St. Gallen zu absolvieren. Es erfüllt mich mit Hochachtung, dass mein Vater dies schaffte. Und
in diesem Moment bin ich auch der Schweiz dankbar, welche dies ermöglicht hatte. In der Universität St. Gallen findet sich eine Dankestafel der internierten Polen, welche dort studieren durften.

Die Gemeinde Rohrbach setzte sich für meinen Onkel ein, um ihm
den Verbleib in der Gemeinde zu ermöglichen. Er heiratete Lydia Lory, eine
Lehrerin aus diesem Dorf, lernte perfekt Berndeutsch, arbeitete teilzeitlich
als Dekorateur und blieb zeitlebens freischaffender Künstler.

Während der Internierung in Herisau verliebte sich mein Vater in die hübsche Paula Meier. Die gelernte Modistin war eines von sechs Kindern von
Kantonsrat Viktor Josef Meier. Mein Grossvater war mit dieser Beziehung
überhaupt nicht einverstanden, denn den Internierten waren Kontakte zur
Bevölkerung verboten. Als Politiker scheute mein Grossvater einen Skandal und wollte kein Risiko eingehen. Also durfte sich mein Vater keines-
falls in der Wohnung der Familie Meier aufhalten und war er eingeladen,
musste er seine Mahlzeit im Keller einnehmen. Die Brüder meiner Mutter jedoch unterstützten meinen Vater. Sie liehen ihm Kleider, um ihm so
ein Treffen mit seiner zukünftigen Frau zu ermöglichen. Er war ein sehr
höflicher, beliebter und intelligenter Mann mit viel Charme, welcher die
Frauen stets mit Handkuss begrüsste. Ich nehme an, dass diese unbewil-
ligten Ausflüge zum Eintrag «manque de discipline» im Dienstbüchlein
geführt haben.

Nach Kriegsende wurden die Polen aufgefordert, die Schweiz zu verlassen. Aus verschiedensten Gründen konnten viele nicht zurück in ihre
Heimat; einige wanderten deshalb nach Frankreich aus. Noch im März 1946
schloss sich ihnen mein Vater an und bewirtschaftete mit einem befreun-

Hochzeit in der neuen Heimat, ohne Familie, nur mit Freunden (Februar 1949).

deten Ehepaar einen Bauernhof in Boismorand zwischen Orléans und Nevers im Departement Loiret. Meine Eltern führten zweieinhalb Jahre lang eine Fernbeziehung; wenn man sich traf, dann meist in Paris. Im Dezember 1948 kamen Paula und Tadeusz nach Herisau, um Weihnachten zu feiern. Jetzt akzeptierte auch Kantonsrat Meier diesen Polen. Denn gleichzeitig wurde die Verlobung der beiden gefeiert.

Kurz darauf folgte meine Mutter ihrem Liebsten und am 5. Februar 1949 wurde in der Kirche von Boismorand mit Freunden, aber ohne Angehörige Hochzeit gefeiert.

Später pachteten sie gemeinsam mit zwei polnischen Freunden den Bauernhof Sans Souci in Villeneuve-l'Archevêque, einem Dorf im Burgund nahe der Grenze zur Champagne. Hier wurde 1951 mein Bruder Alexandre und ich 1954 geboren. Die meisten schönen und fröhlichen Erinnerungen, von denen meine Eltern erzählten, stammen aus dieser Zeit. Ursula, Mutters Schwester, kam gelegentlich zu Besuch. Sie verliebte sich dabei in Władek Nowak, den besten Freund meines Vaters; und so kam es, dass sie ebenfalls einen Polen heiratete und auch nach Frankreich zog. Ihr Sohn Viktor kam einen Monat nach mir zur Welt, wurde sogar von meiner Mutter gestillt und am selben Tag wie ich getauft. Bis heute verbindet uns eine enge Beziehung.

Auf dem Pachtgut bei Boismorand (um 1950).

Irgendwie finde ich es schön, dass zwei der drei Schwestern einen polnischen Internierten geheiratet hatten. Die beiden Familien blieben ein Leben lang eng verbunden und beste Freunde. Die dritte Schwester heiratete einen Norddeutschen: Er war blond, blauäugig und sein Vorname war Adolf. Die Familienfeste wurden zwar gemeinsam gefeiert, aber eine gewisse Reserviertheit Adolf gegenüber war stets spürbar. Die Eltern meiner Mutter haben nach dem Krieg alle Schwiegersöhne sofort akzeptiert und in unsere Familie aufgenommen; man blieb sich zeitlebens sehr verbunden.

1956 spitzte sich die finanziell prekäre Situation der unerfahrenen Bauersleute so zu, dass sich die Familien entschieden, in die Ostschweiz zurückzukehren. Mein Vater begann als Hilfsbuchhalter bei der Firma Osterwalder AG in St. Gallen zu arbeiten. Der Firma blieb er bis zu seiner Pensionierung treu. Als Prokurist führte er kurz vor seiner Pensionierung noch bei fünfzig Tankstellen die elektronische Datenverarbeitung ein. Meine Mutter arbeitete als Teilzeitverkäuferin im Warenhaus Oskar Weber in der Multergasse in St. Gallen.

Mein Vater war ein hochintelligenter, warmherziger Mensch mit viel Lebensfreude, der gerne die grosse Gastfreundschaft und innige Freundschaften mit anderen Internierten pflegte. Ferien und Feste wurden stets zusammen gefeiert, entweder mit der Familie oder mit den zahlreichen polnischen Freunden. Dabei wurde ausschliesslich polnisch diskutiert, viel gelacht und auch getanzt.

In St. Gallen gab es eine grosse polnische Gemeinde. In meiner Kindheit lernte ich die polnische Küche und die polnischen Melodien kennen; ich las vorwiegend Bücher aus dem Osten, diese jedoch auf Deutsch. Sonn-

205

tags besuchten wird die polnische Messe im Dom von St. Gallen. Sie wurde von Pfarrer Franja, einem sehr liebenswürdigen polnischen Geistlichen, geleitet. Und auch polnische Weihnachten wurde jährlich zusammen mit allen anderen Polen gefeiert. Mit meiner Familie feiern wir bis heute polnische Weihnachten. Musik war ein wichtiger Teil unseres Familienlebens. Mein Vater lehrte mich die klassischen Tänze, wir musizierten zusammen und begleiteten die polnischen Weihnachtslieder. Meine Tante in Krakau sendet uns jedes Jahr die gesegneten Oblaten. Für mich ist es immer wieder eine Freude, dass Axel, Nadine, unsere Pflegetochter und alle unsere Angehörigen und Gäste dies ganz besonders schätzen. Das warme Gefühl meiner Kindheit ist so bis heute geblieben.

Und oft sammelten wir gemeinsam Pilze, beispielsweise Reizker, welche entweder gebraten oder in Essig eingelegt wurden. Schon das Zubereiten gestaltete sich als Fest, waren doch meist mehr als zehn Personen daran beteiligt. Meine Mutter war eine ausgezeichnete Köchin, die auch polnische Gerichte zuzubereiten wusste. Irgendwie hat sich in mir ein Bild festgesetzt: Mutter kochte, ich wusch ab und Vater feierte.

Seine Hobbys pflegte er leidenschaftlich. Er strickte unzählige Pullover mit schwierigen Mustern, knüpfte riesige Teppiche und stickte Gobelins, welche von seinem Bruder fachmännisch eingerahmt wurden. Oder er zerkleinerte bunte, selbstgesammelte Steine, aus denen er später kunstvolle Mosaike anfertigte.

In unserer Familie wurden christliche Werte unterschiedlich gelebt. Mein Vater war ein gläubiger Pragmatiker. Da er vor seinem Wechsel in die Ökonomie zuerst im Priesterseminar in Krakau studiert hatte, konnte er mir meine Fragen differenziert beantworten. Mutter hingegen war sehr streng katholisch aufgewachsen, ihr Glaube war mit viel Aberglauben verbunden. Sie war eine liebevolle, fleissige und kreative Mutter, welche jedoch, den Grund wissen wir bis heute nicht, mehr und mehr in eine Alkoholkrankheit rutschte, an welcher sie mit achtzig Jahren auch starb.

Meine Eltern führten eine sehr gute Beziehung – sie liebten sich innig und getrauten sich auch, ihre Liebe zu zeigen. An der goldenen Hochzeit erneuerten die beiden ihr Eheversprechen und tauschten nochmals ihre Ringe. Es war eine grosse Liebe, die trotz harten Prüfungen bis zum Lebensende anhielt.

Mein Vater hatte bereits während zehn Jahren meine Mutter gepflegt, als er selber schwer erkrankte. Wir brachten unsere Mutter in ein Pflegeheim in unserem Wohnort, damit ich meinen Vater während seines kurzen und schweren Leidens bis zu seinem Spitaleintritt bei uns zu Hause pflegen konnte. Auf seinem Sterbebett sprach er nur polnisch. Ich verstand die Vatersprache nicht, tief im Innern jedoch fühlte ich seine Not. Am 30. Oktober

Beide Männer haben eine Tochter von Viktor Meier geheiratet. Die beiden Familien bleiben einander lebenslang verbunden: Tadeusz und Paula Stupka mit Władek und Ursula Nowak (von links). Vorne (von links) die Kinder Alexandre, Viktor und Cécile (um 1960).

1999, sieben Jahre vor dem Tod meiner Mutter, starb mein Vater mit achtzig Jahren im Kantonsspital St. Gallen. Ich zog meinem Vater den Ehering vom Finger, brachte ihn zu meiner Mutter und steckte ihn ihr an den Finger. Sie behielt ihn bis zum Lebensende an ihrer Hand. Am Totenbett sang meine Tante Lydia das polnische Wiegenlied «Lulajże Jezuniu» (Schlafe, mein Jesuskind). Bei der Beerdigung spielten zwei befreundete Trompeter dasselbe Stück in der Kirche und während des Gottesdienstes begleitete ihn der berührende Gesang unserer neunjährigen Tochter Nadine.

Mein Onkel Józef starb neunzig Jahre alt in Rohrbach. Seine Frau Lydia, welche heute noch bei guter Gesundheit ist, pflegte ihn bis zuletzt.

Mein Vater hat zeitlebens nie über den Krieg gesprochen. Ich denke viel darüber nach, was die Kriegsgeschichte mit mir und mit vielen anderen gemacht hat. Inwieweit wurde ich, wurden wir alle dadurch geprägt?

Mein Vater war in Frankreich eingebürgert worden und blieb zeitlebens Franzose. Er erhielt eine Ehrenmedaille als französischer Offizier. Einmal im Jahr musste er seine Niederlassungsbewilligung erneuern lassen. Meine Mutter verlor durch die Heirat das Schweizer Bürgerrecht und galt, bis sie im August 1953 das französische Bürgerrecht erhielt, als «sans-papiers» – staatenlos. Ich bin in Frankreich geboren, als Kind in Frankreich eingebürgerter Eltern, lebe jedoch seit meinem zweiten Lebensjahr in der Schweiz. Für meine Schulkameraden blieb ich «die Französin», auch nachdem ich 1966 Schweizer Bürgerin geworden war. Meinen französisch-polnischen Paten lernte ich erst mit zwanzig anlässlich einer Frankreichreise kennen.

Meine Eltern einigten sich auf die deutsche Sprache in der Familie. Gab es etwas zu besprechen, was wir Kinder nicht hören sollten, unterhielten sie sich auf Französisch. Für meine Mutter war das wohl nicht ideal, so lernte sie nie Polnisch. Und auch ich spreche bis heute kein Polnisch, der Klang der Sprache jedoch hüllt mich warm und geborgen ein.

Die Verbundenheit unter den Polen führte zu weltweiten Beziehungen, sei es in Europa oder auf anderen Kontinenten. So kam unser Cousin aus Kanada während fünfundzwanzig Jahren in die Schweiz in die Ferien. Oder ich fand in Tel Aviv bei polnischen Freunden eine Übernachtungsmöglichkeit. Und bis heute pflegen wir einen engen Kontakt zu meinem polnischen Cousin und seiner Familie. Dazu gehören auch viele gegenseitige Besuche. Geselligkeit und ein offenes Haus zeichnen uns aus. Und so ist es mir eine Freude, dass wir in unserer Familie die polnischen Traditionen weiterhin leben; sie sind ein Teil meiner Identität.

Aber die Schweiz und meine Appenzeller Wurzeln sind ein genauso wichtiger Teil. Als Tochter einer Schweizerin und eines Polen erlebe ich beide Kulturkreise stark, auch den meiner Mutter. Da sind besonders meine Muttersprache und die Musik. Noch heute wird an Familienfesten öfters mal ein Zäuerli angestimmt. Ich bin glücklich, dass ich in einer freien, demokratischen Schweiz leben darf. Und ich denke an Mutters Wesensart, ihren sprichwörtlichen Appenzeller Humor und ihre natürliche Bescheidenheit, verbunden mit der Eigenschaft, sich an kleinen Dingen zu erfreuen und alles wertzuschätzen. Wohltuend an unserer Familie war und ist, dass sich die beiden Kulturen ergänzen. Bis zum heutigen Tag schätzt man sich gegenseitig und feiert Familienfeste nach Möglichkeit gemeinsam. Wir sind eine grosse Familie geworden – polnisch-schweizerisch eben.

Die Geschichte meiner Familie prägte mich in vielerlei Hinsicht: Ich bin manchmal etwas rebellisch, gleichzeitig versöhnlich und hilfsbereit. Meine Eltern schenkten mir Liebe, Geborgenheit und Vertrauen. Dies bildet stets die Basis für meine Haltung Mitmenschen gegenüber, mein Führungsverständnis orientiert sich deshalb an Entwicklung und Förderung.

Ich habe mich während vierzig Jahren als Pflegefachfrau für kranke Menschen eingesetzt, engagierte mich in der Politik und beteilige mich an Vereinen. Ich habe grosse Hochachtung dafür, wie die Schweiz im Juni

Cécile Schefer-Stupka mit Ehemann Axel und Hund Watson (2019).

1940 während zwei Tagen die Aufnahme von 42 000 polnischen und französischen Soldaten sowie 7000 Zivilisten bewältigt hat. Dies in einer für das Land äusserst angespannten Situation. Die Schweiz gab den Flüchtlingen Unterkunft, Ausbildung und Arbeit und erhielt dafür acht Millionen Arbeitsstunden als ökonomischen Gegenwert. Ich wünschte mir sehr, dass diese guten Erfahrungen mit der Bewältigung der Flüchtlingssituation des Zweiten Weltkriegs eine Grundlage für die heutigen Flüchtlingsprobleme bilden würden.

Cécile Schefer-Stupka

Noch mit fünfzig absolvierte sie ein Masterdiplomstudium in Betriebswirtschaft für Nonprofitorganisationen und entwickelte erfolgreich, basierend auf einem Zeittauschmodell, die vierte Säule mit neuen Möglichkeiten für Sicherheit und Lebensqualität im Alter. Die diplomierte Pflegefachfrau bildete sich immer weiter, wurde Pflegedienstleiterin, Ausbildnerin und war zuletzt während zwölf Jahren Leiterin einer Spitexorganisation in der Stadt St. Gallen. Cécile war politisch aktiv und ist ehemalige Glarner Landrätin. Die Mutter einer erwachsenen Tochter lebt in Niederurnen. Dort betreuen sie und ihr Mann als Pflegeeltern zwei Mädchen im Teenageralter.

Den Ausgleich sucht sie im Garten und sie hat die Liebe zur Musik beibehalten; sie spielt engagiert Violine und seit einiger Zeit auch Alphorn. Das frisch pensionierte Ehepaar hat vor eineinhalb Jahren eine neue Herausforderung angenommen. Sie sind Patenfamilie für Watson, einen angehenden Blindenführhund. Den Welpen auf dem Weg zu einem erwachsenen Hund zu begleiten ist nicht nur ein Hobby. Es bedeutet auch, Respekt, Geduld und Zuwendung für dieses Familienmitglied auf Zeit aufzubringen; besonders aber viel Liebe und Freude. Die Liebe zu Menschen, Tieren und Natur scheint Cécile auf ihrem Weg zu begleiten. Ihre polnisch-schweizerische Familie hat ihr trotz aller Erschwernisse diese Werte mitgegeben. Bis heute drückt sich dies im Feiern des Lebens aus.

Ein deutscher Pole aus Frankreich

Edmund Walczak und Luise Affeltranger

«Ruhrpole» ist kein Schimpfwort, aber es definiert, in welche Bevölkerungsgruppe mein Vater, Edmund Walczak, am 4. Dezember 1919 hineingeboren wurde. Seine Eltern hatten sich während des Ersten Weltkriegs in Berlin kennengelernt. Seine Mutter, Julianna Wiechowski, war Dienstmädchen, Vater Antoni Walczak Kavallerist. Beide gehörten ursprünglich der polnischen Bevölkerung der Region Stettin (pol. Szczecin) in Pommern an, welche der Armut zu entfliehen suchte. Mit seiner jungen Frau zog er nach Westfalen und fand dort, wie Tausende seiner Landsleute, in den Bergwerken des Ruhrgebiets ein Auskommen als Minenarbeiter. Man nannte sie die Ruhrpolen. Edmund kam als fünftes von acht Kindern in Verne, dem ältesten noch lebendigen Marienwallfahrtsort Deutschlands, zur Welt.

Im Versailler Friedensvertrag, nach dem Ersten Weltkrieg, wurde ein «Optionsverfahren» festgelegt. Dieses gewährte Deutschen in polnischen Gebieten und Polen in Deutschland die freie Entscheidung über die zukünftige Staatsbürgerschaft. Nach langwierigen Verhandlungen endete die Frist zu Beginn des Jahres 1922. Mit einer Abstimmung fiel die Entscheidung vieler Polen zugunsten der polnischen Staatsbürgerschaft aus. Zwischen den beiden Ländern kam es danach zu Spannungen und politischen Auseinandersetzungen, die in gegenseitigen Ausweisungen deutscher Reichsausländer aus Polen und polnischer Staatsangehöriger aus Deutschland gipfelten. Davon waren rund 20 000 Ruhrpolen betroffen. Allein 1922 kehrte rund ein Drittel der Ruhrpolen in die alte Heimat zurück – viele der anderen suchten jedoch im Norden Frankreichs, im Kohlerevier Nord-Pasde-Calais bei Lille, eine neue Zukunft als Mineure.

Familie Walczak erhielt in Escaudin ein Haus mit vier Zimmern, Küche und einem Garten zugeteilt. Die Kohle für Küche und Heizung war Bestandteil des Lohnes und dank des Gemüsegartens und der Haltung von Schweinen, Kaninchen und Hühnern war man Selbstversorger und verfügte über ein bescheidenes Einkommen. Allerdings stellte Frankreich dafür einige Bedingungen an die Immigranten. Eine davon war, dass die Knaben bereits ab dem dreizehnten Altersjahr in den Minen arbeiten mussten und die Mädchen als Helferinnen oder Dienstboten bei Bauern und vermögenden Familien eingesetzt wurden. Eine schulische Ausbildung für die Kinder der Mineure war zweitrangig.

Die polnischen Minenarbeiter blieben auch in Frankreich unter ihresgleichen und lebten in polnischen Kolonien, welche die Franzosen als «pe-

Mit dreizehn beginnt für Edmund die Arbeit in der nahen
Mine von Abscom (Nordfrankreich), für fast sieben Jahre
(um 1934).

titres Polognes» bezeichneten. Das Zusammenleben in diesen polnischen
Kolonien gestaltete sich familiär, patriotisch-nationalistisch und katholisch
gesinnt. Und man wusste sich zu helfen. Die Polen hatten sogar ihr eigenes Schulwesen, damit ihre Kinder wenigstens auf Polnisch unterrichtet
werden konnten. Der polnische Unterricht fand am Abend statt, nach dem
regulären französischen Unterricht, dessen Besuch für die arbeitenden
Kinder nicht mehr möglich war. Der Unterricht wurde von Polen gestaltet, welche von der polnischen Gemeinschaft als kompetent empfunden
wurden, um den Kindern die Geschichte Polens zu vermitteln, mit ihnen
zu singen und hauptsächlich ihnen die Sprache zu vermitteln. In ihrer eigenen Welt gründeten die Polen zudem eine Vielzahl eigener Vereine für
Musik, Theater, Fussball, Tanz und selbst für die kirchliche Organisation. So
war es ihnen möglich, die polnische Kultur und ihre Traditionen zu erhalten. In Nordfrankreich werden diese teilweise bis zum heutigen Tag rege
gepflegt. Die Walczaks gehörten dieser polnischen Diaspora in Frankreich
an. Also sprach man zu Hause Deutsch, bei der Arbeit Französisch und in
der Freizeit pflegte man das Polnische. Edmund spielte Mandoline und
Gitarre, musizierte zu den Majówka-Feiern und mit seinen Geschwistern
tanzte er in Krakauer Tracht, stellvertretend für eine polnische Tracht, tra-
ditionelle Volkstänze.

Mit dreizehn wurde es auch für Edmund zur Pflicht, in den Kohleminen zu arbeiten. Knapp zwei Jahre später, nach einem kleinen Unfall,
wurde ihm klar: «Hier werde ich nicht alt.» Er wollte weiterkommen und
rasch war ihm klar, dass er dafür die Schule besuchen und abschliessen
musste. So rannte er täglich nach der Arbeit zur Schule. Das wurde zwar

nicht sehr gerne gesehen, aber er konnte sich durchsetzen. Der Abschluss der Schule war so wichtig geworden, dass ihm der Entscheid leicht fiel, als die Behörden ihn mit achtzehn vor die Wahl stellten, entweder Franzose zu werden und somit die Militärpflicht in der französischen Armee zu erfüllen oder weiterhin Pole und somit ein einfacher Minenarbeiter zu bleiben. Er entschied sich für die Ausbildung; also musste er weiterhin in die Minen, konnte aber gegen Abend die Schule besuchen.

Doch dann brach der Zweite Weltkrieg aus und eine weiterführende Ausbildung war unmöglich geworden. Denn zum Jahresende 1939 hin wurden Edmund und sein jüngerer Bruder Leo zum Dienst in der frisch gegründeten polnischen Exilarmee aufgeboten. Sein Bruder wurde nach England abkommandiert, Edmund hingegen kam zur 2. polnischen Schützendivision. Im Juni 1940 drängten die Deutschen Teile der französischen Armee und mit ihnen diese Division bis an die Schweizer Grenze zurück. Eine hoffnungslose Situation.

Die Rettung erfolgte am 19. Juni 1940; Edmund überschritt, zusammen mit rund 12 500 anderen polnischen Soldaten und Offizieren die Grenze zur Schweiz und wurde interniert. Bis im Winter 1943 war er in verschiedenen Interniertenlagern vorwiegend in der Zentralschweiz untergebracht. Die Arbeitseinsätze war sehr unterschiedlich. So arbeitete er im Strassenbau, aber auch als Pflücker oder Hilfsarbeiter bei Bauern, in der Soldatenstube und als Reinigungsgehilfe im Interniertenspital in Wiesendangen. Es muss bei einem der Arbeitseinsätze gewesen sein, als mein Vater einem alten Bekannten begegnete, der aus demselben polnischen Dorf stammte wie meine Grossmutter. Korporal Edmund Walczak durfte von da an während der ganzen restlichen Zeit der Internierung auf dessen Hilfe und Unterstützung zählen. Weder wissen wir, wie er hiess, noch was für einen Rang er bekleidete; aber es muss der eines höheren Offiziers mit Einfluss und Entscheidungsgewalt gewesen sein. In der Familie und im Freundeskreis nannte man ihn später schlicht den «General». Er war es, der Edmund empfahl, auf jeden Fall eine Ausbildung zu absolvieren, und daraufhin seine Beziehungen spielen liess. So bewirkte er, dass mein Vater im Winter 1944 nach Winterthur ins Hochschullager verlegt wurde.

Luise Affeltranger kam am 26. Dezember 1916 in Winterthur als ältestes von drei Kindern zur Welt. Nach der Schule absolvierte sie in Montreux ein Welschlandjahr und begann eine Schneiderinnenlehre. Meine Mutter war eine selbstbewusste, für die damalige Zeit emanzipierte junge Frau. Und so entschied sie sich, nachdem sie erfahren hatte, wie schlecht der Schneiderinnenlohn war, kurzerhand für eine Zusatzausbildung und arbeitete danach als Sekretärin. Sie wollte ihre Sprachkenntnisse verbessern und

reiste für einen Sprachaufenthalt nach London, musste aber nach Kriegsausbruch in die Schweiz zurückkehren. Von da an arbeitete sie in Zürich
im Büro eines jüdischen Unternehmers und lebte zusammen mit den beiden Brüdern Hans und Heiri in der Vierzimmerwohnung ihrer verwitweten
Mutter an der Rosenaustrasse in Winterthur.

Mein Vater wurde Mitte Januar in Töss einquartiert, in einem Zimmer
über dem Restaurant Klosterhof, dem heutigen Castello. Dort war es aber
sehr lärmig und mein Vater wollte sich ein ruhiges Zimmer suchen. Der
«General» vermittelte ihm schliesslich eine Unterkunft nur wenige Schritte
entfernt bei der Witwe Affeltranger. Diese und ihre beiden Söhne waren
froh, das knappe Einkommen durch Untermiete aufbessern zu können,
obwohl sie eigentlich nicht genug Platz hatten. Also beschlossen die Brüder kurzerhand, dass der junge Pole Luises Zimmer bekommen und diese
im Wohnzimmer schlafen sollte. Edmund bezog das Zimmer und machte
sich dadurch bei Luise nicht sonderlich beliebt. Denn diese war ziemlich
empört über das dreiste Vorgehen ihrer Brüder und entschied, dem jungen Polen grundsätzlich aus dem Weg zu gehen. Doch die Liebe geht son-
derbare Wege. Ein Badezimmer gab es damals nicht, nur eine Toilette. Wer
baden wollte, musste dies in einer Wanne in der Küche tun. Eines Tages
kreuzten sich die Wege von Luise und Edmund im Korridor ... Ich bin sicher, dass mein Vater die hübsche Frau angesprochen hat und meine Mutter hat ziemlich sicher auf Französisch geantwortet – der Rest ist Liebesgeschichte.

Sofort änderte sich alles. Meine Grossmutter hat meinen Vater schnell
wie einen dritten Sohn akzeptiert und meine beiden Onkel unterstützten
das Paar wo immer möglich. So liehen sie beispielsweise dem Soldaten zivile Kleider, damit er ab und zu nach Zürich fahren und Luise von der Arbeit
abholen konnte. Ein ziemlich riskantes Unterfangen, mein Vater hat später oft erzählt, wie aufregend die verbotenen Bahnfahrten in Zivilkleidern
gewesen seien. Dank der Familie konnte er mit Aushilfsarbeiten nebenbei
noch etwas verdienen.

Bei Kriegsende beschlossen die beiden, dass sie heiraten und in Frankreich leben wollten. Nur wenige Wochen später, Ende Juni 1945, kehrte
mein Vater vorerst alleine nach Frankreich zurück, um seine Familie wieder
zusammenzuführen. Bis auf seinen jüngeren Bruder Leo, der gefallen war,
konnte mein Vater mit Hilfe des Roten Kreuzes alle anderen Familienmitglieder finden.

Im Sommer 1946 folgte ihm meine Mutter nach Frankreich. Die Familie meines Vaters nahm die junge Frau mit offenen Armen auf; nur die
zukünftige Schwiegermutter bekundete etwas Mühe mit der offensichtlich
emanzipierten und aufgeklärten, modernen Frau, die sogar die eigenen

Im August 1946 heiraten Luise und
Edmund im französischen Escaudin.

Schwägerinnen aufklärte. Trotzdem, bereits im selben Jahr, am 11. August,
heiratete die protestantische «Tössemerin» Luise Affeltranger im Seiten-
schiff der katholischen Kirche von Escaudain ihren Edmund und verlor
deshalb ihr Schweizer Bürgerrecht. Sie war jetzt Polin.

Mein Vater war nicht bereit, wieder in die Kohleminen zu steigen, und
suchte sich eine Arbeit als Radiotechniker. Das stellte sich jedoch als unmöglich heraus, denn die weitverbreitete Meinung, Polen hätten in den
Minen zu arbeiten, galt noch nach dem Krieg, auch unter den Polen selber.
Diese Überzeugung haftete Generationen lang in den Köpfen der Mineur-
familien. Noch in den Siebzigerjahren verbot die Familie meinem Cousin,
Motorradpolizist zu werden. Dies gehöre sich nicht für einen Polen.

1947, Nachkriegszeit in Frankreich. Mein Vater war arbeitslos und meine
Mutter schwanger. Die Armut war gross und der Hunger auch. Später erzählte mir meine Mutter, sie hätten damals teilweise tagelang lediglich Kirschen zu essen gehabt. Wer weiss, vielleicht mag ich deshalb Kirschen bis
heute so besonders. Da kam ein Aufruf der polnischen Regierung, dass die
Bürger in die Heimat zurückkehren sollten, um das Land wieder aufzubauen, gerade richtig. Und so reisten meine Eltern mit mir, dem ungebore-
nen Kind, in einem der vielen und endlos langen Züge Richtung Polen. In
Legnica (dt. Liegnitz) in Niederschlesien fanden sie schliesslich ihr neues
Zuhause und hier kam ich dann Ende Oktober zur Welt.

Als einer der wenigen ausgebildeten Radiotechniker fand mein Vater in Legnica bereits nach kurzer Zeit eine Anstellung beim polnischen Staatsradio. Wir erhielten eine möblierte Wohnung mit Garten, mein Vater machte Karriere und bezog ein grosszügiges Salär. Es ging uns sehr gut. Die aus der Schweiz kommenden Pakete meiner Grossmutter, stets gefüllt mit Kaffee, Schokolade, Wolle und anderen sehr begehrten Gütern, verschenkte meine Mutter an die Nachbarn und verteilte vieles auch an die Armen. Mein Vater handelte nebenbei mit vielen unterschiedlichen Dingen, was zusätzlich einen schönen Batzen Geld in die Haushaltskasse spülte. Seine fast legendären «Geschäftsabende» mit russischen Soldaten bleiben mir unvergesslich. Abschlüsse besiegelte man mit Handschlag und literweise Wodka. Und während mein Vater am nächsten Morgen seinen Rausch hinter gezogenen Vorhängen ausschlief, sammelte ich die restlichen Flaschen ein. Zusammen mit meinem gleichaltrigen Freund verkaufte ich sie oder heimste das Depot für die leeren Flaschen ein. So kamen wir zu einem üppigen Taschengeld.

Meine Eltern hatten einen grossen Freundes- und Bekanntenkreis; vor allem Leute, welche neben Polnisch auch Französisch sprachen. Allerdings sprachen die meisten Polen nur mit meiner Mutter, wenn mein Vater anwesend war. Erst als sie mir später mal erzählte, dass man sie oft wie eine unwillkommene Deutsche behandelt und regelrecht den Kontakt mit ihr zu vermeiden gesucht hatte, realisierte ich, wie schmerzlich das für sie gewesen sein muss.

1955 erneutes Elternglück, meine Schwester Danuta kam zur Welt und der Familie ging es immer besser. Inzwischen war mein Vater ein hoher Verwaltungsbeamter mit Chauffeur und wir hatten auch eine Hausangestellte. Es gab festliche Abende, bei denen meine Mutter Klavier spielte und Vater sang. Im Gegensatz zu anderen Polen genossen wir etwas Luxus, nicht zu vergessen die edlen Pralinen und der russische Kaviar. Fast könnte man sagen, dass wir alles hatten. Aber Mutters Heimweh wurde immer grösser.

Weil meine Mutter inzwischen das Schweizer Bürgerrecht wiedererlangt hatte, durfte sie im Winter 1957 mit mir und meiner Schwester für einen längeren Aufenthalt in die Schweiz reisen. Ich war neun und meine erste Erinnerung an die Schweiz heisst Fasnacht. Kaum in Winterthur angekommen, bereits am zweiten Tag, wurde ich geschminkt, kostümiert und zusammen mit Cousin und Cousine zur Fasnacht geschickt. Der «Karneval» war mir nicht fremd und ich verstand zwar die Sprache etwas, konnte aber selber kaum ein Wort Deutsch sprechen. Das änderte sich rasch.

Ursprünglich war geplant, dass mein Vater nachkommen sollte. Aber plötzlich durfte er Polen dann nicht mehr verlassen. Er arbeite für den Staat, deshalb sei es unmöglich, dass er das Land verlasse. Heute weiss ich, dass man schlicht und einfach nicht die ganze Familie gleichzeitig ausreisen lassen wollte – das Risiko einer Flucht in den Westen war zu gross. Mein Vater erklärte mir später einmal, dass man, solange man den Kommunisten versprach, man würde der Partei beitreten, fast alles haben konnte. Aber wenn man dann das Versprechen nicht einlösen wollte, konnte es sehr unangenehm werden. Als meinem Vater vor Weihnachten die Ausreise noch immer verweigert wurde, reisten wir drei zurück nach Polen. Und jetzt, als mein Vater uns an der tschechischen Grenze abholte, verstand ich die Sprache kaum mehr. Nach nur neun Monaten musste ich mein Polnisch sozusagen wieder auffrischen.

Schon zu Beginn des Jahres 1958 erhielt mein Vater doch tatsächlich ein Ausreisevisum, um seine Familie in Nordfrankreich zu besuchen – nur er. Sein Entschluss hatte schon vor der Abreise festgestanden: keine Rückkehr ins kommunistische Polen. Meine Eltern bereiteten alles für seine «Flucht» in den Westen vor. Also traf er sich in der Schweiz mit Hans und Heiri, seinen beiden Schwagern. Gemeinsam organisierten sie die Rückkehr der Familie nach Winterthur. Auf dem Rückweg verliess er in Zürich den Zug, ging zur nächsten Polizeistelle, gab seine Papiere ab und wurde am 26. April 1958 staatenlos.

Wie vorher vereinbart, streute ein Bekannter in Legnica Gerüchte, wonach mein Vater sich abgesetzt und Frau und Kinder in Polen alleine zurückgelassen habe. Ja, er lebe wie die Made im Speck dort im Westen. Und er habe sogar bereits eine neue Geliebte. So konnte Mutter die Situation ausnutzen. Sie meldete sich sofort bei den Behörden, jammerte, dass sie als Schweizerin, die nicht einmal richtig Polnisch spreche, nun ganz alleine sei und ihre Wohnung vermieten müsse, damit wenigstens etwas Geld zur Verfügung stehe. Aber die Behörden liessen sich Zeit und es begannen die Schikanen und der Papierkrieg. Mutter schrieb mich während der Sommerferien in der deutschen Schule ein und vermietete tatsächlich schon bald unsere Wohnung an eine jüdische Familie, die sich auf eine Ausreise nach Palästina vorbereitete. Wir kamen inzwischen bei einer befreundeten Familie unter – zu der ich übrigens bis heute den Kontakt aufrechterhalte. Unendliche vier Monate und viele Kopfschmerzen später liess man uns endlich ausreisen. Meine Mutter, die Schweizerin, erhielt eine Ausreisebewilligung auf unbegrenzte Zeit. Meine Schwester und ich allerdings, die beiden echten polnischen Kinder, durften das Land für höchstens drei Jahre verlassen.

Nach einer dreitägigen, umständlichen Reise durch Polen, die Tschechoslowakei und Österreich kamen wir am 28. August 1958 in Zürich an. Alles war vorbereitet; wir wurden abgeholt und fuhren nach Winterthur zu unserer Schweizer Familie. Noch in derselben Woche sass ich bereits in einem Schulzimmer, verstand und sprach nur wenig Deutsch und hatte keine Freunde mehr. Zur gleichen Zeit deponierten unsere Eltern meine und Danutas polnische Ausweispapiere bei der Polizei und wir wurden, obwohl unsere Mutter Schweizer Bürgerin war, staatenlos wie unser Vater.

Als Teenager war ich oft wütend darüber, dass meine Eltern einfach entschieden hatten, dass wir Kinder staatenlos sein sollten. Für mich hatte das weitreichende Folgen. So war es mir verwehrt, wie meine Mutter ein Auslandjahr zu besuchen. Meine Lehre absolvierte ich in einem Blumengeschäft am Flughafen Kloten. Hier bot sich uns oft die Möglichkeit, ganz billig einen Last-Minute-Flug ins Ausland zu buchen. Ich aber konnte davon nie Gebrauch machen – ich hätte niemals so kurzfristig ein Visum erhalten. Jede Reise ins Ausland, und war es nur ein Besuch bei den Grosseltern in Frankreich oder eine noch so kleine Ferienreise, musste in einem aufwendigen Verfahren bei der Fremdenpolizei beantragt werden. Und schon während der Schulzeit hiess es immer, ich dürfe mich nicht über den Lehrer, der mich oft schikanierte, beklagen oder unangenehm auffallen, denn das würde unserem Ruf schaden und man könnte uns deshalb die Einbürgerung verwehren. Zwölf lange Jahre, bis 1970, mussten mein Vater, meine Schwester und ich auf den Schweizer Pass warten.

Im Gegensatz zu meiner Schwester, die als kleines Kind in die Schweiz gekommen war und nie richtig Polnisch gesprochen hatte, tat ich mich immer wieder schwer damit, gute Schulnoten nach Hause zu bringen. Der Lehrer mochte mich nicht besonders und warf mir vor, mein Deutsch sei nicht besonders gut, und verglich mich regelmässig mit den frisch in die Schweiz geflüchteten Ungarnkindern. Ich fühlte mich während der gesamten Schulzeit als Fremde, oft genug hörte ich: «Du kannst das sowieso nicht», so oft, bis ich es selber glaubte. Die Schulkameraden beschimpften mich als «Waldschnägg», weil sie meinen Familiennamen Walczak merkwürdig fanden. Erst viele Jahre später, bei einem Klassentreffen, nachdem in einer Lokalzeitung ein Artikel über meine Familie erschienen war, entschuldigten sich einige. «Hätten wir damals etwas über die Geschichte eurer Familie gewusst, wir hätten dich doch nicht so geplagt.» Sie hätten doch damals nicht, wie es der Lehrer verlangt habe, mit mir Hausaufgaben schreiben, mit mir spielen oder sich gar um mich kümmern wollen. Niemand habe ihnen etwas über das Schicksal der Walczaks erzählt.

Zu Hause sprach unser Vater aus Prinzip nicht Polnisch mit uns. Mit Mutter sprach er immer Französisch, mit uns Deutsch. Polnisch bekamen wir nur zu hören, wenn wir Besuch hatten oder wenn wir Anlässe des Polnischen Vereins Winterthur besuchten. Allerdings pflegte man in unserer Familie die polnischen Bräuche und polnische Speisen kamen regelmässig auf den Tisch. Nur die allseits bekannten Oblaten zu Weihnachten gab es bei uns nicht – schliesslich war das ein katholischer Brauch und unsere Mutter war Protestantin geblieben. Noch heute mag ich aber die polnische Küche mit ihren Spezialitäten.

Dank seines Wissens über Radiotechnik, seiner stetigen Bereitschaft, sich weiterzubilden, und den Beziehungen seiner beiden Schwager konnte mein Vater bereits nach wenigen Tagen in der Schweiz eine Arbeitsstelle bei einem Heimelektronikgeschäft in Winterthur antreten. Später wechselte er zur Konkurrenz, wurde Geschäftsführer einer Aussenstelle und blieb bis zu seiner Pensionierung ein wertvoller und allseits geschätzter Mitarbeiter. Auch in verschiedenen Vereinen war er akzeptiert und integriert. Meine Mutter hingegen war für uns alle und für alles die perfekte Organisatorin und starke Frau im Hintergrund.

Seinen Wissensdurst und Erfahrungshunger verlor mein Vater nie. Auch nach seiner Pensionierung interessierte er sich für vieles. Er lernte Englisch und Handharmonika, absolvierte Computerkurse, interessierte sich ernsthaft für Weinbau und fing sogar zu wursten an. Und während wir Töchter heirateten und ihm Enkel schenkten, bereiste er zusammen mit meiner Mutter voller Elan viele Länder auf der ganzen Welt. Seinem Credo, «Lernen, lernen, lernen», blieb er treu und versuchte auch, diese Lebenseinstellung weiterzugeben. Er liebte seine Enkel über alles und förderte sie, wo immer es möglich war. Im Gegensatz zu meiner Mutter war er der unstete Geist; sie war der ruhige, bestimmte und besonnene Teil ihrer Beziehung, blieb eine emanzipierte Frau und machte durchaus das, was sie wollte. Und sie blieb fit; noch mit achtzig schwamm sie im Schwimmbad regelmässig fünfundzwanzig Beckenlängen.

Ich glaube, die beiden haben eine schöne Ehe geführt, und es hat uns sehr gefreut, dass wir alle gemeinsam ihre goldene Hochzeit feiern durften.

Die Diagnose Leukämie verschwieg uns mein Vater. Nur sein langjähriger Hausarzt wusste davon. Trotzdem reiste er zusammen mit meiner Familie und Freunden seiner Enkel noch einmal nach Mimizan-Plage in Frankreich. Hier hatte er in den Jahren zuvor viele Male mit all seinen Angehörigen glückliche Ferien verbracht. Und in seinem letzten Lebensjahr, 1998, lernte er sogar noch Italienisch. Auf die Frage, weshalb und wofür denn, antwortete er spottend: «Für den Fall, dass ich dem Papst begegne und dieser nicht mehr Polnisch spricht.» Der Pole Karol Józef Wojtyła war damals Papst Johannes Paul II.

Nach einem Herzinfarkt schlief mein Vater am 28. November 1998 im Kantonsspital Winterthur friedlich in den Armen meiner Mutter für immer ein. Sie lebte noch fast zehn Jahre und verstarb 92-jährig im April 2008.

«Ich will zu Vati ins Grab!» Die Erfüllung ihres letzten Wunsches war nicht leicht, denn mein Vater hatte eine Erdbestattung gewählt. Aber meine Eltern haben mich die Hartnäckigkeit gelernt. Mutters Urne konnten wir schlussendlich in das Grab meines Vaters geben und auf dem Grabstein prangt die Fotografie eines glücklichen Paars, das über fünfzig Jahre zusammen einen gemeinsamen Weg gegangen ist.

Annemarie Pfleiderer-Walczak

Sie blieb mit ihrer Familie bis vor elf Jahren in ihrem Elternhaus in Winterthur. Heute lebt die Mutter von zwei erwachsenen Söhnen mit ihrem Mann Martin in Pfungen. Die gelernte Floristin bildete sich weiter und war später in der Pflege tätig. Heute geniesst sie ihren Ruhestand und ist eine passionierte Besucherin von Flohmärkten und Brockenhäusern. Ihre zweite Leidenschaft gilt dem Stricken und Häkeln. Aber sie wäre nicht die Tochter ihres Vaters, wenn sie nicht auch auf Handwerker- und Flohmärkten als Händlerin aufträte.

Zur Familie in Frankreich ist der Kontakt nach dem Tod ihrer Mutter abgebrochen, denn Annemarie spricht kein Französisch. Aber ihr Polnisch hat sie wieder aufpoliert und besuchte schon sechsmal die alte Heimat, das erste Mal, als die Swissair die Flugverbindung Zürich–Warschau in den Flugplan aufnahm. Heute hat sie einige polnische Freunde, pflegt regelmässig Kontakte zu anderen Nachkommen polnischer Internierter oder besucht Anlässe der Polnischen Gesellschaft Winterthur. «Ich fühle mich Polen sehr verbunden», sagt sie, «ich bin polnisch gastfreundlich, schaue oft polnisches Fernsehen und freue mich immer, wenn mir Freunde Mohnkuchen oder Honigwodka aus Polen mitbringen. Ich bin Schweizerin, aber Polen – Polen berührt meine Seele.»

Annemarie Pfleiderer-Walczak (2019).

Spuren im Strudel der Geschichte

Tadeusz Wojnarski und Ewa Zawadyńska

Die Geschichte meiner Familie begann mich erst nach dem Tod meines Vaters so richtig zu interessieren. Die traumatischen Erlebnisse aus dem Zweiten Weltkrieg hatten sein ganzes Leben beeinflusst. Als glühender Patriot engagierte er sich nach dem Krieg in polnischen Organisationen, zuerst in Spanien, später in der Schweiz. Er war ein fürsorglicher Vater, der seine Familie durch alle Stürme hindurch zusammenhielt. Und er hatte einen starken Charakter mit unverrückbaren Einstellungen. Oft nannte er mich öffentlich «mein Erstgeborener». Das war mir immer peinlich, vor allem gegenüber meinen Geschwistern. Ich wollte keine Sonderstellung. Er förderte mich am meisten, aber er forderte und erwartete auch mehr von mir. Oft hatte ich das Gefühl, dass er mich nach seinen Vorstellungen formen wollte. Dass er mir seinen Vornamen gegeben hatte, verstärkte in mir dieses Gefühl. In der Folge hatte ich während meiner Pubertät ein grosses Bedürfnis, meinen eigenen Weg zu gehen. Dieser Prozess war für uns beide oft schmerzhaft und mit Verletzungen auf beiden Seiten verbunden.

Ich war bereits über zwanzig, als es wieder zu einer Annäherung kam. Zurück blieb eine Rivalität – vor allem, wer mit seiner Weltanschauung recht hat. Seinen meiner Meinung nach engen moralischen Ansichten leistete ich Widerstand und unsere zunehmend unterschiedlichen politischen Einstellungen führten dazu, dass wir uns immer wieder überwarfen. Leider auch noch, als er von seiner Krankheit gezeichnet war. Über seine sehr schwere Zeit während des Krieges erzählte er uns kaum und verwies uns auf seine Memoiren. Diese zu seinen Lebzeiten zu lesen widerstrebte mir. Ich brauchte eine gewisse Distanz, um mich seiner Lebensgeschichte nähern zu können. Erst viele Jahre nach seinem Tod las ich sie. Aber dann zog sie mich in ihren Bann.

Meine Mutter war in unserer Familie stets die Dienende. Auch für unseren Vater in seinem Engagement für die polnische Diaspora. Manchmal leistete sie ihm Widerstand, was wir jedoch als Kinder nie merkten. Ihre Loyalität aber war grenzenlos und so unterstützte sie ihn schliesslich mit allen Kräften.

Die Geschichten meiner zwei Herkunftsfamilien weisen bemerkenswerte Parallelen und Berührungspunkte auf. Zudem dokumentieren sie im Kleinen das historische Streben des polnischen Volkes nach Freiheit und Souveränität.

Die Zawadyńskis, die Familie meiner Mutter, gehörten der Szlachta, dem polnischen Landadel, an. Schon seit Mitte des 18. Jahrhunderts engagierte sich die Familie immer wieder polnisch-patriotisch. Sie liessen sich in der Bukowina nieder, einem Gebiet, das zu Österreich-Ungarn gehörte und heute in der Westukraine liegt. 1886 kam mein Grossvater Alfred Filip Zawadyński zur Welt. Die Familie Wojnarski stammt ursprünglich aus bäuerlichen Verhältnissen in der Gegend von Jasło im polnischen Galizien, welches damals zu Österreich-Ungarn gehörte. Mein Ururgrossvater Piotr Wojnarski war Bezirksrichter in der Bukowina, meinen Urgrossvater Witold verschlug es als österreichischen Militärarzt nach Bosnien. Dort kam 1894 mein Grossvater Witold Celestyn zur Welt. Die Mütter meiner beiden Grossväter waren Schwestern.

Die Familie Zawadyński wechselte um die Jahrhundertwende ihren Wohnsitz nach Rumänien. Mein Urgrossvater kaufte bei Bukarest einen Gutsbetrieb und erbaute eine moderne Molkereifabrik. Es war der erste Betrieb in Rumänien, der Milchpulver herstellte. Mein Grossvater Alfred erlernte bei seinem Vater das Molkereihandwerk und wurde 1912 technischer Direktor im väterlichen Betrieb. Im patriotischen Geist der Szlachta aufgewachsen, engagierte er sich gesellschaftlich und politisch. Er verliebte sich in eine Freundin seiner Schwester Ewa, Sophie Rothenflue, die einer alten Rapperswiler Familie entstammte. Kurz nach Ausbruch des Ersten Weltkriegs heirateten die beiden.

Nachdem Polen nach dem Ersten Weltkrieg und nach 123 Jahren Fremdherrschaft wieder die Unabhängigkeit erlangt hatte, wollte mein Grossvater in einem rückständigen Gebiet eine neue, grosse Molkerei bauen, um so zum wirtschaftlichen Aufschwung des neuen Polen beizutragen. Dies, obwohl er mit der Fabrik seines Vaters in Bukarest beste wirtschaftliche Voraussetzungen und ein sicheres Familieneinkommen hatte.

Im polnischen Provinznest Sokołów Podlaski begann er 1920 mit dem Bau. Das kleine Städtchen lag bis zur Unabhängigkeit Polens im Zarenreich und war besonders vernachlässigt. Der Bau musste während des russisch-polnischen Krieges unterbrochen werden, aber bereits Anfang 1922 startete er mit der Herstellung von Molkereiprodukten und im Sommer zog er seine Familie aus Bukarest nach. Seine Fabrik Zakłady Towarzystwa Przemysłu Mleczarskiego Sokołów Podlaski entwickelte sich erfolgreich. Mit zwanzig Mitarbeitenden gehörte sie damals zu den bedeutendsten Molkereiunternehmen im jungen Polen. Sein Schwager Ludwik Kocowski, der Ehemann seiner Schwester Ewa, übernahm die Leitung des Verkaufs. Über eigene Verkaufsstände in Warschau und anderen Städten vermarktete er Rahm, Butter, rund fünfzehn Käsesorten und vieles mehr.

An Ausstellungen gewann das Unternehmen viele Preise. Lokal engagierte sich mein Grossvater gesellschaftlich: Zur Förderung der Volksgesundheit gründete er den örtlichen Turnverein Sokół und half den Bauern, sich landwirtschaftlich zu entwickeln.

Nach ihren Geschwistern Jadwiga, Lorenz und Tadeusz kam meine Mutter Ewa am 25. Juli 1925 als viertes Kind zur Welt. Mein Grossvater starb im August 1928 an einer Lungenentzündung und so wurde meine Mutter mit drei Jahren Halbwaise. Ein Jahr später erlag sein Schwager Ludwik einer Nierenentzündung. Während einiger Jahre versuchte meine Grossmutter mit der ebenfalls verwitweten Ewa vergeblich, die Molkerei weiter zu betreiben. Sie mussten schliesslich aufgeben und verarmt reiste meine Grossmutter Sophie 1937 in die Schweiz. Meine Mutter war inzwischen zwölf. Die ausgezeichnete Schülerin lernte in Zürich blitzschnell Deutsch und «Züridütsch». Nach der Sekundarschule schloss sie erfolgreich eine kaufmännische Ausbildung ab. Zusammen mit ihrer Schwester Jadwiga, inzwischen ausgebildete Kindergärtnerin, ermöglichte sie ihren Brüdern Tadeusz und Lorenz, an der ETH in Zürich zu studieren. Inzwischen tobte um die Schweiz herum der Zweite Weltkrieg. In Italien kämpfte ein polnischer Soldat gegen die deutsche Wehrmacht für die Freiheit seiner Heimat. Sein Name: Tadeusz Wojnarski. Wie Ewas Vater war auch er ein patriotischer Hitzkopf.

Als 1914 der Erste Weltkrieg ausbrach, wurde Grossvater Witold Celestyn Wojnarski von der österreichischen Armee aufgeboten. Er hatte keine Lust, für die Mittelmächte zu kämpfen, und desertierte nach Italien. Nach deren Niederlage wurde Polen im Herbst 1918 unabhängig. Jetzt kehrte mein Grossvater nach Warschau zurück, wo er die Fabrikantentochter Eugenia Bernat kennenlernte und bald einmal um ihre Hand anhielt. Doch 1919 brach der polnisch-russische Krieg aus und meine spätere Grossmutter stellte ihrem Verehrer ein Ultimatum: «Zuerst gehst du und kämpfst für Polens Freiheit, danach heiraten wir.» Polnische Frauen waren nicht minder patriotisch als ihre Männer. Also schloss sich mein Grossvater der polnischen Armee an. Polen erlitt anfänglich schwere Gebietsverluste im Osten, im August 1920 standen die Russen vor Warschau. Und dann traf ein, woran niemand zu glauben wagte: Dank besserer Motivation und Taktik schlug die zahlen- und materialmässig unterlegene polnische Armee die Russen in die Flucht. Diese Schlacht, als «Wunder an der Weichsel» in die Geschichte eingegangen, war entscheidend, auch privat, für meinen Grossvater. Er durfte kurz darauf im geretteten Warschau seine Eugenia heiraten. Anschliessend studierte er Recht und arbeitete als Jurist im Gesundheitsministerium.

Mein Vater Tadeusz Wojnarski kam am 12. September 1922 in Warschau zur Welt. Seine Kindheit sei schön und sorglos gewesen. Er besuchte das angesehene Tadeusz-Rejtan -Gymnasium. Ein Jahr vor seiner Maturitätsprüfung, am 1. September 1939, brach der Zweite Weltkrieg aus. Sein Vater wurde in die Armee eingezogen; Tadeusz sah ihn nie mehr. Die letzten Lebenszeichen kamen aus sowjetischer Gefangenschaft. Vermutlich wurde er kurz darauf ermordet, wie Tausende polnische Offiziere. Als Angehörige eines Staatsangestellten wurden meine Grossmutter und ihre zwei Söhne durch die Regierung nach Łwów (dt. Lemberg) evakuiert, wo sie bei Verwandten unterkamen. Niemand hatte erwartet, dass die Rote Armee am 17. September in Polen einmarschieren und Łwów besetzen würde. Die Familie wollte daraufhin zurück nach Warschau. Weil es ihr in Przemyśl an der damaligen russisch-deutschen Demarkationslinie nicht gelang, einen Passierschein zu erhalten, versuchte mein Vater Anfang Februar 1940 alleine und illegal, die Demarkationslinie zu überschreiten. Er wurde von den Russen erwischt und damit begann sein Leidensweg.

Nach zwei Monaten Haft überführte man den Siebzehnjährigen in ein Gefängnis in Odessa. Erst zehn Monate später wurde er wegen illegaler Grenzüberschreitung zu fünf Jahren Zwangsarbeit verurteilt. Anfang Februar 1941 begann die Deportation in Güterwagen. Erste Station war Charkiw, wo er etwa eine Woche im lokalen Gefängnis verbrachte. Es folgten weitere Etappen mit Zwischenhalten in Gefängnissen: Pensa, Sysran, Tscheljabinsk, Swerdlowsk, Sama, Iwdel. Am ersten Frühlingstag 1941, nach fast 4000 Kilometern Reise unter unsäglichen Strapazen, erreichte der Transport das Straflager rund vierzig Kilometer nördlich der Stadt Iwdel inmitten von riesigen Wäldern des Nordurals.

Die Gefangenen wurden bei der Holzgewinnung eingesetzt und mussten sämtliche Arbeiten manuell erledigen. So mussten die gefällten Baumstämme mit Manneskraft auf die Lastwagen gehievt werden. Der Gesundheitszustand meines Vaters verschlechterte sich zusehends, denn es herrschten unmenschliche Bedingungen: Bei minus zwanzig Grad kräftezehrende Arbeit, ungenügende Ernährung, zerschlissene Bekleidung, eine miserable medizinische Versorgung und körperliche wie seelische Misshandlungen. Das gleiche Schicksal ereilte fast eine Million Polen aus den von Russland besetzten Gebieten. Sie wurden nach Sibirien, Kasachstan und in die Bergbaugebiete am Polarkreis deportiert. Trotz einer grossen offenen und eiternden Entzündung am rechten Schienbein arbeitete mein Vater weiter, so gut er konnte. Krank zu werden bedeutete meist den sicheren Tod; Kranke galten als negativer Kostenfaktor und wurden fast immer liquidiert.

Als im Juni 1941 Nazideutschland die bis dahin verbündete Sowjetunion überfiel, wechselte die Sowjetunion ihre Koalitionspartner und vereinbarte die Freilassung aller polnischen Gefangenen. Stalin war nun auf die Kampfkraft jener Polen angewiesen, die vom Massenmord verschont geblieben waren. Der polnische Generalleutnant Władysław Anders, im Ersten Weltkrieg noch in Diensten der Russischen Armee und 1939 von Sowjettruppen gefangen genommen worden, wurde im Juni 1941 freigelassen und erhielt von den Sowjets das Angebot, die polnischen Truppen auf ihrem Territorium gegen die Wehrmacht zu führen. Die polnische Exilregierung ernannte ihn schliesslich zum Oberbefehlshaber dieser polnischen Verbände. Da die Sowjets nicht in der Lage und laut Anders auch nicht Willens waren, die neu aufgestellten Truppen ausreichend zu versorgen, wurde deren Evakuation aus der Sowjetunion vereinbart und die «Amnestierten» dem britischen Kommando übergeben. Die Polen waren froh, nicht einem sowjetischen Armeekommando unterstellt zu werden, sondern sich Anders anschliessen und das totalitäre Stalin-Reich verlassen zu können.

Mitte September 1941 wurde mein Vater mit anderen kranken polnischen Gefangenen ins Hauptlager Iwdel transportiert und kurz im Lagerspital behandelt. Noch immer mit eiternder Wunde wurde er entlassen. Er erhielt eine Fahrkarte, einen Passierschein sowie etwas Geld für die Reise, eine Reise von fast 3500 Kilometern. Mit dem Zug fuhr er über Swerdlowsk (heute Jekaterinburg) nach Tscheljabinsk. Während eines erneuten Spitalaufenthalts konnte er sich Farbstifte und Papier besorgen und begann, Porträts zu malen. So ermöglichte ihm sein aussergewöhnliches Talent, Geld für Lebensunterhalt und Weiterreise zu verdienen. Im russisch-kasachischen Grenzort Orsk wurde ihm seine selbstgemachte Brieftasche aus Birkenrinde gestohlen; Fahrkarte, Passierschein und sein ganzes Geld waren weg. Nun wurde seine Porträtierkunst erst recht überlebenswichtig. Seine abenteuerliche Reise führte ihn durch Kasachstan bis nach Namangan in Usbekistan, wo er Mitte Dezember ankam. Hier sollten sich freigelassene Polen treffen, um sich der neuen polnischen Armee anzuschliessen.

In Namangan versuchte ein Agent des sowjetischen Geheimdienstes NKWD hartnäckig, meinen Vater für Spitzeldienste gegen seine Landsleute zu gewinnen. Natürlich lag ihm das fern, aber eine Absage wäre lebensgefährlich gewesen. Mein Vater versuchte, den Agenten mit allen möglichen Tricks hinzuhalten. Als es brenzlig wurde, konnte er sich Ende Januar 1942, sozusagen in letzter Minute, in die soeben eröffnete polnische Militärsammelstelle in Gorczakow bei Namangan retten. Kurz zuvor entstand sein ältestes noch erhaltenes Bild, ein Porträt eines jungen Usbeken. Weil diesem etwas an seiner Tracht nicht gefiel, erstellte mein Vater ein zweites Bild und behielt das erste. Fortan reiste es seinen ganzen abenteuerlichen Weg im Gepäck mit.

Offiziell trat mein Vater am 16. Februar 1942 der polnischen Armee bei und wurde dank seiner mathematischen Begabung der leichten Artillerie zugeteilt. Einen Monat später erfolgte der Transport nach Krasnowodsk (heute Türkmenbaşy) am Kaspischen Meer und die Überschiffung nach Banda Pahlawi in Persien (heute Bandar Anzali, Iran). Auf diesem Weg wurden über hunderttausend von in die Sowjetunion deportierten Polen gerettet. Am Ostersonntag Anfang April 1942 ging es in Militärlastwagen weiter nach Palästina ins Lager Quastina, einen britischen Militärstützpunkt. Einen Monat später wurde die 3. karpatische Schützendivision gegründet (3 Dywizja Strzelców Karpackich). Mein Vater wurde ins 2. karpatische Regiment leichter Artillerie eingeteilt und Ende Sommer mit der ganzen Division zur Weiterbildung in ein Militärlager im Irak verlegt. Hier gründete mein Vater mit seinem besten Freund Staszek ein Regimentstheater. Sie improvisierten viel, mein Vater malte Plakate und ein Bühnenbild. Etwas später besuchte er die Offiziersschule in Khanaqiun (Irak). Nach beendeter Militärausbildung kam er zurück nach Palästina. Im Militärlager Barbara durfte er das letzte fehlende Jahr Gymnasium absolvieren. Im Dezember 1943 wurde Vaters Division nach Italien verlegt. Mein Vater blieb mit achtzig Maturanden vorerst in Barbara zurück und erhielt im Februar 1944 sein Maturitätszeugnis. Die Gruppe wurde wenig später ebenfalls nach Italien verlegt. Ihre Division war inzwischen an der Front am Fluss Sangro stationiert. In der Nähe von Taranto wurden die kampfwilligen Neuankömmlinge erst einmal der 7. Reservedivision zugeteilt. In dieser befanden sich Veteranen, Alkoholiker und Kriminelle, alle für den Kampf ungeeignet. Die jungen Neuankömmlinge wurden wie Rekruten behandelt und schikaniert. Mein Vater und fünf Kameraden hielten das nicht aus. Sie beschlossen, sich baldmöglichst zu ihrer Einheit an die Front zu begeben. Sie bestiegen nachts heimlich einen Nachschublastwagen, fuhren zu ihrer Einheit und meldeten sich bei ihrem Kommandanten, der sie scharf rügten musste. Aber seinen Stolz auf seine Soldaten konnte er nicht verbergen. In der 7. Reservedivision wurde rapportiert: «Desertation an die Front».

Die Front am Fluss Sangro war relativ ruhig. Seit Januar 1944 konzentrierte sich das Kampfgeschehen auf die Gustav-Linie, eine starke Verteidigungslinie der Wehrmacht. Sie versperrte den Alliierten den Weg nach Rom. In drei Angriffswellen versuchten die Alliierten erfolglos die deutsche Verteidigung zu knacken. Das Benediktinerkloster Monte Cassino wurde dabei von den Briten unnötigerweise bombardiert und zerstört. Das 2. polnische Korps erhielt von der britischen Armeeführung den Auftrag, es mit einem weiteren Angriff zu versuchen. Mitte April setzten sich die Polen in Richtung Monte Cassino in Bewegung. Vor dem Bergmassiv bei Monte Cassino, unterhalb der Siedlung San Michele auf der gegenüberliegenden Seite des Rapido-Tales, begann Vaters Artillerieregiment Geschütze und Unterstände einzurichten. Ende April malte er in unmittelbarer Nähe seiner Stellung ein Aquarell, ein idyllisches kleines Tobel.

Am 11. Mai 1944 Punkt 23 Uhr eröffneten die Geschütze aller alliierten Streitkräfte das Feuer auf die Stellungen der Wehrmacht. Nach einigen Stunden griff die Infanterie des gesamten polnischen Korps an den Steilhängen die deutschen Verteidigungslinien an. Wegen hoher Verluste befahl General Anders am nächsten Tag eine Kampfpause. Am frühen Morgen des 17. Mai 1944 folgte die zweite Angriffswelle, die einen Tag später zum Rückzug der Wehrmacht führte. Was den alliierten Armeen während vier Monaten nicht gelungen war, schafften die kampfunerfahrenen und zwei Jahre zuvor aus dem Gulag befreiten und ausgemergelten Polen innert einer Woche. Seither ist Monte Cassino in der polnischen Volksseele tief verankert.

Nach diesem verlustreichen Sieg durften sich die polnischen Soldaten zwei Wochen lang ausruhen, ihre Verletzten pflegen und sich neu formieren. Dann folgte der Auftrag, die Wehrmacht der Adriaküste entlang in Richtung Ancona zu verfolgen. Historisch bedeutungsvoll ist das am 23. Juni 1944 entstandene Aquarell eines Hauses. Auf der Rückseite steht Vaters Vermerk, dass sich hier, am Fluss Chienti etwa 45 Kilometer vor Ancona, die Spitze der polnischen Armee versammelt hatte. Aus historischen Quellen ist bekannt, dass just an diesem Tag General Anders seinen später erfolgreichen Überraschungscoup zur Befreiung der Stadt Ancona mit seinem Kader besprach. Mein Vater hatte offenbar hier einen Bewachungsauftrag und malte in einer Pause dieses Aquarell. Es ist vermutlich das einzige Zeugnis dieses historischen Gebäudes und für polnische Historiker noch zu entdecken. Die Schlussphase der Kämpfe um Ancona begann am 17. Juli 1944. An diesem Tag malte mein Vater sein erstes Soldatenporträt, ein Selbstbildnis.

Anfang August 1944 kam es in Warschau zu einem blutigen Aufstand gegen die deutsche Besatzungsmacht. Die Rote Armee lagerte auf der anderen Seite der Weichsel und schaute dem Gemetzel tatenlos zu. Die Sorge um die Menschen in Warschau und der Vormarsch der Sowjets liessen die polnischen Soldaten in Italien zweifeln, ob sie jemals in ein freies Polen würden zurückkehren können. Denn mit ihren Gulag-Erfahrungen kannten fast alle das sowjetische System. In den Kampfpausen porträtierte mein Vater mit raschen, kräftigen Pinselstrichen seine Kameraden. Ihre Gefühle und Emotionen hielt er mit eindrücklicher Expressivität fest. Anfang Sep-

Selbstbildnis als Soldat während der Kämpfe um Ancona, 17. Juli 1944.

tember überwand das 2. polnische Korps die Gotenlinie an der Adriaküste, eine sehr starke deutsche Verteidigungslinie.

Am 2. Oktober wurde der Warschauer Aufstand blutig niedergeschlagen. Erst als die polnische Hauptstadt ausgeblutet in Trümmern lag, wurde sie von den Sowjets «befreit». Die Mutter meines Vaters und sein jüngerer Bruder Janusz lebten noch in Warschau und das belastete meinen Vater sehr. Er begann zu schreiben und malte kleine, mystisch geprägte Bilder.

In Italien rückte die Front weiter gegen Norden vor. Die schweren Kämpfe im emilianischen Apennin dauerten bis Mitte Dezember 1944 an. Es folgte eine Winterpause von fast vier Monaten an der ganzen italienischen Front. Für die kämpfenden Polen war der im Februar 1945 von den Alliierten mit Stalin abgeschlossene Vertrag von Jalta über die Aufteilung Europas ein Verrat und eine Niederlage für die polnische Sache. Sie hatten von Churchill und Roosevelt erwartet, dass diese sich bei Stalin mehr für Polens Souveränität einsetzen würden. General Anders fragte Churchill, wie er diesen Affront seinen Soldaten mitteilen solle. Churchill soll lakonisch geantwortet haben: «Sie können Ihre Soldaten abziehen, wir brauchen sie nicht mehr.» Die britische Armeeführung allerdings schätzte dies anders ein: Die polnischen Streitkräfte seien an der italienischen Front unersetzlich. Anders und seine Armee kämpften allen Zweifeln zum Trotz weiter an der Seite der Alliierten bis zur Einnahme der Stadt Bologna Ende April 1945. Kurz darauf kapitulierte die Wehrmacht in Italien.

Tadeusz und Ewa nach der Trauung in der Liebfrauenkirche in Zürich am
5. Juni 1951.

Für die in Italien gestrandeten, heimatlosen Polen begann eine Zeit
der Ungewissheit. Immer noch uniformiert und im Dienste der polnischen
Armee, belegte mein Vater ab Januar 1946 an der römischen Kunstakademie und bei Professor Marian Bohusz-Szyszko Studiengänge in Malerei.
Als Soldat durfte er gratis mit der Bahn reisen und so erkundete er Italiens
Regionen und ihre Städte, um viele Tuschezeichnungen anzufertigen. Die
polnischen Soldaten, welche nicht in das von der Sowjetunion kontrollierte
Polen zurückkehren wollten, durften nach England ausreisen. Mein Vater
wollte dies nicht, denn seiner Ansicht nach hatte Churchill Polen an Stalin verraten. Da kam ihm ein Stipendium an der Kunstakademie in Madrid
gelegen und er reiste Ende 1946 nach Spanien. Die meisten Maler-Soldaten
siedelten sich gemeinsam mit Professor Bohusz-Szyszko in England an.
So blieb mein Vater der kunstgeschichtlichen Forschung als Maler der be-
deutenden Gruppe der sogenannten Anders-Künstler (pol. Artyści Andersa)
verborgen. Erst fast siebzig Jahre später wurde begonnen, sein künstleri-
sches Schaffen als Soldat wissenschaftlich zu erfassen.

Büste der Mutter Ewa, die in der Zeit in Spanien entstanden ist. Tadeusz hat seine Frau immer wieder porträtiert.

Anfang 1947 setzte mein Vater sein Studium an der Kunstakademie fort. Im November 1947 präsentierte er seine erste Ausstellung – im Museo de Arte Moderno in Madrid. Aber er haderte damals noch mit einem anderen Thema: Seine schlimmen Kriegserfahrungen hatten aus ihm einen sehr gläubigen Menschen gemacht. Anfang 1948 trat er in ein Kloster ein und wollte Priester werden. Davon riet ihm sein Novizenmeister schliesslich ab. Er sah die Lebensaufgabe des jungen Mannes nicht als Priester, sondern als Familienmensch. Also verliess Vater nach sechs Monaten das Kloster und studierte weiter.

In Zürich lebte Vaters entfernt verwandte Tante Sophie Zawadyński-Rothenflue. Mit ihr nahm er Kontakt auf. Prompt lud sie den jungen Kunststudenten 1949 nach Zürich ein. Er weilte den ganzen September 1949 in der Schweiz und reiste viel, wie etliche Zeichnungen belegen.

Er verliebte sich in seine Coucousine Ewa Zawadyńska und erkannte in ihr die ideale künftige Ehefrau. Aber aus verschiedenen Gründen zauderte er lange: Als mittelloser Student und im armen Spanien gestrandeter Pole war er in einer ungemütlichen Situation. Zudem war er sehr gläubig. Aber «Ewka», selber sehr gläubig und verliebt in «Tadek», sah keine Probleme. Wegen seiner Zweifel betreffend ihre Verwandtschaft wandten sie sich an die katholische Kirche und diese willigte in eine Verbindung der beiden ein.

Am 5. Juni 1951 heirateten sie in Zürich und zogen nach Madrid. Hier kamen 1952 Tadeusz (der Schreibende), 1953 Theres und 1956 Antoni zur Welt. Die finanzielle Situation war meist äusserst prekär, was wir Kinder jedoch kaum spürten, wohl vor allem wegen der fürsorglichen Pflege durch unsere Eltern. Vater reiste während dieser Zeit viel durch Spanien und Portugal, was Hunderte von Zeichnungen und Publikationen belegen; und es kam zu rund zwanzig Ausstellungen.

1953 erhielt mein Vater von seinem polnischen Freund Józef Zbójnowicz, der in der Schweiz interniert worden war und hier blieb, den Auftrag, einen Kreuzweg zu malen. Dieser war für den Neubau einer zuvor niedergebrannten Kirche in Świętoniowa bei Przeworsk in Ostpolen bestimmt. Es entstand ein Zyklus von vierzehn Ölbildern von grosser Intensität, welche er zwei Jahre später zusammen mit weiteren religiösen Werken in Madrid ausstellen durfte. 1957 wurde die Kirche eingeweiht. Bis heute sind dies seine einzigen öffentlich zugänglichen Bilder in Polen. Etwa 1955 begann Vater auch mit Aufführungen seines Marionettentheaters. Die Familie reiste durch Spanien. Meine Mutter wirkte mit Puppenkleidernähen, Puppenspiel, ihrer Stimme und vielem anderem entscheidend mit. Während der ganzen Zeit engagierte sich mein Vater zudem stark in der polnischen Diaspora Spaniens.

Trotz der Erfolge hielt sich unsere Familie mit den bescheidenen Erträgen aus dem Verkauf von Vaters Bildern, einigen Publikationen und dem Marionettentheater mehr schlecht als recht über Wasser und die missliche wirtschaftliche Lage unserer Familie spitzte sich immer mehr zu. Mit Mutters Schweizer Berufsdiplom erhofften sich unsere Eltern in der Schweiz eine bessere Existenz. Ende 1958 übersiedelte Mutter mit uns Kindern nach Zürich, Vater kam Anfang 1959 nach. Mutter hatte insgeheim gehofft, dass sich ihr Mann in der Schweiz nicht mehr in exilpolnischen Organisationen engagieren würde. Aber mein Vater mit seinem leidenschaftlichen Patriotismus konnte diese Erwartung nicht erfüllen. Die Gründe beschrieb er später in seinen Memoiren: «*Der Krieg war zu Ende. Sieg für die einen, tragische Niederlage für andere. Für uns dauerte der Krieg noch weitere 45 Jahre. Wer sich der Niederlage bewusst war, kehrte nicht nach Polen zurück. Er kämpfte weiter, mit anderen Waffen.*»

Während der ersten Monate in der Schweiz war Mutter unsere Hauptenährerin. Vater fand Mitte 1959 bei der Migros in Zürich eine Anstellung als Dekorateur. Er entwickelte eine raffinierte Technik, aus Papier Plastiken herzustellen, welche serienmässig für alle Filialen des Migros-Genossen-schafts-Bundes Zürich hergestellt wurden.

Ende 1963 fragten uns die Eltern: Möchtet ihr noch eine Schwes-ter? Die Hurrarufe unseres Geschwistertrios waren bestimmt im halben Seebach-Quartier zu hören. So kam im April 1964, freudig von allen erwar-tet, Elisabeth zur Welt. Eine sechsköpfige Familie zu unterhalten war trotz einer bescheidenen Lebensweise nicht einfach. Mutter musste noch lange Zeit dazuverdienen. Ihre Abwesenheit kompensierte sie mit viel Liebe, Zu-wendung und Opferbereitschaft. Dabei stellte sie ihre eigenen Ansprüche stets zurück. Nicht nur für uns Kinder, sondern auch für ihren Ehemann mit seinem zunehmenden Engagement in der polnischen Diaspora. Unser Vater fasste es an der Ansprache zu ihrem siebzigsten Geburtstag zusam-men: «... *und zu all den familiären Pflichten und Sorgen kamen meine nicht unbedingt angemessenen exilpolnischen Aktivitäten. Ich weiss, manchmal begehrte sie auf, aber schliesslich akzeptierte sie nicht nur meine Verrückt-heiten, sondern half mir, so viel sie konnte.*»

Im Frühling 1967 wurde mein Vater von der Stadt Zürich als Zeich-nungslehrer der Oberstufe angestellt. Diese Arbeit erfüllte ihn weit mehr als die Dekorationstätigkeit. Ich erinnere mich, mit welchem Eifer er die Lek-tionen vorbereitete und Schülertheater organisierte. Er entwickelte Techni-ken, um Kindern das Zeichnen beizubringen, auf was sie beim Porträtieren achten müssen und wie sie mit Farben umgehen sollen. Diese Anstellung verbesserte unsere Situation auch wirtschaftlich entscheidend. Hinzu kam, dass wir Kinder ab 1972 langsam flügge wurden und auszuziehen begann-nen. Jetzt konnten sich unsere Eltern mehr leisten. Sie reisten viel und Vater begann eine intensive Mal- und Ausstellungstätigkeit. Ich denke, dass das für unsere Eltern wohl die beste Zeit war.

Wann sich Vater in der polnischen Diaspora in der Schweiz zu enga-gieren begann, weiss ich nicht mehr. Aber ich erinnere mich, dass er schon in den frühen Sechzigerjahren eine führende Rolle bei gesellschaftlichen Anlässen wie dem Nationalfeiertag der Exilpolen am 3. Mai oder dem polni-schen Weihnachtsfest innehatte, weil er sie moderierte. Anfang der Siebzi-gerjahre trat er die Nachfolge von Piotr Adamowski, dem Gründer des Ver-eins Polenhaus (pol. Towarzstwo Dom Polski), als Präsident an und behielt das Amt bis wenige Jahre vor seinem Tod. Zudem wurde er Präsident der Dachorganisation der Polenvereine in der Schweiz. Im November 1973 lan-cierte er die Nullnummer von «Nasza Gazetka» (Unsere kleine Zeitung), der einzigen Zeitschrift polnischer Migranten in der Schweiz. Als Herausgeber und Chefredaktor gestaltete er auch das Layout und besorgte den Versand an über tausend Adressen. Ein unvorstellbares Engagement. Unsere ganze Wohnung war mit Papier und Geräten verstellt. 1974 begann er in «Nasza

Gazetka» seine Memoiren «Opowiadania z wczesnej młodości» (Erzählungen aus der frühen Jugend) unter dem Pseudonym Jan Pył als Fortsetzungsgeschichte zu veröffentlichen, eine eindrückliche Autobiografie zwischen 1939 (Kriegsausbruch) und 1942 (Palästina). Lange Zeit wussten nur seine engsten Freunde, dass der Chefredaktor selbst dieser Jan Pył war. Pył bedeutet zu Deutsch Staubkorn; mein Vater erlebte sich nämlich als kleines, unbedeutendes, durch die Weltgeschichte getriebenes und herumwirbelndes Staubkorn. Vierundzwanzig Jahre später wurde das Werk vom Verlag «Nasza Gazetka» als Büchlein veröffentlicht.

Über Jahrzehnte hinweg gehörte mein Vater zu den prägendsten Figuren der polnischen Diaspora in der Schweiz. Im November 1975 wurde das Polenhaus in Zürich-Oerlikon als kleines Kulturcafé eröffnet. Es war Vaters grosser Traum, als Präsident des Vereins die Vision des Gründervaters zu verwirklichen. Es fanden viele gesellschaftliche und kulturelle Anlässe statt. Auch am Wiederaufbau des Polenmuseums in Rapperswil nahm er aktiv teil, seine Mitarbeit ermöglichte im Juni 1975 die Wiedereröffnung.

Nicht zu vergessen seine künstlerische Tätigkeit. Auf Reisen und während der Ferien, vorwiegend in der Schweiz und in Italien, schuf er unzählige Bilder. Er malte Landschaften, Stadtansichten und machte sich als Porträtist gerade auch unter den Exilpolen einen Namen. Er organisierte viele Ausstellungen, unter anderem 1979 und 1992 im Polenmuseum im Schloss Rapperswil.

Im Mai 1991 besuchte mein Vater mit zwei seiner besten Kameraden das ehemalige Schlachtfeld von Monte Cassino. Das Kloster war inzwischen wieder aufgebaut, aber die üppige Vegetation erschwerte es den Veteranen, die Orte von damals zu finden. Am Monte Cassino hatten alle drei Seite an Seite gekämpft. Es war das erste Treffen nach siebenundvierzig Jahren und es sollte das einzige bleiben. Sein Freund Lutek hatte zum Gedenken an die gefallenen Regimentskameraden eine Gedenktafel erstellen lassen und liess sie an der Aussenwand der kleinen Kirche San Michele anbringen. Mit dabei war Staszek, mit welchem Vater das Regimentstheater im Irak betrieben hatte. An der kleinen Enthüllungsfeier nahmen der Bürgermeister von Cassino, der Pfarrer von San Michele sowie weitere Würdenträger und italienische Kombattanten in Uniformen, mit Orden und Standarten teil. Für meinen Vater waren das sehr emotionale Momente.

Mitte 1996 wurde bei Vater eine Krebserkrankung diagnostiziert. Nach einer kurzen Erholungsphase wurde er zusehends schwächer. 1998 begann er den zweiten Teil seiner Memoiren zu schreiben: «Opowiadania z późniejszej młodości» (dt. Erzählungen aus der späteren Jugend). Hier beschrieb er die Zeit der militärischen Ausbildung in Palästina und im Irak, die Überschiffung nach Italien, die darauf folgenden Fronteinsätze, die Enttäuschung über den Verrat an Polen sowie die Studienzeit in Italien. Es sind die Wahrnehmungen eines Korporals und späteren Leutnants, der als kleines Staubkorn der Geschichte seine Geschichte niederschrieb, mit vielen persönlichen Gedanken. Die Memoiren liegen als unredigierter Text vor und warten auf die Bearbeitung und Veröffentlichung.

Am 7. August 1999 verstarb mein Vater nach langem, schwerem Leiden.

Meine Mutter war schon immer die stille Kraft im Hintergrund, ohne die mein Vater unmöglich seine vielen Aktivitäten hätte entfalten können. Aber in dieser schweren Zeit wuchs ihre Hingabe ins Unermessliche. Sie pflegte ihren Ehemann zu Hause bis zu seinem Tod. Diese Last hatte meine Mutter sehr entkräftet und erschöpft. Sie erholte sich nie mehr davon, war seither ein Schatten ihrer selbst und ihre gesundheitlichen Probleme nahmen zu. Während der letzten Jahre benötigte sie selber intensive Pflege, konnte aber dank vielseitiger Unterstützung bis Ende 2014 in ihrer Wohnung leben, kam danach ins Zürcher Pflegezentrum Irchelpark, wo sie am 23. Februar 2017 ihrem «Tadek» nachfolgen durfte.

Unsere Familiengeschichte geht weiter. Nach Vaters Tod haben meine Schwester Elisabeth und ich beide geheiratet und Kinder bekommen. Elisabeth gebar 2003 Ania, meine Frau Jadwiga 2007 Jan und 2009 Sophie. Theres und Toni blieben kinderlos. Unser Vater sah seine Enkel leider nie und meine Mutter war bereits sehr geschwächt, als sie Grossmutter wurde.

Was ist das Vermächtnis unserer Eltern? Das Leben meines Vaters war geprägt von seinem polnischen Patriotismus, sei es während des Krieges oder später, während des kalten Krieges in der Diaspora. Als Künstler hat er einen bemerkenswerten Nachlass hinterlassen. Der grösste Teil seines Lebenswerks spiegelt nicht die Tragik seiner Jugendzeit. Umso bemerkenswerter ist, was er, noch als Amateur, während des Krieges gemalt und zu Lebzeiten kaum ausgestellt hatte. Besonders eindrücklich sind seine mit raschen Pinselstrichen gemalten, ausdrucksstarken Aquarellporträts seiner von Gefühlen durchschüttelten Kameraden. Gemäss Prof. Dr. Jan Wiktor Sienkiewicz sind sie ein absolutes Unikat aus dem Zweiten Weltkrieg. Kein Anders-Künstler hat solche Porträts geschaffen. Er betrachtet deshalb diesen Nachlass als wichtiges polnisches Kulturgut. Seine späteren Werke sind selten expressiv, meist eher impressionistisch geprägt. Er war mit seiner Malerei weder ein wegweisender Künstler noch folgte er dem Mainstream. Wohl deshalb fand er zu Lebzeiten wenig Anerkennung – der grosse Durchbruch blieb aus. Aber er war ein Künstler, der beharrlich seinen Weg ging und als genauer und ehrlicher Beobachter handwerklich gekonnt anerkennungswürdige Kunstwerke schuf. Mutter, als liebenswerte, stille und immer loyale «Krampferin» im Hintergrund, wird nur denjenigen in Erinnerung bleiben, die sie gekannt haben. Das war schon zu Lebzeiten ihr Los, als Ehefrau im Schatten eines Mannes mit einer starken Persönlichkeit. Eines verband sie beide ganz besonders: ihre tiefe Religiosität.

Beide haben mir ihre Liebe und die polnische Sprache hinterlassen und es ist mein Bestreben, zusammen mit meiner Frau dieses Erbe an unsere Kinder weiterzugeben.

Tadeusz Wojnarski junior

Er ist gelernter Konstrukteur und absolvierte die Technikerschule. Mit sechsundvierzig Jahren entschied er sich für eine Zweitausbildung zum Sozialarbeiter und war danach bis zu seiner Pensionierung in der Sozialberatung der Stadt Uster tätig. Er lebt mit seiner Frau Jadwiga Romanowska, einer Weissrussin mit polnischen Wurzeln, und den beiden Kindern Jan und Sophie in Elsau. Im Hause Wojnarski wird Polnisch und Weissrussisch gesprochen. Die Eltern sind stolz darauf, dass ihre Kinder Polnisch, Weissrussisch und Deutsch sprechen. Das Paar unternimmt mit ihnen Reisen nach Polen und bringt so seinen Kindern die polnische und die weissrussische Kultur näher. Der Kunstinteressierte und fleissige Museumsgänger fotografierte und reiste früher sehr gerne, er verbrachte sogar zweimal ein halbes Jahr in Südamerika. Heute widmet er sich dem Nachlass seines Vaters und dessen Würdigung. Er erachtet es als seine und seiner Geschwister Pflicht, dieses grosse, bisher kaum wertgeschätzte Vermächtnis der Öffentlichkeit und Forschung zugänglich zu machen und lebendig zu erhalten.

Im Frühling 2019 wurde im Polenmuseum in Rapperswil erstmals eine erfolgreiche Ausstellung mit den Bildern aus der Zeit zwischen 1942 und 1946 eröffnet. Danach, im Rahmen der 75-Jahr-Gedenkfeiern zur Schlacht, folgte eine Präsentation im Benediktinerkloster Monte Cassino. Seither pflegt und inventarisiert Tadeusz den künstlerischen Nachlass, organisiert Ausstellungen in Polen und arbeitet an einer Internetseite über seinen Vater und dessen Werke.

Tadeusz Wojnarski 2019 vor einem Selbstporträt des Vaters.

Die internierte Frau

Maria Żelazna und Fritz Schmid

Meine Mutter, Maria Żelazna, wurde 1925 oder 1926 (beide Geburtsjahre tauchen in ihren Papieren auf) als eines von sechs Kindern von Helena und Felix Żelazny geboren. Die Żelaznys wohnten im Städtchen Mszczonów südwestlich von Warschau. Leider verstarb ihre Mutter Helena noch vor dem Ausbruch des Krieges.

Als die deutsche Wehrmacht Polen überfiel, folgten schwierige Zeiten für die Familie, denn die Besatzer pressten der Bevölkerung Lebensmittel und Vieh ab. Bereits am 6. September 1939 wurde Mszczonów von der deutschen Luftwaffe bombardiert. Dabei wurde der grösste Teil der Stadt zerstört. In den Jahren 1941 und 1942 wurde die gesamte jüdische Bevölkerung ins Warschauer Getto deportiert, von wo die meisten ins Vernichtungslager Treblinka gebracht wurden. Erst Mitte Januar 1945 befreite die Sowjetarmee Warschau von der deutschen Besatzung.

Im März 1943 erhielten Maria Żelazna und einige ihrer Schulkolleginnen den Befehl, als Zwangsarbeiterinnen nach Deutschland zu fahren. Auch ihre beiden Schwestern mussten später in den Arbeitsdienst nach Deutschland. Verweigerung hätte für die Familie schwere Folgen gehabt. In Viehwaggons wurden die Frauen während einer mehrtägigen Fahrt vom Bahnhof der nahen Kreisstadt Żyrardów nach Wien und weiter durch ganz Österreich und Süddeutschland bis in den Raum Donaueschingen transportiert. Da kam meine Mutter ins Arbeitslager Zollhaus Blumberg, nur etwas mehr als zwanzig Kilometer von der Schweizer Grenze entfernt. Die Hamburger Rüstungsfirma Kopperschmidt & Söhne betrieb hier eine Munitionsfabrik.

Maria wurde zum Schweissen von Bombenhülsen eingeteilt. Die Arbeit war streng, das Essen ungenügend. Im Lager wurde oft Fliegeralarm ausgelöst, aber für die Zwangsarbeiter fehlten Schutzräume. So mussten sie ins Freie rennen und sich auf den Boden werfen – auch im Winter in den Schnee. In den Schlafräumen standen einfache Betten und das Ungeziefer quälte nachts die Schläferinnen. Für den Duschraum war ein alter Deutscher zuständig. Er machte sich einen Spass daraus, eiskaltes Wasser laufen zu lassen und dann plötzlich auf siedend heiss umzustellen und kurz darauf wieder auf eiskalt. Das Geschrei der Frauen erfreute ihn ungemein.

Das Schlimmste jedoch war die Behandlung durch die Lagerleitung. Einmal wurde meine Mutter wegen Sabotage angeklagt: Sie führe die Schweissarbeiten nicht korrekt aus. Sie wurde zu Schlägen mit dem Ochsenziemer verurteilt und kam ins Gefängnis nach Donaueschingen. Nach der Rückkehr ins Lager musste sie in einem Strafkommando arbeiten.

Als erster Frau aus diesem Lager gelang meiner Mutter die Flucht. In der Nacht vom 14. auf den 15. Mai 1944 schloss sie sich kurzerhand zehn jungen polnischen Männern an, welche die Flucht geplant und vorbereitet hatten. Einer der Männer hatte eine Karte und wusste ungefähr, welche Richtung die Gruppe einzuschlagen hatte. Nachts marschierten sie nach Süden, Richtung Schweiz. Bei Bargen im Kanton Schaffhausen überschritt die Gruppe die Schweizer Grenze.

Auszug aus dem Protokoll des Grenzwächters Franz Lüthi, der die Gruppe verhaftete:

«Grenzwachtkorps des II. schweiz. Zollkreises

Bargen, den 15. 05. 1944

Während meines heutigen Dienstes von 04.00–08.00 Uhr vor dem Zollamt Bargen beobachtete ich um 4.10 auf der Zollstrasse von der Steig her 2 Männer. Ich begab mich in die genannte Richtung und konnte sie beim Schützenhaus festnehmen. Es waren 2 polnische Flüchtlinge, die mir ohne Verzögerung mitteilten, dass noch 8 Kameraden und 1 Mädchen sich auf der Höhe versteckt hielten. Ich begab mich mit ihnen an den Ort und nahm sie fest. Es handelte sich ausnahmslos um polnische Staatsangehörige aus der deutschen Kriegsgefangenschaft und dem Arbeitsdienst. Die Flüchtlinge arbeiteten in der deutschen Nachbarschaft und ergriffen am 14. 5. 44 abends die Flucht, welche vorher verabredet worden war. Der Grenzübertritt erfolgte in der letzten Nacht auf dem Wachtbuck. Die Ausweise lauteten auf [...].

Die Obgenannten wurden heute um 8.00 dem kant. Polizeiposten Merishausen übergeben. Die Flüchtlinge wurden vom Unterzeichneten mit Milch & Brot verpflegt.»

Laut dem Protokoll des Grenzwächters bestand die Gruppe aus sieben Militärpersonen beziehungsweise Kriegsgefangenen, nämlich Michał Jedrasik, Stanisław Chajez, Johann Ziemba, Johann Stojek, Władysław Salwa, Roman Mider und Silvester Jezirvski, und vier zivilen Flüchtlingen aus dem Arbeitsdienst, Johann Boron, Władysław Bochenski, Władysław Kunizki und, ganz am Schluss der Liste, meine Mutter:

«Żelazna Maria, geb. 30. 1. 25 in Mszezonów, Kreis Blonie, Wohnort Mszezonów.

Arbeitsort: Zollhaus Blumberg, bei Kopperschmidt & Söhne».

Sie gab nach ihrem Grenzübertritt zu Protokoll: *«Am 23. März 1943 wurde ich von meinem Heimatdorf Mszczonów nach Zollhaus Blumberg transportiert, wo ich in der Firma Kopperschmidt & Söhne in der Schweis-*

serei arbeiten musste. Am 14. Mai 1944 um 19.00 floh ich mit drei polnischen Kameraden über Riedöschingen-Kommingen und von da über die Schweizer Grenze nach Bargen.» Diese Gruppe muss sich dann später mit den anderen sieben Flüchtigen getroffen haben, um gemeinsam Richtung Schweiz zu fliehen.

Meine Mutter trug zu dem Zeitpunkt eine Jacke, auf der ein gelbes Stück Stoff (violett eingefasst) mit einem «P» eingenäht war. Da sie vom Erkennungsdienst erfasst wurde, existiert eine Fotografie, auf der sie die Jacke mit diesem Zeichen trägt. Wie wir wissen, mussten die Juden ein «J» auf einem gelben Stern an ihrer Kleidung tragen und ihre Pässe waren mit einem «J»-Stempel versehen. Aufgrund der deutschen «Polenerlasse» mussten auch sämtliche polnischen Zwangsarbeiter ein Zeichen tragen. Russen trugen eine ähnliche Markierung; bei ihnen war das Wort «OST» eingenäht.

Wegen des illegalen Grenzübertritts kam meine Mutter nach Schaffhausen ins Gefängnis. Sie erinnerte sich, dass der Stadtpräsident den Gefangenen jeweils Lebensmittelpakete schickte. Zu der Zeit war Walter Bringolf, ein SP-Politiker, Stadtpräsident. Er war für seine menschliche Haltung gegenüber Flüchtlingen bekannt und geachtet. Nach wenigen Tagen wurde meine Mutter nach Hinwil ins Interniertenlager Girenbad überstellt. Später kam sie für kurze Zeit ins Auffanglager Adliswil.

Frau Halina Kenar vom Polenmuseum in Rapperswil erwirkte, dass polnische Frauen, die der Zwangsarbeit des Dritten Reichs entflohen waren, im Auffanglager Feldbach (ZH) Zuflucht fanden. Es wurde ein Heim mit dem Namen «Wola» eingerichtet. Die jungen Frauen sollten die Möglichkeit erhalten, entweder ihren Schulabschluss nachzuholen oder Kurse in Haushaltsführung und Ähnlichem zu besuchen. Frau Kenar wollte auch meine Mutter in dieses Lager aufnehmen, meine Mutter war jedoch schon anderweitig verpflichtet, sie hatte bereits eine Anstellung gefunden. Heute nehme ich an, dass sie nicht unglücklich war, dass sie nicht nach Feldbach konnte. Sie fuhr aber ab und zu nach Feldbach, weil da einige ihrer Freundinnen lebten.

Ironie des Schicksals: Noch 1942, also bereits während des Krieges, hatte die Hitlerjugend in diesem Gebäude ein Osterlager mit etwa 250–300 Mitgliedern der Deutschen Sportgruppe Zürich durchgeführt. Es wurden militärische Übungen durchgeführt, Aufmärsche abgehalten und an einem grossen Feuer Kampflieder gesungen. Im selben Gebäude also, in welchem nur zwei Jahre später die polnischen Flüchtlingsfrauen Aufnahme fanden.

Als nächste Station folgte für meine Mutter Zürich. Sie fand Arbeit in einer Bäckerei, später in einem Altersheim. Die Eingewöhnung in diesem Land mit einer fremden Sprache fiel ihr nicht leicht: Sie fühlte sich nicht

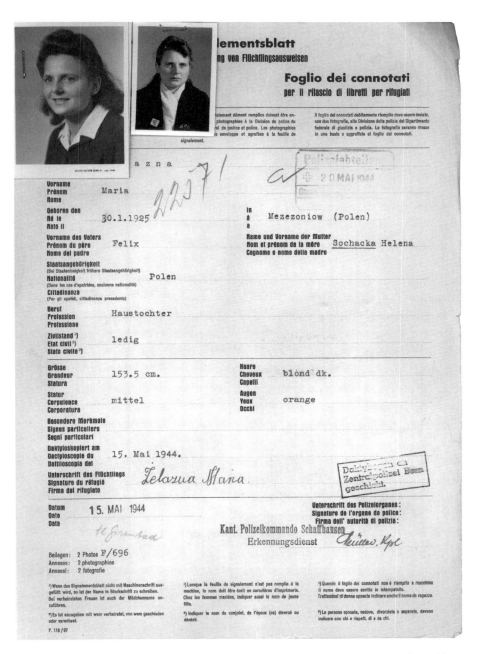

Maria wird bei der Kantonspolizei Schaffhausen erkennungsdienstlich erfasst. Von da an begleitet sie neben dem Einvernahmeprotokoll auch das Signalementsblatt.

angenommen und war immer wieder ungerechter Behandlung am Arbeitsort ausgesetzt. Erst beim nächsten Arbeitgeber, dem Herrenkleiderproduzenten PKZ, fand sie eine gute Stelle als Näherin. Hier wurde sie geschätzt und geachtet und erhielt einen guten Lohn.

Im Jahr 1946 lernte sie meinen Vater, Fritz Schmid, kennen und die beiden heirateten schon bald darauf. Die Familie meines Vaters stand dieser Heirat sehr skeptisch gegenüber. Das junge Paar lebte bei den Schwiegereltern Schmid in Zürich.

Ich kam im August 1947 zur Welt. Die Familie meines Vaters entschied, dass ich den Namen der verstorbenen Verlobten meines Vaters tragen sollte – Hedwig. Meine Grossmutter hätte lieber diese Frau zur Schwiegertochter gehabt. Aber in der Frauenklinik fragte eine Diakonisse meine Mutter, ob sie ihr Kind tatsächlich so nennen wolle – meine Mutter verneinte. Die Schwester ermunterte daraufhin meine Mutter, selber den Namen zu bestimmen. Und als der Standesbeamte vorbeikam, um die Neugeborenen zu registrieren, wurde ich unter dem Namen Wanda Maria Schmid eingetragen. Am darauffolgenden Tag erschien dann dieser Name in der Zeitung – meine Grossmutter war sehr erbost. Damals bestimmte der Vater die Religion des Kindes und so wurde ich auf seinen Wunsch hin protestantisch getauft. Aber nur knapp acht Jahre später, kurz nach seinem Tod 1955, liess mich meine Mutter flugs noch katholisch taufen.

Wie diese Verhältnisse auf meine Mutter wirkten, kann man sich leicht vorstellen. Sie fühlte sich in dieser Familie nie recht akzeptiert, geschweige denn angenommen. Sie arbeitete weiterhin für die Firma PKZ. Mein Vater litt an Tuberkulose und weilte deshalb häufig irgendwo in der Schweiz zur Kur. Also brachte man mich während dieser Zeit in einem Säuglingsheim unter. Unter diesen Voraussetzungen war es nur eine Frage der Zeit, bis es in der Ehe meiner Eltern zu kriseln begann.

Weil meine Mutter von der Familie meines Vaters weiterhin abgelehnt wurde, hätte sie gerne eine eigene Wohnung gehabt. Eines Tages verliess sie ziemlich überraschend das Haus ihrer Schwiegereltern und kam kurzzeitig bei einer Freundin unter. Später mietete sie sich ein Zimmer, bis sie eine eigene Wohnung fand. Und nun reichte sie die Scheidung ein. Das Schweizer Bürgerrecht durfte sie nur auf einen Antrag hin behalten. Ich, als Kind eines Schweizers, blieb Schweizerin.

Ich bin der Überzeugung, dass sich die Familie meines Vaters der Tragweite des Einflusses von Krieg, Zwangsarbeit und Flucht auf meine Mutter nicht bewusst war. Ja, diese Familie hat sich nie damit befasst, was ihr neues Familienmitglied für enorm belastende Jahre hinter sich hatte.

Für meine Mutter begann nach der Scheidung ein neuer Lebensabschnitt. Sie war lebenslustig und ging gerne aus. Sie pflegte den Kontakt zu anderen jungen Polinnen, die wie sie in einem Zwangsarbeitslager gewesen waren. Freunde wurde eingeladen, Feste gefeiert und man traf regelmässig andere in der Schweiz lebende Polinnen und Polen.

Meine Erinnerungen an diese Zeit? Da war Herbert, mein Spielgefährte; seine Mutter Staśka, eine Freundin meiner Mutter, war unglücklich mit einem Schweizer verheiratet. Wir waren beide im Kindergartenalter, als seine Mutter sich und ihren Sohn mit Gas umbrachte.

Ich glaube, während des Jahres, als ich die zweite Klasse besuchte, holte mich jeweils am Samstag eine Freundin meiner Mutter ab. Helena fuhr mit mir nach Oerlikon. Der Frauenverein führte im Norden Zürichs ein Restaurant mit einigen Kursräumen im ersten Stock. Dort unterrichtete Pan Adamowski Kinder in der polnischen Sprache. Er war ein liebenswerter Herr mit eindrücklichem Bart, aber ohne jegliche Autorität. Wir lernten wenig, aber spielten ausgiebig zusammen. Polen die nach Australien oder Kanada auswandern wollten, erhielten dort auch englischen Sprachunterricht. Denn die Schweiz war bemüht, die Internierten entweder zu repatriieren oder zur Auswanderung zu bewegen.

Im Restaurant «Weisser Wind» in Zürich traf man sich jedes Jahr zum polnischen Weihnachtsfest und St. Nikolaus besuchte die Kinder. Meine Mutter besuchte oft polnische Veranstaltungen, an denen auch ehemalige polnische Internierte teilnahmen. Bei einem solchen Treffen lernte meine Mutter den fünfzehn Jahre älteren Wojciech Majdura kennen. «Wojtek», 1911 geboren, hatte als Kind schon den Ersten Weltkrieg erlebt. Seine Familie lebte damals im südpolnischen Dorf Staszkówka. Ihr Hof lag mitten im Frontgebiet und wurde niedergebrannt. Während des Zweiten Weltkriegs kämpfte er als Unteroffizier in der polnischen Armee. Nach sechs Jahren deutscher Kriegsgefangenschaft gelang ihm im März 1945 die Flucht. Sein Grenzübertritt in die Schweiz erfolgte bei Ramsen im Kanton Schaffhausen, ganz in der Nähe, wo ein Jahr zuvor meine Mutter Schweizer Boden betreten hatte.

Wojtek hatte Auswanderungspläne und besuchte in Oerlikon Englischkurse. Aber dann blieb er doch in der Schweiz und heiratete 1954 meine Mutter. Noch im selben Jahr kam Lilian auf die Welt, zwei Jahre später Krystyna. Was für Zeiten! Wir waren eine Familie mit drei Staatenlosen, Stiefvater, Lilian und Krystyna, und zwei Schweizerinnen, meiner Mutter und mir.

1957 reiste meine Mutter für drei Monate nach Polen – vierzehn Jahre waren seit ihrer Abreise aus der Heimat vergangen. Ihr Vater lebte bereits

Maria und Fritz Schmid mit der kleinen Wanda (Herbst 1947).

nicht mehr. Sie konnte jedoch ihre Geschwister und deren Kinder besuchen und auch einige Freundinnen aus der Schulzeit. Sie sah ihr Elternhaus in Mszczonów wieder und besuchte das Grab ihrer Eltern. Zurück kam sie mit einem Porträt, welches Irena Łuczyńska-Szymanowska von ihr gemalt hatte.

Der Bruder meiner Mutter, Zygmunt Żelazny, blieb nach dem Krieg verschollen. Die Familie wusste jedoch, dass er nach einer Razzia in Warschau verhaftet und ins Konzentrationslager Majdanek gebracht worden war. Recherchen ergaben später, dass er von dort ins Lager Flossenbürg überstellt und später für einen Weitertransport zum Konzentrationslager Gross-Rosen gemeldet worden war. Das Lager scheint er erreicht zu haben. Aber wir wissen nicht, ob er bei der Befreiung des Lagers oder danach starb. Es gibt kein Grab, keine Meldung über seinen Tod – nur eine Transportliste, auf der unter der Häftlingsnummer 13366 sein Name, Wohnort, Beruf und das Geburtsdatum erscheinen.

Da meine Mutter nicht für mich sorgen konnte – sie arbeitete und mein Vater musste wiederholt lange zur Kur –, wurde ich buchstäblich in einem Säuglingsheim deponiert. Dort konnte ich nur bis zum zweiten Lebensjahr bleiben. Später kam ich in zwei verschiedene Pflegefamilien – bis zu meinem 18. Lebensjahr war ich während elf langen Jahren «fremdplatziert». Ich habe sämtliche Institutionen, die damals in der Kinderbetreuung aktiv

Ein Bild mit Seltenheitswert: Die Polnische Vereinigung Zürich in ihren Anfängen, eines der ersten Fotos vor dem Bahnhof Stadelhofen in Zürich. Daraus entstand auch der Verein Polenhaus «Dom Polski» (um 1950).

waren, durchlaufen. Säuglingsheim, Kinderkrippe und Kinderhort, Pflegefamilien, zwei Jahre Kinderheim und vier Jahre Internat. Die restliche Zeit lebte ich zuerst alleine mit meiner Mutter und nach ihrer zweiten Heirat mit der erweiterten Familie. Rückblickend erkenne ich, dass meine Kindheit sehr schwierig war.

Vor allem die zwei Jahre im Kinderheim St. Johann in Klingnau, welches von Ingenbohler Schwestern geführt wurde, war eine Schreckenszeit. Ich besuchte in dem Heim die dritte und die vierte Klasse. Schläge und Erniedrigungen waren an der Tagesordnung. Jede Nonne hatte ihren persönlichen «Tatzenknebel», mit dem sie die Kinder auf die flache Innenhand schlug. Schon kleine Vergehen wurden bestraft. Oft musste ich abends alleine im dunklen Gang knien; bis nach einiger Zeit Schwester Paula, die Betreuerin, kam und mir «Tatzen» verabreichte. Im Herbst wurde ich zusammen mit anderen Kindern an die Bauern der Umgebung «ausgeliehen», um bei der Kartoffelernte zu helfen. Später wurde ich auch als Hilfe in der Säuglingsabteilung eingesetzt. Da allerdings gefiel es mir sehr gut, denn die Leiterin, Schwester Lilia, war sehr freundlich.

Von der Familie meines Vaters hatten ausschliesslich sein Bruder und dessen Frau mit mir Kontakt. Julie und Oskar Schmid nahmen mich auf, wenn meine Mutter krank war. Und ich durfte ab und zu mit ihnen und ihren Söhnen ins Ferienhaus «Gigereggli» bei Altendorf (SZ).

Familie Majdura-Zelazna liess die drei Töchter von Tadeusz Wojnarski porträtieren, von links: Wanda Schmid, geboren 1947, Lilian Majdura, geboren 1954, Krystyna Majdura, geboren 1956.

An meinen leiblichen Vater habe ich leider nur noch wenige Erinnerungen, er verstarb bereits 1955. An sein Begräbnis allerdings erinnere ich mich noch gut: Im Krematorium in der Abdankungshalle zeigte meine Mutter auf einen Sarg und sagte: «Da liegt dein Vater, er ist tot.» Ich war sieben und konnte mir damals unter «tot sein» nichts vorstellen. Irgendwie aber war mir klar, dass er nicht wiederkommen würde. Alle im Raum machten ernste Gesichter. Hinter seinem Sarg waren goldene Türflügel, die sich am Schluss der Feier öffneten, und auf einer Schiene fuhr der Sarg langsam nach hinten und die Türflügel schlossen sich. Draussen dann wartete ein grosses, schwarzes Auto, in das meine Grossmutter mit der Familie einstieg. Sie winkte mir zu, der Wagen fuhr weg und ich schaute ihm nach …

Unsere Familie hatte oft Besuch aus Polen und da lauschte ich dann den Kriegsgeschichten, die eigentlich nicht für Kinderohren bestimmt waren. Die Erzählungen ängstigten mich und ich glaubte, bald würde es wieder Krieg geben. Bomben würden fallen, Häuser brennen, Menschen getötet werden und wir müssten Hunger leiden. Dass dort, in dem fernen Land, schreckliche Dinge geschehen waren, die ich als Kind gar nicht einordnen konnte, wühlte mich auf. Fragen konnte ich niemanden, weil ich gelauscht hatte.

Mit ihrer Freundin Genia Hugener-Koszewska sprach meine Mutter immer wieder über die Erlebnisse im Zwangsarbeitslager. Über den Krieg wurde immer wieder gesprochen. Die Zeiteinteilung bei all diesen Gesprächen war: vor dem Krieg – während des Krieges – nach dem Krieg.

Mein Stiefvater Wojtek hat sich intensiv mit der Kriegszeit befasst – seine Lektüre waren ausschliesslich Bücher über den Krieg. Jeden Abend hörte er «Freies Europa», eine polnische Sendung, die in London produziert wurde. Mein Stiefvater hing mit einem Ohr am rauschenden und knarzenden Gerät und ich wunderte mich, dass er überhaupt etwas verstand. Er sprach jedoch kaum über seine Kriegserlebnisse. Erst als alter Mann erzählte er mir einmal von seinen Kriegserfahrungen und weinte plötzlich; ich hatte ihn vorher nie weinen gesehen. Tatsächlich habe ich erst als Erwachsene nach und nach zu ihm gefunden. Ich habe erkannt, was für ein wunderbarer Mensch er war. Bis zu seinem Tod 1998 haben wir noch einige schöne Zeiten verbringen dürfen – wir waren uns sehr zugetan.

Glückhaft in meinem Leben waren und sind meine beiden wunderbaren Schwestern. Die Geschichte meiner Mutter wie auch die meines Stiefvaters, Polen, der Krieg, das Zwangsarbeiterlager, die Internierung – all das hat das Leben von uns drei Schwestern sehr geprägt. So wurden wir drei auch von Tadeusz Wojnarski, der bei Monte Cassino gekämpft hatte, porträtiert. Obwohl die beiden sieben und fast zehn Jahre jünger sind, verstanden und verstehen wir uns sehr gut. Vor einigen Jahren entschlossen wir uns, gemeinsam den Fluchtweg unserer Mutter nachzugehen. Von Donaueschingen aus ging es Richtung Blumberg. Dort besuchten wir das Gebäude der Lagerleitung, denn von den Wohnbaracken ist heute nichts mehr zu sehen. Und dann marschierten wir weiter Richtung Schweizer Grenze. Schlussendlich überschritten wir bei Bargen die Grenze, wie seinerzeit im Mai 1944 unsere Mutter.

Wanda Schmid

Wer in ihrem Wohnzimmer sitzt, fühlt sich sofort wohl und spürt, hier lebt ein Mensch voller Leidenschaft für das geschriebene Wort. Wanda ist Dichterin und Lyrikerin, schreibt aber auch für das Theater und manchmal Prosa. Die ehemalige Laborantin und spätere Bibliothekarin ist heute eine vielseitige Autorin. Die Dreiundsiebzigjährige lebt in einem ruhigen Quartier der Stadt Zürich, geniesst ihren Ruhestand, reist sehr gerne und arbeitete früher ab und zu für Radio Lora, wo sie eine Literatursendung moderierte. Zudem ist sie Teilnehmerin eines Projekts mit dem Namen «Frauen schreiben über Frauen». 1995 veröffentlichte sie ihr erstes Werk, «Wer zuerst das Schweigen bricht». Es folgten mehrere Werke, einige wurden mit Preisen ausgezeichnet. Polen und die Geschichte ihre Mutter sind auch Inspiration für weitere Werke.

«Und Bronia war noch immer bereit für das Glück – sperrangelweit offen – aber das Glück umging sie. Und sie drehte an der Kurbel und wrang die Wäsche.

Glück hundertprozentig kommt nicht vor – in keinem Land.

Wanda Schmid (2019).

Dieses Land, wo es wenig Pilze gab in den Wäldern, wo eigenartige Kehllaute aus den Mündern der Einheimischen kamen. Ein Dialekt, den Bronia nie richtig aussprechen konnte, obwohl sie sich Mühe gab. Wo die Kühe rochen wie die Kühe zu Hause. Wo die Schaufenster prall waren und die Teller voll. Wo das Sauerkraut vornehm fein säuerlich duftete und die Türen nachts mit dem Schlüssel verriegelt wurden. Dieses Land lag im tiefen Frieden.

Genug zu essen ist Glück, ein sauberes Bett ohne Wanzen ist Glück, eine warme Wohnung im Winter ist Glück, sagte sie sich immer wieder und war unglücklich.»

(Auszug aus einem bisher unveröffentlichten Werk Wanda Schmids in Anlehnung an die Geschichte ihrer Mutter.)

Polen und seine Landsleute zwischen Fremdbestimmung und Selbstbestimmung, 1919–1989[1]

Georg Kreis

In der Weltgeschichte oder – besser – in den Weltgeschichten geht es vor allem um Staatsschicksale, oft um militärische Schlachten, allenfalls geht es um kulturelle und zivilisatorische Entwicklungen mit ihren Konflikten, um grosse wirtschaftliche Konjunkturverläufe. Was die einzelnen Menschen darin im doppelten Sinne mitmachen, was sie entweder aktiv mitbetreiben oder eher passiv miterleiden, erfassen Weltgeschichten kaum oder nicht. Und doch wirkt sich der Verlauf der grossen Geschichte auf die vielen kleinen Geschichten in fataler Weise aus. In unserem Fall war der «Lebenslauf» Polens in hohem Mass bestimmend für die Lebensläufe von Polen und Polinnen, der Menschen, die mit ihnen in Lebenspartnerschaften verbunden waren, sowie deren Nachkommen. Das zeigen die in diesem Buch vermittelten biografischen Schilderungen in eindrücklicher Weise.

Hier soll der dazugehörende, das heisst die Einzelschicksale mitbestimmende grosse Rahmen kurz skizziert werden – der Kontext der ver-

---

1 Der Verfasser, emeritierter Professor für Geschichte der Universität Basel, war 1993–2011 Gründungsdirektor des Europainstituts dieser Universität. Er versteht sich nicht als Spezialist der polnischen Geschichte, ist aber mit dem Land mehrfach in Berührung gekommen. Erstmals 1977 durch die Teilnahme an einem von Czesław Madajczyk vom Instytut Historii PAN geleiteten internationalen Kongress mit der angesichts der erlittenen Zerstörung, insbesondere der Hauptstadt, für Polen typischen Fragestellung zur Bedeutung der Kultur in den Jahren des Zweiten Weltkriegs. Der Tagungsband mit dem schweizerischen Beitrag ist spät erschienen: Uwagi o sytuacji kulturalnej Szwajcarii w latach 1933–1945 [Die kulturelle Situation in der Schweiz 1933–1945]. In: Inter arma non silent Musae. Wojna i kultura 1939–1945. Warszawa 1982, S. 523–533. Damals kam es zu einer näheren Begegnung mit Alexandre Wolowski, der später in Paris ein Buch über Warschaus Alltag in den Kriegsjahren herausbrachte. Im Herbst 1984 fuhr der Verfasser von Warschau aus nach Gdańsk (dt. Danzig), um dort die berühmten Werften von Solidarność zu besuchen. 1997 kam es anlässlich einer in Warschau abgehaltenen Sitzung der schweizerischen Historikerkommission (Bergier), der auch der polnische Aussenminister Władysław Bartoszewski angehörte, zu Begegnungen mit Polinnen und Polen, die aus den Jahren 1939–1945 engere Beziehungen zur Schweiz hatten. Er hat auch mehrfach Auschwitz besucht und dort im Januar 2005 am grossen internationalen Gedenken teilgenommen.

schiedenen Texte. Dabei kann man feststellen, dass eine gewisse Übereinstimmung besteht in der erlittenen Fremdbestimmung des Landes wie der einzelnen Menschen und den eindrücklichen Bemühungen, innerhalb der Gegebenheiten doch selbstbestimmt sein Schicksal zu gestalten. Tadeusz Wojnarski bezeichnete sich mit Blick auf die Weltgeschichte als getriebenes und herumwirbelndes Staubkorn (*pyl*). Das ist vor dem Horizont der Weltgeschichte nachvollziehbar. Die meisten der hier sich selbst vorstellenden oder von anderen Menschen präsentierten Menschen waren Stäubchen, aber solche voller Lebenswillen und voller Patriotismus. Etwa die gleiche Aussage, aber mit einem anderen Bild, finden wir am Schluss der Geschichte zu Franciszek Pasek, dessen Schicksal als Wassertropfen im Ozean der Geschichte erscheint (siehe S. 139).

Wann beginnt die grössere Geschichte, die für die in diesem Band zu Wort kommenden Polinnen und Polen und ihre Angehörigen in hohem Masse bestimmend war – und wann endet sie? Gemäss einem starken polnischen Narrativ beginnt Polens Leidensgeschichte mit der mehrfachen Teilung Ende des 18. Jahrhunderts, die dazu führte, dass über 120 Jahre kein eigenständiger polnischer Staat mehr existierte und die Geschichte Polens auch danach als eine anhaltende Opfergeschichte verstanden wurde.

Zentral für die hier versammelten Lebensgeschichten sind jedoch die Kriegsjahre mit den Randdaten 1939 und 1945. Polen war das erste Opfer der militärischen Aggression der deutschen Wehrmacht.[2] Andere Expansionsschritte ohne direkten Einsatz von Waffengewalt waren 1938 vorausgegangen mit der Einverleibung Österreichs und der Tschechoslowakei. Damals blieben energische Reaktionen aus. Den Überfall auf Polen hingegen konnten die Verbündeten des Westens, Frankreich und Grossbritannien, nicht mehr hinnehmen. Sie erklärten Deutschland den Krieg, konnten und wollten aber dem von zwei Seiten, von Deutschland und der Sowjetunion, angegriffenen und besetzten Polen nicht ernsthaft beistehen.

Diese Katastrophe hat eine längere Vorgeschichte, die mindestens bis in den Ersten Weltkrieg zurückgeht. Polen war bereits in den Jahren 1914–1917 ein Hauptkriegsschauplatz. Es war, wie vorher und nachher, vor allem Objekt, konnte nicht «sich selbst» sein. Sein erstes Ziel war, sich von der langjährigen Fremdherrschaft des zaristischen Russland zu befreien.[3] Es trug aber auch Ambitionen in Richtung Litauen, Weissrussland

---

2 Polen war tatsächlich das «erste» Opfer des Grosskrieges. Es gibt aber, wie meistens, so etwas wie «allererste» Vorläufer. So muss die Bombardierung des Baskenstädtchens Guernica von 1936 genannt werden, mit der man erprobte, was später bei der Bombardierung Warschaus erneut angewendet wurde.

3 Polen befanden sich schon im Ersten Weltkrieg in der für dieses Land nicht untypischen Situation, dass sie sich für ihr Land einsetzen wollten, dies aber

und Ukraine in sich, die sich an älteren Herrschaftsräumen orientierten, nach heutigen Massstäben aber als expansionistisch einzustufen sind. Der «Friede» von 1919, der Vertrag von Saint-Germain, hatte für ganz Mittel- und Osteuropa keine allseits akzeptierte Ordnung geschaffen. Davon betroffen waren vor allem die im Osten des polnischen Kernlands liegenden sprachlich-ethnisch stark durchmischten Gebiete. Die von den Briten 1919/20 vorgeschlagene «Curzon-Linie» wurde weder von Polen noch von der jungen Sowjetunion anerkannt, sie erlangte aber Bedeutung sowohl im Hitler-Stalin-Pakt von 1939 (dem sogenannten Grenz- und Freundschafts-vertrag!) als auch in der Nachkriegsordnung von 1945.[4]

In den Jahren 1919–1939 versuchte Polen seine prekäre Lage zwischen potenziellen Gegnern und Verbündeten mit einer Reihe von sich teilweise widersprechenden Schutz- und Nichtangriffsverträgen zu sichern. Es gibt das Bild, dass Polen sich nicht entscheiden konnte, auf welchen Stuhl es sich setzen wollte, und darum schliesslich zwischen alle Stühle fiel – und keinen eigenen Stuhl hatte. Bei den westlichen Verbündeten dominierten die als «appeasement» bekannten Bemühungen, Hitler mit Konzessionen zu besänftigen und zurückzuhalten, und in Frankreich bestand die mit der bekannten Frage «Mourir pour Danzig?» zum Ausdruck gebrachte Weigerung, dem schwierigen Verbündeten im Osten militärisch beizustehen.

Auch wenn es unangenehm ist, muss darauf hingewiesen werden, dass Polen das Sicherheitssystem, auf das es angewiesen war, mit seiner Haltung selber mehrfach infrage stellte. Besonders stossend war, dass es sich 1938 das Münchner Abkommen zunutze machte und sich mit der «Heimholung» des Kleingebiets von Teschen (Cieszyn) an der Aufteilung der Tschechoslowakei beteiligte. 1939 beteiligten sich dann im Gegenzug slowakische Truppen an der Niederwerfung Polens.

Nach der deutsch-russischen Doppelinvasion vom September 1939 war für Polen der Krieg nicht zu Ende. Im Oktober 1939 konstituierte sich in Paris eine Exilregierung. In Absprache mit der französischen Regierung schuf sie als Teil der westlichen Streitkräfte das 1. polnische Korps (eine Grenadierdivision, eine Panzerbrigade, eine Infanteriedivision und eine

ausserhalb ihres Landes tun mussten. Vgl. Halina Florkowska-Frančić: «Die Freiheit ist eine grosse Sache». Aktivitäten polnischer Patrioten in der Schweiz während des Ersten Weltkriegs, Basel 2014 (Basler Beiträge zur Geschichts-wissenschaft, Bd. 185; Studia Polono-Helvetica, Bd. 6). In der gleichen Reihe (Bd. 157) schon früher Józef Buszko: Zur Polenfrage in der Zeit des Ersten Welt-krieges, Basel 1989, S. 135–147. Und als neueste Publikation Piotr Bednarz, Für die Unabhängigkeit Polens! Berichte und Standpunkte der Schweizer Presse im Ersten Weltkrieg, Basel 2019.

4 Kordan Bohdan: Making Borders Stick. Population Transfer and Resettlement in the Trans-Curzon Territories, 1944–1949. In: International Migration Review 31 (1997), Nr. 3, S. 704–720.

Schützenbrigade, insgesamt bei Stand Mai 1940 rund 84 000 Mann), die im Kampf gegen die Wehrmacht eingesetzt wurde. Das Korps wurde aus polnischen Militärs gebildet, die sich nach Frankreich hatten durchschlagen können, und aus polnischen Zivilpersonen, die sich bereits im Lande aufgehalten hatten.[5] In Frankreich lebten in der Zwischenkriegszeit rund eine halbe Million Polen. Dies entsprach den seit Jahrhunderten bestehenden engeren Beziehungen zwischen Polen und Frankreich,[6] hatte aber noch seine zusätzlichen Gründe.

Wie Mirosław Matyja ausführt, setzten sie sich aus zwei Untergruppen zusammen: zum einen aus nach 1918 eingewanderten Wirtschaftsmigranten, die wegen schwieriger Existenzbedingungen in individuellen Privatentscheiden ihre Heimat verlassen hatten, ihrem Herkunftsland gegenüber ziemlich negativ eingestellt waren und zum Teil gar nicht mehr über die polnische Sprache verfügten. Zum anderen gab es die von Frankreich wegen der in der französischen Industrie fehlenden Arbeitskräfte rekrutierte, gut organisierte Gruppe der «Westfalen». Die Einsatzverhältnisse waren für die polnischen Kräfte suboptimal. Die aus dem Kreis der Wirtschaftsmigration zum Teil zwangsrekrutierten Soldaten und die direkt aus dem geschlagenen Polen gekommenen Offiziere bildeten anfänglich nur bedingt eine Einheit. Im Gegensatz zur alles in allem hohen Kampfmoral waren Ausbildung und Ausrüstung mangelhaft. Zudem hatten die polnischen Formationen keinen eigenen Status und hingen von übergeordneten französischen Kommandostellen ab.[7]

Nach Frankreichs Niederlage im Juni 1940 musste die polnische Exilregierung ihren Standort nach London verlegen, von wo aus sie dann die polnischen Streitkräfte des Westens und die Untergrundorganisation im Heimatland koordinierte. Polen kämpfte 1940–1945 an allen Fronten auf der Seite der Westalliierten.

---

5 Der 1940 schliesslich in der Schweiz internierte Wiktor Stefaniak (Freiheit ist eine grosse Sache. Erinnerung eines internierten Polen, Teil I und II, Zürich 1985/88) schildert eingehend seine Flucht aus Polen über Ungarn, Jugoslawien und Italien nach Frankreich. Jerzy Rucki (wie Anm. 15) kam über die Slowakei, Ungarn, Kroatien und per Schiff nach Marseille.

6 Auch Stefaniak erklärt, dass Frankreich für viele Polen seit 1795 zur «zweiten Heimat» geworden sei (wie Anm. 5, S. 86). Zur Zwischenkriegszeit Pierre Le Goyet: France – Pologne, 1919–1939. De l'amitié romantique à la méfiance réciproque, Paris 1991. Und zur zweiten Nachkriegszeit Antoine Mares, Wojciech Prażuch, Inga Kawka (Hg.): Les exilés polonais en France et la réorganisation pacifique de l'Europe (1940–1989), Frankfurt am Main 2017.

7 Mirosław Matyja: Zwischen Krieg und Hoffnung. Internierung der 2. polnischen Infanterieschützen-Division in der Schweiz 1940–45, Frankfurt am Main 2016, S. 31–44. Zum Teil gestützt auf W. Biegański: Wojsko Polskie we Francji 1919–1940, Warzawa 1967.

Eine neue Konstellation ergab sich nach dem Angriff der Wehrmacht auf die Sowjetunion im Juni 1941. Das brachte die polnische Exilregierung und die Sowjetunion einander näher. Die Lösung der strittigen Fragen um die polnische Ostgrenze wurde auf die Nachkriegszeit vertagt. Aus zuvor in russischer Gefangenschaft gehaltenen polnischen Soldaten konnte unter General Władysław Anders das 2. polnische Korps als Teil der Westarmee gebildet werden. Nach dessen Stationierung im Nahen Osten (Iran) hatte dieses Korps einen wichtigen Anteil an der Befreiung Italiens, insbesondere in den Kämpfen um Monte Cassino.[8] Ab 1943 kämpfte Polen auch an der Seite der Roten Armee in der von der Sowjetunion aufgestellten und von General Zygmunt Berliner befehligten 1. polnischen Armee.

Im April 1943 entdeckten die deutschen Okkupanten die Massengräber ermordeter polnischer Offiziere in den Wäldern von Katyń. Bereits bei der Bildung des 2. polnischen Korps war aufgefallen, dass viele Offiziere fehlten. Die polnische Exilregierung forderte von der Sowjetunion vollständige Aufklärung über den Verbleib dieser Offiziere und damit auch über die Toten in den Wäldern von Katyń.[9] Dieser Konflikt führte zu einer Entfremdung zwischen der polnischen Exilregierung in London und ihren britischen Gastgebern, die aus übergeordneten Zielen an einem Weiterbestehen der Kooperation mit der Sowjetunion interessiert waren. Und er führte zum Bruch zwischen der Sowjetunion und der von Władysław Sikorski geleiteten polnischen Exilregierung. Sikorskis Tod beim Flugzeugabsturz vom Juli 1943 bei Gibraltar wurde in spekulativen Mordthesen darauf zurückgeführt, dass Sikorski auch für die Briten ein mühsamer Verbündeter geworden war. Das Beharren der westlich orientierten Exilregierung auf einer Klärung des Katyń-Massakers gab der Sowjetunion die willkommene Gelegenheit, mit ihr zu brechen und eine zweite Exilregierung, die Lubliner Gruppe, aus ihr ergebenen Polen aufzubauen. Bis zur «Wende» von 1989 blieb eine doppelte Regierungsrepräsentation; hinfällig wurde sie erst im

---

8 Die Eroberung der Ruinen von Monte Cassino hat in der polnischen Erinnerung einen hohen symbolischen Wert. Das Lied *Czerwone maki na Monte Cassino* (Roter Mohn am Monte Cassino) besingt den verlustreichen Kampf des polnischen Korps. Vgl. auch Janusz Piekałkiewicz: Die Schlacht von Monte Cassino. Zwanzig Völker ringen um einen Berg, Augsburg 1997.

9 Dazu gibt es eine Vielzahl von Publikationen. An der Untersuchung der exhumierten Offiziere war auch der Schweizer François Naville als Privatperson, aber mit Zustimmung des Bundesrats und des IKRK beteiligt. Vgl. Paul Stauffer: Die Schweiz und Katyń. In: Paul Stauffer, Polen – Juden – Schweizer, Zürich 2004, S. 185–211 (Erstabdruck 1989 in den «Schweizer Monatsheften»). Der Historiker Stauffer war 1984–1989 schweizerischer Botschafter in Warschau. Zum Massaker von Katyń gibt es einen 2007 uraufgeführten eindrücklichen Film von Andrzej Wajda. Zu den Kontroversen nach 1945 unter anderem Georg Kreis: Katyń – ein Unort im Erinnerungszentrum. In: ders.: Vorgeschichten zur Gegenwart. Ausgewählte Aufsätze, Bd. 5, Basel 2011, S. 138–161.

Dezember 1990 mit der Übergabe des Präsidentenamtes der Exilregierung ans neue Staatspräsidium, das jetzt der demokratisch gewählte Lech Wałęsa innehatte.

Seit 1943 hintertrieb die Sowjetunion systematisch die für die Nachkriegszeit vorgesehene Rückkehr der Londoner Exilregierung. Zu dieser Strategie gehörte, dass sie den Aufstand der Heimatarmee (Armia Krajowa) vom August/September 1944 nicht unterstützte und an der Vernichtung dieser Kräfte durch die deutsche Besatzungsmacht interessiert war.[10] Und dazu gehörte, dass die Sowjetunion in der Konferenz von Jalta vom Februar 1945 die Curzon-Linie durchsetzte. Der damit verbundene Verlust im Osten wurde an der Konferenz von Potsdam vom Juli/August 1945 mit der Zusprache von Gebieten im Westen (beziehungsweise im Osten Deutschlands) kompensiert. Und dazu gehörte auch, dass die Sowjetunion die in Jalta vereinbarte Bildung einer polnischen «Regierung der nationalen Einheit», also mit einem Anteil der westlichen Exilvertretung, unterlief und dem sowjettreuen Polnischen Komitee der Nationalen Befreiung (Lubliner Komitee) ermöglichte, sich als künftige Regierung durchzusetzen. In den Jahren 1945–1989 war in Polen die Sowjetunion die weitgehend bestimmende Macht.

Zurück zum Sommer 1940: Ein besonderes Schicksal widerfuhr 12 500 Soldaten der von General Bronisław Prugar-Ketling kommandierten polnischen Schützendivision. In heftigen Kämpfen um Belfort von deutschen Truppen eingekesselt und mit nur noch wenig Munition versehen, konnten sie sich nur dank der Aufnahme in der Schweiz der Vernichtung oder Gefangennahme entziehen. Zusammen mit rund 30 000 französischen Soldaten des 45. Armeekorps liessen sie sich in der Nacht vom 19. auf den 20. Juni 1940 an der Juragrenze nach den Regeln der Haager Konvention von 1907 internieren.[11] Die französischen Internierten konnten, weil für Frankreich der Krieg nach einer fragwürdigen Interpretation als beendet eingestuft wurde, schon bald nach Hause zurückkehren, während die polnischen Internierten bis 1945 in der Schweiz ausharren mussten – und von Schweizer Soldaten, die immer wieder unternommene Fluchtversuche verhindern mussten, bewacht wurden. Trotzdem konnten allein in den ersten

---

10 Nicht zu verwechseln mit dem Aufstand im Warschauer Ghetto vom April 1943, der von der Heimatarmee nicht unterstützt wurde.

11 Text des Abkommens bei Matyja (wie Anm. 7), der der völkerrechtlichen Problematik der Internierung besondere Aufmerksamkeit schenkt. Zu diesem Aspekt vgl. auch die Dissertation von Max Steiner: Die Internierung von Armeeangehörigen kriegführender Mächte in neutralen Staaten, insbesondere in der Schweiz während des Weltkrieges 1939/45, Zürich 1947.

anderthalb Jahren gegen 1800 Polen nach Frankreich fliehen, von wo aus die meisten den Anschluss an die Kampftruppen des Westens suchten.[12]

Die Aufnahme der polnischen Soldaten im gefährlichen Sommer 1940 war im Narrativ der Schweizer Geschichte von Anfang an ein wichtiger Vorgang, aber weniger wegen der Polen als wegen der Möglichkeit, an diesem Vorgang die für das schweizerische Selbstbild wichtige Funktion der humanitären Gastgeberschaft aufzuzeigen. In ihm kam so etwas wie eine Neuauflage der Internierung der Bourbaki-Truppen von 1871 zustande.[13] Im «Bonjour-Bericht», der für die Zeitgenossen der Kriegsjahre und die nachfolgende Generation wichtigsten Verarbeitung, wird der Internierung der ihr gebührende Platz eingeräumt. Dabei wird auch kurz erörtert, ob die Schweiz es zulassen dürfe, dass polnische Staatsangehörige via die Schweiz oder von der Schweiz aus nach Frankreich reisten, um sich dort der polnischen Legion anzuschliessen. Und kurz ist ebenfalls davon die Rede, dass sich die polnischen Internierten im Falle eines Angriffs auf die Schweiz an der militärischen Abwehr beteiligen könnten.[14] Jerzy Rucki berichtet, dass polnische Internierte in ihrer Freizeit – selbstverständlich unbewaffnet – militärische Ausbildung betrieben, indem sie etwa Skizzen von Gefechtslagen entwarfen und ballistische Berechnungen anstellten.[15] Gewürdigt wird

---

12 Gemäss Anhang im unveröffentlichten Schlussbericht des Eidgenössischen Kommissariats für Internierung und Hospitalisierung über die Internierung fremder Militärpersonen von 1940–1945, abgelegt von Oberst Probst, Bern, April 1947, Schweizerisches Bundesarchiv, Bern. Zu den deswegen von deutscher Seite aufgekommenen Reklamationen vgl. Bettina Volland: Polen, Schweizerinnen und Schweizer. Militärinternierte und Zivilbevölkerung 1940–1945. In: Jahrbuch der Historisch-antiquarischen Gesellschaft von Graubünden, 1993 (aus einer Lizenziatsarbeit der Universität Zürich), S. 247–252. Bei Stanisław Liberek: Témoignages. Les Polonais et leurs amis suisses au Pays romand 1939–1945, Sion 1978, S. 61–63, 69–74, finden sich einige Angaben zu heimlichen, auch mit schweizerischer Hilfe möglich gemachten Ausreisen aus der Schweiz mit dem Ziel, zu den Truppen der Westalliierten zu gelangen.
13 In der Literatur zur Internierung von 1940 wird immer wieder diese Parallele angesprochen, zum Beispiel von Olivier Grivat: Internés en Suisse 1939–1945. Chapelle-sur-Moudon 1995, S. 15: «une nouvelle armée bourbaki». Der Verfasser hat sich ebenfalls mit der Frage befasst, warum die Reaktionen in der Aufnahme der fremden Militärs von 1871 ausgesprochen positiv waren im Vergleich zu den späteren Aufnahmen von Zivilflüchtlingen: State and Society Facing Mass Migration in Past and Present: the Swiss Experience. In: Vincent Chetail, Vera Gowlland-Debbas (Hg.): Switzerland and the International Protection of Refugees, Lancaster 2002, S. 39–44.
14 Edgar Bonjour: Geschichte der schweizerischen Neutralität, Basel 1970, Bd. VI, S. 45–70.
15 Jerzy Rucki: Die Schweiz im Licht – die Schweiz im Schatten. Erinnerungen, Rück- und Ausblick eines polnischen Militärinternierten in der Schweiz während des Zweiten Weltkrieges, Kriens 1997, S. 69 (mit Bild!), und weitere Ausführungen von Otto Kopp, S. 114–119.

bei Bonjour auch, dass die Schweiz die diplomatischen Beziehungen mit dem darniederliegenden Polen nicht abgebrochen hat.[16]

Es entspricht offenbar seiner biografisch bedingten Sensibilität, dass sich Ladislas Mysyrowicz, ein Genfer Historiker polnischer Herkunft, in einer breit angelegten Untersuchung zur Schweiz in den Kriegsjahren der Asylfrage annahm.[17] Die seit 1995, fünfzig Jahre nach Kriegsende, intensivierte Auseinandersetzung mit den Kriegsjahren hatte zur Folge, dass auch die Geschichte des Internierungswesens vermehrt ins Blickfeld geriet. Schon 1995 hatte der Journalist Olivier Grivat dem Interniertenwesen der Jahre 1939–1945 eine Schrift gewidmet, in der die Polen einen wichtigen Platz einnahmen.[18] Hingegen gehörten die Aufnahme militärischer Kräfte und die Aufenthaltsbedingungen während ihrer Internierung nicht zum Abklärungsbereich der stark beachteten Abklärungen der 1996 eingesetzten Unabhängigen Expertenkommission Schweiz – Zweiter Weltkrieg.

Im Bestreben, einen Gegenakzent zu den aus den USA gegen die Schweiz gerichteten Vorwürfen zu setzen, und zugleich zum 60-Jahre-Gedenken an die Internierung von 1940 entstanden im Jahr 2000 eine in Luzern und Rapperswil gezeigte Ausstellung und zwei Bücher.[19]

Im Zug dieser Aufmerksamkeitskonjunktur konnten 1999 Jürg Stadelmann und Selina Krause die Ergebnisse ihrer Recherchen, die bis ins Jahr 1990 zurückgingen, veröffentlichen: Sie befassten sich mit dem «Concentrationslager» Büren an der Aare, in dem 1940/41 rund 3500 Polen ohne sinnvolle Beschäftigung untergebracht waren.[20] Die Schweiz war für die

16 Bonjour (wie Anm. 14), Bd. IV, S. 295–307.
17 Ladislas Mysyrowicz, Jean-Claude Favez: Refuge et représentation d'intérêts étrangers. In: Revue d'histoire de la Deuxième Guerre mondiale 31/121 (1981), S. 109–120. Themenheft «Schweiz».
18 Grivat (wie Anm. 13), S. 15–28.
19 Ausstellung: «Polnische Internierte in der Schweiz», Bücher: «Besiegt, doch unbezwungen», Warschau 2000, «Auf polnischen Spuren quer durch die Schweiz», Rapperswil 2000. Besprochen im Tages-Anzeiger vom 9. Mai 2000.
20 Jürg Stadelmann, Selina Krause: «Concentrationslager» Büren an der Aare 1940–1946, Baden 1999. Schon 1990 waren für dieses Projekt Zeugnisse von polnischen Internierten gesammelt worden. Stadelmann schloss 1988 seine Zürcher Lizenziatsarbeit zum gleichen Thema ab. Bereits in Bohdan Garliński (Red.): Polen und die Schweiz, ihre Beziehungen im Laufe der Jahrhunderte und während des zweiten Weltkrieges, hg. von «Pro Polonia», Solothurn 1945, war der Entscheid, im Lager in Büren «Tausende von Internierten an einem Ort ohne Beschäftigung zu sammeln», als «unglückliches Experiment» bezeichnet worden (S. 72). Ebenfalls 1999 veröffentlichte die Vereinigung für Heimatpflege Büren das für die Zeit vom Januar bis März 1941 geführte Tagebuch des Wachoffiziers Edouard Lombard. Über ein in den Jahren 1942–1946 betriebenes, wesentlich kleineres und freieres Arbeitslager in Niederweningen war kurz zuvor, 1998, eine kleine Schrift erschienen: Andreas Steigmeier: «Die Polen haben bei uns eine gute Erinnerung hinterlassen». Das Polenlager Niederweningen im Zweiten Weltkrieg, Oberhasli 1998, gestützt unter anderem

Aufnahme einer grossen Zahl von Internierten nicht vorbereitet. Zunächst wurden die Polen im Napfgebiet, im Berner Oberland und im Seeland provisorisch untergebracht. Ab Herbst 1940 suchte man eine Lösung für die über 10 000 Menschen mit der Errichtung von drei Grosslagern in Ursenbach, Lützelflüh und Büren an der Aare. Letzteres hat durch die Publikation von Stadelmann/Krause einen Platz in der Geschichte erhalten, über die beiden anderen ist hingegen wenig bekannt. Diese zentralen Einrichtungen erschienen vergleichsweise günstig, so konnten die Belegungen von Schulhäusern aufgelöst, die Kosten und der Truppenbedarf für die Bewachung möglichst geringgehalten und der als unerwünscht beurteilte Kontakt mit der Zivilbevölkerung eingeschränkt werden.

Für dezentrale Lösungen sprachen dann aber die auf die ganze Schweiz bis in die entlegensten Täler verstreuten Arbeitszuteilungen insbesondere in der Landwirtschaft, für die Melioration und im Strassenbau. Im ersten Moment waren höchstens kurzfristige Einätze vorgesehen, weil man nicht wünschte, dass die Internierten «auch nur vorübergehend Fuss fassen», dann aber führte der Mangel an Arbeitskräften im primären Sektor zu einer anderen Haltung. Für das Interniertenwesen Verantwortliche hatten Vorbehalte gegen dezentrale Einzeleinsätze, weil die Internierten so dem Einflussbereich der militärischen Strukturen in die zivile Welt hätten «entschlüpfen» können.

Ab Januar 1941 wurden die Internierten in Gruppen oder einzeln nach und nach zu Arbeitseinsätzen auf das ganze Land verteilt, mit häufigen Versetzungen auf insgesamt über 1200 Orte. Nicht zu nahe an der Landesgrenze, nicht in militärisch wichtigen Zonen und nicht in der Umgebung grösserer Städte.[21] Bemerkenswert präsent sind in der kantonalen Öffentlichkeit die im Tessin eingerichteten Lager und die noch immer sichtbaren Resultate der dort durchgeführten Arbeiten.[22] Die Platzierung auf einzelnen Höfen brachte mehrere Vorteile: Man konnte Unterkünfte, Bewachung,

---

auf das Archiv der örtlichen Maschinenfabrik Bucher-Guyer. Zu Büren an der Aare zudem Martin Stotzer: ... und draussen herrschte Krieg. Von Alltag und Allnacht in Büren an der Aare während des Zweiten Weltkriegs, Zürich 2016.

21 Eine Karte mit der Verteilung der Arbeitslager findet sich bereits in Helvetien, Aufnahmeland ... Hoffnungen und tägliches Leben der polnischen Internierten in der Schweiz 1940–1946, in Bildern. Texte von Jacek Sygnarski, Christian Jungo, Laurent Emery, Freiburg 2000, S. 62, und später bei Ruben Mullis: Die Internierung polnischer Soldaten in der Schweiz 1940–1945, Zürich 2003. Letztere, an der Militärakademie an der ETH Zürich erarbeitete Studie beruht in starkem Mass auf Materialien des Polenmuseums Rapperswil. Volland (wie Anm. 12), S. 234–240, gibt einen Überblick über die Verteilung im Kanton Graubünden.

22 Christian Bernardo: Internati polacchi in Svizzera tra Guerra, lavoro e sentimento, Locarno 2010, vor allem S. 93–124.

Verpflegung und Freizeitangebote einsparen, und die Entschädigung lag unter den landesüblichen Löhnen. Bauern wollten bei Kriegsende auf diese Kräfte nicht verzichten und hätten sie gerne über den bundesrätlichen Heimschaffungsbeschluss hinaus beschäftigt.[23]

1959 wurde in einem zum Gedenken an die Generalmobilmachung vor 20 Jahren erschienenen offiziösen Werk die Arbeitsleistung der polnischen Internierten als «Aktivposten» der schweizerischen Wirtschaft gewürdigt.[24] Bundesrat Joseph Deiss erneuerte im Jahr 2000 diese Anerkennung, indem er die acht Millionen Arbeitstage der polnischen Internierten als einen «grossartigen Beitrag an der Entwicklung unserer Wirtschaft» bezeichnete.[25]

Für junge Polen wurden Ausbildungsangebote bereitgestellt, auf grossen Zuspruch stiessen die Hochschullager (Sirnach, Gossau, Winterthur, Freiburg und Herisau). Bei Bettina Volland, 1993, werden eindrückliche Zahlen rekapituliert: Rund 880 internierte Polen nutzten die Studienmöglichkeiten, 456 schlossen mit einem Diplom ab, 123 reichten eine Doktorarbeit ein, zwei eine Habilitationsschrift.[26]

Eine andere Seite des Interniertenlebens betraf die Beziehungen zu den einheimischen Frauen, von denen in den Erinnerungen ebenfalls immer wieder die Rede ist. Olivier Grivat eröffnete sein Buch über die Internierten mit schwärmenden Erinnerungen einer siebzigjährigen Waadtländerin an junge, gutaussehende und mit galanten Manieren ausgestatte Internierte. Das Diktum bezog sich nicht explizit auf Polen, dürfte aber in erster Linie diese gemeint haben.[27] Ein Armeebefehl vom 1. November 1941

---

23 Volland (wie Anm. 12), S. 263–270.

24 Bericht von Oberst René Probst in Hans Rudolf Kurz: Die Schweiz im Zweiten Weltkrieg, Thun 1959, S. 222–233. Von Probst gibt es einen ausführlicheren Bericht aus dem Jahr 1947 (wie Anm. 12).

25 Deiss im Vorwort zu Helvetien (wie Anm. 21). Detaillierte Angaben zu den Arbeitsleistungen (Tage, Orte, Projekte) bei Rucki (wie Anm. 15), S. 125–138, und bei Mullis (wie Anm. 21), S. 59.

26 Volland (wie Anm. 12), S. 242; Helvetien (wie Anm. 21), S. 97–103; Adam Joachim Vetulani: Die Hochschullager für die polnischen in der Schweiz internierten Soldaten (1940–1945). In: Basel und Polen. Vierteljahresschrift für Geschichte der Wissenschaft und Technik, Jg. 5, Sonderheft 2 (1960), S. 203–223. Beitrag in einem Themenheft zum 500-Jahr-Jubiläum der Universität Basel. Vorher vom gleichen Autor Bibliographie des études scientifiques publiées en Suisse par les internés militaires polonais, Brugg 1944. Stefaniak (wie Anm. 5), S. 132–145, 167–221, schildert ebenfalls seine Zeit in den Hochschullagern Winterthur und Freiburg. Und Rucki (wie Anm. 15), S. 36–40, in Sirnach, Gossau und Herisau. Rucki hat 1948 sein Studium mit einem Doktorat zum Thema «Die volkswirtschaftliche Bedeutung der zunehmenden Staatsverschuldung» abgeschlossen.

27 «Ils venaient de loin, ils étaient beaux, ils dansaient bien …» Grivat (wie Anm. 13), S. 5.

untersagte der Zivilbevölkerung, Internierten ohne entsprechende Bewilligung den Zutritt in ihrer Wohnung zu gewähren; Eheabschlüsse waren ausdrücklich verboten, und vorbeugend wurde erklärt: «Es sind daher auch alle auf [eine Ehe] hinzielenden Beziehungen mit Internierten untersagt.»[28] Dieses Verbot galt selbst im Falle von Schwangerschaften bis ins Jahr 1944 und wurde dann inoffiziell leicht gelockert. Die liberaler werdende Praxis wurde aber nicht an die grosse Glocke gehängt, weil sonst mit einer unerwünschten Zunahme von Gesuchen gerechnet wurde. Das Heiratsverbot wurde erst ein halbes Jahr nach Kriegsende im November 1945 aufgehoben. Ausnahmebewilligungen gab es offenbar schon früh, aber die Praxis war uneinheitlich und unübersichtlich. Für eine Aufhebung des Verbots sprach, dass man so die Zahl der vaterlos aufwachsenden Kinder und damit die Höhe der staatlichen Unterstützungsbeiträge reduzieren konnte. Bis Ende Mai 1946 wurden bei einem registrierten Total von 515 ausserehelichen Interniertenvaterschaften 369 polnische Väter unehelicher Kinder registriert. Die Akten zeigen, dass einige ihre Vaterschaft in Abrede stellten. Bis Oktober 1945 hatten jedoch (unabhängig von Nachkommen) 316 Ehen zwischen Schweizerinnen und polnischen Internierten abgeschlossen werden können.[29]

Die in der Schweiz gebliebenen Internierten standen bei Kriegsende vor der Frage, ob sie in ihre Heimat zurückkehren oder im Westen bleiben sollten. Bereits im Mai 1945 verliessen wöchentlich drei Züge mit jeweils 200 polnischen Soldaten die Schweiz in Richtung Frankreich.[30] Auch General Prugar-Ketling fuhr mit einem Teil im November 1945 nach Polen, wo er von der sowjetischen Besatzungsmacht alles andere als freundlich in Empfang genommen wurde.[31]

Einige der Rückkehrer kehrten, weil sie ihr Polen nach der deutschen, nun der sowjetischen Besetzung ausgesetzt und damit keine Chancen für ein freies Leben sahen, wieder in die Schweiz zurück. Während die Um-

---

28 Die «orange Befehl» fand den Weg in mehrere Publikationen: Faksimileabdruck bei Garliński (wie Anm. 20), S. 71; Rucki (wie Anm. 15), S. 58; Matyja (wie Anm. 7), S. 234. Volland widmete der praktischen Handhabung dieses Befehls einen grossen Teil ihrer Arbeit (wie Anm. 12, S. 283–303). Ebenfalls zum Thema May B. Broda: Verbotene Beziehungen. Polnische Militärinternierte und die Schweizer Zivilbevölkerung während des Zweiten Weltkrieges am Beispiel auch des Internierten-Hochschullagers Herisau/St. Gallen. In: Appenzellische Jahrbücher 1991. Vorher dazu sozusagen zum 50-Jahr-Gedenken der vom schweizerischen Fernsehen in der Serie «Spuren der Zeit» am 12. Dezember 1990 ausgestrahlte Dok-Film.
29 Volland (wie Anm. 12), S. 295 ff., unter anderem gestützt auf Angaben von Probst (wie Anm. 12).
30 Matyja (wie Anm. 7), S. 74.
31 Dazu Liberek (wie Anm. 12), S. 66–69.

stände der Internierung im Sommer 1940 gut dokumentiert und bekannt sind, bleiben Angaben zur Beendigung der Internierung 1945 schwer zugänglich.[32] Jerzy Rucki, der kurz auch über die Zeit nach 1945 berichtet, bezeichnet die Nachkriegsjahre als die schwierigsten seines Lebens. 1953 konnte sich der 1919 in Jaworzynka geborene Pole schliesslich mit 34 Jahren im St. Gallischen einbürgern lassen.[33] Die vorliegende Schrift gibt Hinweise auf andere Schicksale und erweitert auch diesbezüglich in willkommener Weise unsere Kenntnisse.

Die offizielle Schweiz ging davon aus, dass Militärinternierte bei Kriegsende in ihr Herkunftsland zurückkehren mussten. Bereits am 8. Mai 1945 erliess der Bundesrat einen entsprechenden Ausweisungsbeschluss. Das brachte einige Polen in ein besonderes Dilemma, weil sie, obwohl mit ihrem Herkunftsland verbunden, sich nicht einem kommunistischen Regime aussetzen wollten und in der freien Schweiz, die sie nun loswerden wollte, heimisch geworden. Jerzy Rucki erwog unter diesen Umständen eine Auswanderung nach Australien.[34] Die rund 1300 Internierten, die das Land nicht sogleich verliessen, erlebten von privater Seite zwar da und dort Hilfe, die Behörden hingegen verboten ihnen jede Erwerbstätigkeit, und ein Teil der Presse schürte die Stimmung gegen die unerwünschten Konkurrenten auf dem Arbeitsmarkt. Erst zu Beginn der 1950er-Jahre erhielten die Internierten von 1940 auf Betreiben des freisinnigen Zürcher Ständerats Ernst Vaterlaus eine Niederlassungsbewilligung. Und 1952 konnten die Schweizerinnen, die wegen ihrer Ausheirat ihre Staatsbürgerschaft verloren hatten, ihr angestammtes Bürgerrecht zurückfordern.

Eine jüngst veröffentlichte Dissertation zu dieser Problematik schildert auch einen Fall aus unseren Zusammenhängen: Die Thurgauerin Katharine K. heiratete mit 25 Jahren und der vollen Zustimmung ihrer Eltern 1947 einen polnischen Internierten und verlor so ihre Staatsbürgerschaft. 1948, inzwischen war ein Kleinkind zur Welt gekommen, drohte dem Paar die Ausweisung aus der Schweiz. Mit vereinigten Kräften konnte die akute Gefahr abgewendet werden, die latente Gefahr aber blieb bestehen, bis Katharina K. 1952 ihr Bürgerrecht zurückholen konnte, der Ehemann 1954 den Niederlassungsstatus erhielt und sich 1957 auch einbürgern lassen konnte.[35]

Die Aufenthaltsbedingungen der Internierten und die daraus resultierenden individuellen Erfahrungen interessierten in der schweizerischen

---

32 Ein paar Angaben in Volland (wie Anm. 12).
33 Rucki (wie Anm. 15), S. 99.
34 Ebd., S. 93.
35 Silke Margherita Redolfi: Die verlorenen Töchter. Der Verlust des Schweizer Bürgerrechts bei der Heirat eines Ausländers. Rechtliche Situation und Lebensalltag ausgebürgerter Schweizerinnen bis 1952, Zürich 2019, S. 166 f.

Geschichtsschreibung zunächst wenig. Diese wurden vor allem von direkt Betroffenen thematisiert. 1945 publizierte die Solothurner Stiftung «Pro Polonia» einen allgemeinen, bereits mit reichem Bildmaterial angereicherten Bericht, den Bohdan Garliński als «noch Internierter» mit selbst auferlegter Zurückhaltung verfasst hatte.[36] Weit weniger Zurückhaltung musste sich Stanisław Liberek in seiner 1978 erschienenen Schrift auferlegen. Liberek war nach Polens Zusammenbruch in die Schweiz zurückkehrt, wo er vor dem Krieg doktoriert hatte, und setzte sich von hier aus für sein Vaterland ein, indem er sich in der polnischen Gemeinschaft der Schweiz engagierte, in Interniertenlagern Vorträge hielt und sich auch publizistisch betätigte.[37] Die 1985/88 von Wiktor Stefaniak veröffentlichten detailreichen Erinnerungsschriften ergaben sich, wie der Autor erklärte, einerseits aus dem «schon immer» vorhandenen Bedürfnis, der Schweiz für die gute Aufnahme zu danken, andererseits wohl auch aus dem fortgeschrittenen Alter, das die Umsetzung dieses Vorhabens als stets dringlicher erscheinen liess. Im Sinne einer zusätzlichen Begründung verwies er 1985 darauf, dass sich der Grenzübertritt von 1940 zum 45. Mal jähre.[38] Gedenktage führten immer wieder zu Gedenkschriften; so auch der im Juni 2015 begangene 75. Jahrestag des Grenzübertritts der 2. polnischen Schützendivision in Goumois.[39]

Die «Rückkehr der Vergangenheit» im Wiederaufleben der Auseinandersetzung mit der Rolle der Schweiz im Zweiten Weltkrieg begünstigte die Herausgabe der Erinnerungsschrift von Jerzy Rucki mit dem ausgeglichenen Titel «Die Schweiz im Licht – die Schweiz im Schatten» 1997.[40] Eine Schrift aus dem Jahr 2000 verweist auf einen weiteren Beweggrund für solche Publikationen: Sie bilden eine Gegenmassnahme zum fortschreitenden Ableben von Zeitzeugen und der wachsenden Notwendigkeit, mit schriftlichen Zeugnissen und Bilddokumentationen der Nachwelt das Geschehen der Vergangenheit zu vermitteln.[41] Die Texte in diesem Band

---

36 Garliński (wie Anm. 20).

37 Liberek (wie Anm. 12). Liberek hatte zuvor andere, allgemeiner gehaltene Schriften zum Thema publiziert, schon 1941: L'amitié polono-suisse au cours des siècles (Lausanne). Oder 1943: Les Polonais au Pays de Vaud (Lausanne). Oder 1945: Fraternité d'Armes polono-suisse (Rapperswil). Diese Schriften äusserten sich nicht über die Internierung, sondern wollten vor allem die «amitié séculaire» der beiden Länder dokumentieren.

38 Stefaniak (wie Anm. 5). Stefaniak fand nach 1945 eine Stelle bei einer Versicherungsgesellschaft, heiratete eine Schweizerin, wurde Vater zweier Söhne und schliesslich Schweizer Bürger.

39 Dazu die von Stefan Paradowski redigierte Schrift von 47 Seiten (ohne Angabe von Jahr und Ort).

40 Rucki (wie Anm. 15). Stark gekürzte und zum Teil umredigierte Ausgabe der im Polnischen unter dem Titel «Bez paszportu i wiz» und «Na Ziemi Wilhelma Tella» erschienenen Darstellung.

41 Vorwort der Stiftung Archivum Helveto-Polonicum in Helvetien, Aufnahme-

bieten nun anlässlich des 80-Jahr-Gedenkens an den Grenzübertritt der 2. polnischen Schützendivision und den Beginn der Internierung eine bereichernde Ergänzung zu den bisher zugänglich gemachten Schriften. So erhalten die direkt Betroffenen und ihre Nachkommen einen kleinen Platz in der grossen Geschichte.

---

land ... Hoffnungen und tägliches Leben der polnischen Internierten in der Schweiz 1940–1946, in Bildern. Texte von Jacek Sygnarski, Christian Jungo, Laurent Emery, Freiburg 2000, S. 19. Im gleichen Band auch in einer französischen Version erschienen.

Glossar

EKIH

Abkürzung für Eidgenössisches Kommissariat für die Internierung und Hospitalisierung. Die 1940 geschaffene Verwaltungsorganisation war zuständig für die Organisation der Interniertenlager. Aus Kosten- und Bewachungsgründen wurden zunächst möglichst grosse Interniertenlager geschaffen. Später kam es zu einer Strategieänderung hin zu kleineren, dezentralen und zahlenmässig mehr Interniertenlagern. Der Schlussbericht der EKIH ist im Bundesarchiv in Bern elektronisch abrufbar (www.bar. admin.ch/bar/de/home/service-publikationen/verwaltungsgeschichte/ quellen/fluechtlingspolitik-zweiter-weltkrieg--rechenschaftsberichte. html).

Internierung

Die Internierung von Militärpersonen ist seit 1907 in den Haager Abkommen geregelt. Demnach sind «nicht Krieg führende Länder» berechtigt, ausländische Militär- und Zivilpersonen in Lagern oder ähnlichen Orten, die von der Armee verwaltet werden, mit Aufenthaltsverboten ausserhalb eines bestimmten Bereichs zu belegen und, mit Ausnahme der Offiziere, zur Arbeit zu verpflichten. Damit geht eine Entwaffnung der ausländischen Einheiten und in der Regel die Gewährung von Asyl einher. Die Internierung dauert meist bis zum Ende des Konflikts. Während die Schweiz im Ersten Weltkrieg keine grösseren Truppenverbände internierte, wurden im Verlauf des Zweiten Weltkriegs über 100 000 ausländische Militärpersonen aller Kriegsparteien in Lagern interniert. Die erste Gruppe von Internierten waren rund 43 000 Angehörige des 45. französischen Armeekorps, darunter über 12 500 Polen in französischen Diensten, die durch die Wehrmacht in den Jura abgedrängt worden waren und bei Goumois den Doubs überquerten. Bis Kriegsende bestanden in über tausend Ortschaften der Schweiz Internierungslager. Das grösste und am längsten bestehende war das Internierungslager Büren an der Aare. Am 12. Dezember 1945 wurde der Internierungsstatus offiziell aufgehoben.

Karabela

Polnische Säbelart, ähnlich einem arabischen Krummsäbel. Beliebt während der Zeit des polnisch-litauischen Königreiches (1569–1795).

Kolęda

Polnisch für Weihnachtslied und Sternsingen, aber auch eine Bezeichnung für den seelsorgerischen Besuch des Pfarrers bei seinen Gemeindemitgliedern in der Weihnachtszeit.

Kontusz

Der mantelähnliche, waden- bis fast bodenlange Umhang der traditionellen Männertracht des polnischen Adels im 17. und 18. Jahrhundert.

Majówka

Mai- oder Frühlingsfest, welches in Polen noch regelmässig begangen wird.

Naphtaly

Jüdisches Geschäft in Winterthur mit dem Namen «Zum Einheitspreis» für Herren- und Knabenkonfektion, Bonneterie und Herrenwäsche; der Inhaber war Georg Naphtaly, Zürich.

Pawiak

Das inmitten der Innenstadt Warschaus und später im Ghetto gelegene Gefängnis existierte seit 1835. Während des Zweiten Weltkriegs wurde es zu einem Symbol für Unterdrückung und Vernichtung. Zwischen 1939 und 1944 wurden dort etwa 100 000 Männer und im angeschlossenen Frauengefängnis Serbia mehrere Tausend Frauen gefangen gehalten: Mitglieder des polnischen Untergrunds, aber auch bei den täglichen Razzien wahllos Verhaftete. Davon wurden etwa 37 000 Personen ermordet und weitere 60 000 in Konzentrationslager oder zur Zwangsarbeit verschleppt. Am 21. August 1944 sprengten die Deutschen fast den gesamten Gefängniskomplex. Heute befindet sich in den erhaltenen Kasematten der siebten und der achten Abteilung des Gefängnisses ein Museum. Die Ausstellung umfasst unter anderem Gefängniskorridore und -zellen einschliesslich Quarantäne- und Todeszellen, die nach Zeichnungen, Beschreibungen und Berichten von Häftlingen rekonstruiert wurden. Besonders eindrücklich sind die mit Bildern versehenen Namenstafeln von Gefangenen.

Pfeilkreuzler

Umgangssprachliche Bezeichnung in Ungarn für die Anhänger einer zwischen 1935 und 1945 in Ungarn bestehenden faschistischen und antisemitischen Partei, auch Hungaristen genannt. Der Gründer der Partei, Ferenc Szálasi, verwendete nach dem Zusammenschluss verschiedener nationalsozialistischer Parteien und Splittergruppen ab 1937 das Pfeil- oder Sensenkreuzsymbol in analoger Weise zum Hakenkreuzsymbol der NSDAP. Damit konnte er das seit 1933 bestehende Hakenkreuzverbot der ungarischen Regierung umgehen. Der «Hungarismus», die ungarische Variante des deutschen Nationalsozialismus, sollte im gesamten Donau-Karpaten-Raum durchgesetzt werden. Mit Unterstützung von SS-Einheiten kam es im Oktober 1944 zu einem erfolgreichen Putsch (Unternehmen Panzerfaust). In der Folge errichteten die Pfeilkreuzler unter Szálasi eine faschistische Kollaborationsregierung, unter welcher bis Ende März 1945 über fünfzigtausend Menschen ermordet wurden.

Szlachta
Angehörige des polnischen Klein- respektive Landadels.

St.-Andreas-Nacht
Als St.-Andreas-Nacht wird die Nacht zum 30. November bezeichnet. Der heilige Andreas ist Schutzpatron der Fischer, der Liebenden und des Ehestandes. Gemäss einem vor allem in Osteuropa verbreiteten Volksglauben soll diese Nacht dazu geeignet sein, den gewünschten zukünftigen Ehepartner an sich zu binden. In Polen gibt es in der «Andrzejki» genannten Andreasnacht einen Brauch, wobei aus den Schuhen aller anwesenden Mädchen eine Schlange bis zur Tür gebildet wird. Das Mädchen, dessen Schuh die Tür berührt, wird als Erste heiraten. Ein weiterer polnischer Andreas-Brauch ist das Lesen der Zukunft aus in kaltes Wasser gegossenem Wachs.

Ungarisch-polnisches Hilfskomitee
Eine Organisation mit offiziellem Charakter in Ungarn, die die Polen unterstützte. Sie ist zurückzuführen auf die seit dem Mittelalter bestehende tiefe Freundschaft beider Völker, die bis heute andauert. Die Organisation hat bereits vor dem Krieg existiert, weil sich die Bevölkerung beider Länder immer schon gegenseitig zu Hilfe verpflichtet sah. Während des Krieges betätigten sich die Mitglieder teilweise auch im Untergrund und verhalfen polnischen Staatsangehörigen zur Flucht oder versteckte diese in Ungarn.

UNRRA-Universität
Die United Nations Relief and Rehabilitation Administration (UNRRA) wurde 1943 in den USA gegründet. Ihre zentrale Aufgabe war die Erfassung, Betreuung und Repatriierung der aus den Mitgliedsstaaten der Uno stammenden Personen, die verschleppt oder deportiert worden waren. Dies umfasste unter anderem Zwangsarbeiter und Konzentrationslagerhäftlinge. Der UNRRA oblag ab 1945 die Verwaltung der Camps für Displaced Persons in der amerikanischen, später auch der britischen Besatzungszone. Neben ihrer Hilfstätigkeit für die Camps unterhielt die UNRRA

im Deutschen Museum in München von 1945 bis 1947 auch eine Universität für Displaced Persons. Sie sollte den Menschen gewidmet sein, «die heute Studenten wären, wenn es keinen Krieg gegeben hätte». Zeitweise wurden über 2000 Studienplätze in den Fakultäten Maschinen- und Bauwesen, Land- und Forstwirtschaft, Tiermedizin, Ökonomie, Medizin und Jura belegt. Zudem wurde ein Abiturkurs angeboten, der es den Absolventen, die wegen des Krieges keinen Schulabschluss hatten, ermöglichte, die Zulassungsvoraussetzungen für ein Studium zu erfüllen. Knapp ein Drittel waren Frauen. Die meisten Studierenden und Lehrenden stammten aus der Ukraine, Polen und Litauen. Im Mai 1947 wurde die Universität geschlossen, weil die UNRRA aufgelöst worden war. Man erlaubte den Studierenden, sich an den bayrischen Universitäten und der Technischen Hochschule München einzuschreiben.

Zamek in Lublin

Das Königsschloss in Lublin. Im 12. Jahrhundert wurde auf dem Hügel eine Wallburg errichtet. Der im 13. Jahrhundert aus Backstein errichtete Wohnturm ist noch heute das älteste Bauwerk von ganz Lublin.

Während der Jagiellonen-Dynastie wurde das Schloss zu einem Sitz der königlichen Familie. Hier fand 1569 mit dem Vertrag zur Union von Lublin der Gründungsakt von Polen-Litauen statt. Danach wurde das Schloss kaum mehr richtig genutzt und verfiel zusehends. Nachdem Lublin durch den Wiener Kongress 1815 unter russische Herrschaft gekommen war, wurde das Schloss komplett wiederhergestellt und erweitert. Von 1831 bis 1915 diente es als zaristisches Gefängnis. Das unabhängige Polen nutzte das Gefängnis von 1918 bis 1939.

In den Jahren 1939 bis 1944, während der deutschen Besetzung Polens, kam das Gefängnis unter deutsche Führung. Vor ihrer Deportation in die Konzentrationslager wurden hier neben nicht genehmen Polen die Juden Lublins inhaftiert. Insgesamt wurden in diesen Jahren zwischen 40 000 und 80 000 Personen inhaftiert. Die meisten davon waren polnische Widerstandskämpfer. Am 22. Juli 1944, unmittelbar vor dem Rückzug der Deutschen aus Lublin, wurden die letzten 300 Häftlinge ermordet.

Von 1944 bis 1954 nutzten erst die sowjetische Geheimpolizei und später das Ministerium für öffentliche Sicherheit das Gefängnis. Rund 35 000 Gegner des kommunistischen Regimes Polens waren hier inhaftiert; 333 von 515 zum Tod verurteilte Häftlinge wurden hingerichtet.

Im Jahr 1954 wurde das Gefängnis geschlossen, das Schloss während dreier Jahre saniert und umgebaut. Heute gehört das Schloss zum Lubliner Museum.

Zur Arbeit

«O, jakże są nieszczelne granice ludzkich państw!» (Wie undicht sind doch die Grenzen menschlicher Staaten)
Wisława Szymborska 1976, Literaturnobelpreisträgerin

Bei den Arbeiten zum vorliegenden Buch sind viele Tränen geflossen. Es ist wohl eines der grössten Geschenke, wenn sich jemand einem wild-fremden Menschen gegenüber öffnet und seine Lebensgeschichte, seine Ängste, Nöte und Frustrationen, aber auch seine Freuden und seinen Stolz zu schildern bereit ist. Mir wurde dieses Geschenk immer wieder zu-teil, bei jedem meiner Gespräche mit den Autorinnen und Autoren der Familiengeschichten. Wie viel Lachen und Fröhlichkeit war da während der Arbeiten. Gemeinsames Lachen und Schmunzeln wirkt befreiend und verbindend. Nach dem gemeinsamen Fazitziehen, Nachdenken und Philo-sophieren brach immer auch die Zeit der Fröhlichkeit an.

Mir tat sich eine neue Welt auf. Ich hatte mich für gut informiert gehalten, aber die Lebenswelten Polens vor dem Krieg, der Internierung, der Nach-kriegszeit in der Schweiz und in Polen und die Lebenswelten der Nach-kommen der internierten Polen waren mir unbekannt gewesen. Bei vielen Gesprächen hatte ich den Eindruck, als Ohrenzeuge mitten in der Welt-geschichte zu sitzen. Mir wurde klar, was Krieg und unmenschliches Tun für Leid anrichten und mit was für einem unbändigen Willen wir Menschen ausgestattet sind, Schlimmstes durchzustehen, sich wieder aufzurappeln und aufrecht weiterzugehen. Ich erkannte, wie abgründig Schweigen sein kann, auch wenn man schweigt um nicht zu verletzen. Und ich sah, wie wichtig es ist, seine Herkunft zu kennen. Wie können wir wachsen, wenn wir nicht wissen, wo unsere Wurzeln uns Halt bieten?

Als sich mir die Gelegenheit bot, mich für die Arbeit am vorliegenden Buch zu bewerben, zögerte ich nicht. Als Enkelin eines jungen Schweizer Käsers, der hoffnungsvoll ins Baltikum reiste, um dort seine Berufserfah-rungen zu machen, in die Wirren des Ersten Weltkriegs und in sowjetische Gefangenschaft geriet und erst zwanzig Jahre später in die Schweiz zurück-kehren konnte, wollte ich unbedingt an diesem Buch mitarbeiten. Einem Buch über Heimat, Krieg, Fremde und Familie. Ich hatte als Kind so viel von den Menschen Osteuropas gehört, von Entwurzelung, der Suche nach und dem Finden einer neuen Heimat – ich wollte mehr erfahren. Hinzu kam, dass ich erschrak, wie wenig die Schweizer Bevölkerung heute noch über die Internierung der Polen weiss.

Mein Auftrag lautete, die vorliegenden Geschichten zu überarbeiten, teilweise zu übersetzen und sie in eine publizierbare Form zu bringen. Zwei Geschichten sollte ich neu schreiben, so die Geschichte von Edward Królak. Da tauchte ich zum ersten Mal ein in diese Welt. Ich lernte einen wunderbaren Menschen mit sehr viel Charme kennen, der mir wortgewandt, lebendig und präzise die Geschichte eines internierten polnischen Soldaten schilderte – seine eigene. Ich war bezaubert, beeindruckt, berührt.

Zwei Geschichten in diesem Buch, die der Familien Chrobot und Wojnarski, handeln nicht von Internierten und ihren Familien. Aber die Interessengemeinschaft der Nachkommen internierter Polen in der Schweiz fand zu Recht, dass auch diese beiden Geschichten in dieses Buch gehören. Es sind Polen, die durch die Geschehnisse des Zweiten Weltkriegs entwurzelt wurden, die Deportation und Soldatentum erlebten, die den Schrecken des Krieges direkt ins Gesicht schauen mussten. Auch sie gingen ihren Weg weiter, gründeten Familien und fanden in der Schweiz eine neue Heimat. So sind sie ein Teil unserer Gesellschaft geworden und ihre Kinder sind Polenkinder, die, ähnlich den Kindern der Internierten, einen Rucksack tragen, der manchmal schwer wiegt.

Es fällt auf, dass die Schweizer Mütter in den Schilderungen etwas zu kurz kommen. Das mag damit zusammenhängen, dass die Familiengeschichten meist stark durch die Erlebnisse des Vaters geprägt waren. Es ist auch symptomatisch für die Vierziger- und Fünfzigerjahren, als sich Frauen vorbehaltlos um die Familie zu kümmern hatten, aber längst nicht immer die Beachtung erhielten, die ihnen zugestanden hätte. Die Autorinnen und Autoren sind sich dessen meist bewusst und zwischen den Zeilen ist oft zu lesen, was ihre Mütter auf sich genommen haben, um für die ihren da zu sein.

So schliesse ich meine Arbeit mit einem Wunsch, den ich jedem Polenkind und seinen Nachkommen mitgebe: «Powrócisz tu!» (Du wirst zurückkehren) So lautet der Titel eines Liedes von Irena Santor, einer polnischen Sängerin. Es ist die berührende Botschaft an alle im Ausland lebenden Polen, dass sie eines Tages die Heimat wiedersehen werden: Auch wenn ihr nicht in Polen aufgewachsen seid, eure Sehnsucht nach der Heimat der Eltern habe ich wahrgenommen und vielleicht wird die eine oder der andere unter euch zurückkehren, um seinen Weg und die Sterne zu finden. Wo auch immer das sein mag.

Mein Dank geht an Edward Królak (100) – es war mir eine Ehre, ihn persönlich kennenlernen und seine Geschichte aufschreiben zu dürfen –, an alle Autorinnen und Autoren der Familiengeschichten, die mir ihre Offenheit geschenkt haben, an Françoise Okopnik, meine Schulfreundin, deren Name mich schon als Kind faszinierte und deren polnische Familie

mir damals immer ein wenig geheimnisvoll erschienen war, an die Leitung und die Mitarbeiter des Chronos Verlags in Zürich, die mich mit viel Pragmatismus durch die Wirren der Buchproduktion geführt haben, und nicht zuletzt an meinen Ehemann René Schmid-Bill, der mir, wenn immer möglich, den Rücken freihielt und oft die passenden Worte fand, wenn ich mal nicht weiterwusste. Es ist schön zu wissen, dass man sich in Arme flüchten darf, die einen unbedingt festhalten.

Meine Arbeit widme ich dem Gedenken an meine Grosseltern Louise Sophie Bill-Pittet und Rudolf Bill. Sie haben mir wundervolle Eigenschaften vererbt: meine Verbundenheit mit der Heimat und eine vorbehaltlose Offenheit für die Menschen dieser Welt.

Marie-Isabelle Bill

Dank

Nun ist es so weit. Das Werk mit einundzwanzig polnisch-schweizerischen Familiengeschichten liegt vor. Das Resultat ist eindrücklich, ergreifend, einmalig.

Es galt, Lebensläufen mit schicksalsbedingten Brüchen nachzuspüren, die eigene Familiengeschichte als unabdingbare Folge des Zweiten Weltkriegs zu begreifen und den Grenzübertritt als Angelpunkt einer biografischen Wende zu sehen.

Der Vorstand der Interessengemeinschaft der Nachkommen internierter Polen in der Schweiz setzte dafür eine Arbeitsgruppe ein. Es ist diesem vierköpfigen Gremium ein grosses Bedürfnis, nach allen Seiten zu danken – besonders den Autorinnen und Autoren. Sie lieferten die Essenz des vorliegenden Buches. Sie folgten leidenschaftlich dem Ruf: «Taucht schreibend ab in die Vergangenheit Eurer Lieben, erforscht Euer Leben, bringt die Schätze der Familiengeschichte ans Licht!»

Ein spezieller Dank gebührt Marie-Isabelle Bill. Sie wurde im Rahmen einer Vereinbarung als Redaktorin/Lektorin verpflichtet. Ihr oblag es, die vorliegenden Rohfassungen der Familiengeschichten zusammen mit den Autorinnen und Autoren in eine druckreife Vorlage überzuführen, teilweise zu übersetzen und zwei Familiengeschichten niederzuschreiben. Dies ist ihr bestens gelungen.

Wir sind äusserst dankbar, dass kantonale Lotteriefonds, namhafte Stiftungen, aber auch Erben und Einzelpersonen die Herausgabe des Buches finanziell unterstützt haben.

Interessengemeinschaft der Nachkommen internierter Polen in der Schweiz
Arbeitsgruppe Buchprojekt

Stefan Paradowski, Präsident
Françoise Okopnik
Chantal Okopnik
Andreas Hess

Zur Interessengemeinschaft der Nachkommen internierter Polen in der Schweiz

Die Interessengemeinschaft der Nachkommen internierter Polen in der Schweiz wurde am 21. September 2013 in der Bibliothek des Polenmuseums Rapperswil gegründet.

Am 19. und 20. Juni 1940 überschritt die 2. polnische Schützendivision bei Goumois die Schweizer Grenze und wurde bis Kriegsende interniert. Während der Internierung wurden die polnischen Soldaten im Strassen- und Brückenbau, für Waldarbeiten und in Meliorationswerken eingesetzt oder kamen auf bäuerlichen Betrieben zum Einsatz. Den Jüngsten ermöglichte man eine Ausbildung.

Nach 1945 blieben viele in der Schweiz, fanden eine neue Heimat und gründeten Familien. Die Interessengemeinschaft der Nachkommen will die Geschichte der Internierung der Polen in der Schweiz während des Zweiten Weltkriegs in der Erinnerung behalten und den Zusammenhalt unter den Nachkommen fördern.

www.polonia1940.ch

Bildnachweis

116, 118 f.: Privatbesitz M. Aeschlimann

170 f., 173: Privatbesitz H. Baumann

33, 36 f., 39: Privatbesitz Z. Berset

25 f.: Privatbesitz M.-I. Bill

46–48: Privatbesitz E. Chrobot

55–57, 61: Privatbesitz A.-J. Czouz-Tornare

97 f.: Privatbesitz C. Dalucas

77, 79: Privatbesitz M. Galka

21: Privatbesitz A. Hess

131, 134, 137: Privatbesitz P.-A. Kohler

29, 41, 47 (oben, Foto), 51, 64, 73, 83, 87 (Foto), 92, 101, 113, 129, 140, 148, 158, 168, 179, 187, 209, 221, 231 (Foto), 237, 248: mk-photography miriam kolmann

246 (rechts): Privatbesitz K. Majdura

246 (Mitte): Privatbesitz L. Majdura

105, 107: Privatbesitz H. Marzec

212, 215: Privatbesitz A. Pfleiderer

142 f., 146: Privatbesitz R. Polachowski

204 f., 207: Privatbesitz C. Schefer

244 f., 246 (links): Privatbesitz W. Schmid

160, 162 f., 166: Privatbesitz Z. Schmückle

106, 136, 241: Schweizerisches Bundesarchiv

181, 183 f.: Privatbesitz D. Slania

189, 191, 199 f.: Privatbesitz A. Stefaniak

66 f., 69: Privatbesitz A. M. Stuetzle-Dobrowolska

178: Privatbesitz S. Weidmann

150 f., 153, 157: Privatbesitz J. Wiesner

86 f., 90: Privatbesitz A. Wittich

229, 231: Nachlass T. Wojnarski

230: Privatbesitz T. Wojnarski jun.